对话

走向德智融合

孙伟菁 主编
于漪 李百艳 顾问

DUIHUA

ZOU XIANG DE ZHI RONGHE

上海社会科学院出版社
SHANGHAI ACADEMY OF SOCIAL SCIENCES PRESS

图书在版编目（CIP）数据

对话：走向德智融合 / 孙伟菁主编 .— 上海：上海社会科学院出版社，2022
ISBN 978-7-5520-3889-7

Ⅰ.①对… Ⅱ.①孙… Ⅲ.①中学语文课—教学研究 Ⅳ.①G633.302

中国版本图书馆 CIP 数据核字（2022）第 097726 号

对话：走向德智融合

主　　编：孙伟菁
责任编辑：路　晓
封面设计：徐　蓉
出版发行：上海社会科学院出版社
　　　　　上海顺昌路 622 号　邮编 200025
　　　　　电话总机 021－63315947　销售热线 021－53063735
　　　　　http://www.sassp.cn　E-mail:sassp@sassp.cn
照　　排：上海碧悦制版有限公司
印　　刷：上海天地海设计印刷有限公司
开　　本：787 毫米×1092 毫米　1/16
印　　张：16.25
字　　数：296 千
版　　次：2022 年 9 月第 1 版　2022 年 9 月第 1 次印刷

ISBN 978-7-5520-3889-7/G·1183　　　　　　　　　　　定价:80.00 元

版权所有　翻印必究

前　言

专业更新与生命常青
——人民教育家于漪老师教育人生的启示与影响

上海市浦东教育发展研究院　李百艳

2019年9月17日，国家主席习近平签署主席令，授予于漪"人民教育家"称号，这也是新中国成立以来首次正式授予"人民教育家"国家荣誉称号，于漪老师是基础教育领域唯一获此殊荣者。关于于漪老师的报道和研究已然非常丰富，然而，作为一位普通的语文教师，总结向于漪老师学习的经历和体会，分析于漪老师专业更新与生命常青的教育人生特质，有助于在更深层次上获得教益。

远在天边的星辰

第一次听到于漪老师的名字，是在20世纪90年代初期。那时的我刚刚大学毕业，在大庆油田的一所子弟中学工作。记得到市教育学院参加教研活动时，当时的教研员崔惠华老师在培训中特别讲到我们要学习于漪老师，大意如下：于老师是全国知名语文老师，我们前两年有幸把她请到了油田，她的语文课让学生意识到语文是那么美，生活处处有语文。于老师的报告精彩，她的公开课《海燕》更有万人空巷的效应，她特别懂学生，知道学生心里在想什么，她和学生的关系特别融洽，连学生为什么迷上琼瑶小说，她都要去阅读去了解，然后和学生交流体会，在交流中适时地进行引导。老师们一定要认真学习于漪老师，立志做咱们油田的"于漪"。当时有一些老师有幸听过于漪老师的报告，目睹过于漪老师的风采，非常自豪，谈起来津津乐道。但是也有很大一部分老师错过了那次学习机会，听了教研员的一番讲话，又听了那些"幸运者"的描述，显得怅然若失、不胜惋惜，而我就是其中之一。那一刻，我不知道有多少人听进了崔老师的话，但是，于我而言，却像一颗石子投入心湖，激起了层层的涟漪。我感叹世上还有这样的老师，做语文老师竟然可以做到这样的境界，我一定要向于漪老师学习，像她那样做老师。

就这样，我埋下一颗种子。岁月流逝，我心深处，这颗种子慢慢发芽、长叶，时时开出一两朵摇曳多姿的小花。从那时起，于漪这个美丽的名字，走进了我的职业生涯。我经常可以在语文研究期刊当中看到她的文章或是关于她的文章，她的思想是那么有见地、她的语言是那么精准，她是那么有影响力、有吸引力，虽然她并不知道这个世上还有一个渺小而平凡的我，然而，她就像远在天边的星辰一样，默默地给予我感召与引领。

近在眼前的大海

感谢命运的安排，世纪之交，而立之年的我北雁南飞，来到了上海浦东，落地在建平实验中学。在市（区）语文教研员、各位语文前辈的提携之下，我开始了语文教育探索的新里程。这其间有幸加入了上海市青年语文教师研究会（简称青语会），担任秘书长，在理事长谭轶斌老师的引领下开展工作。青语会得到了于漪老师的很多指导，进行了很多探索，或筑坛讲学、或主题研讨、或立项研究、或展示评比，发改革先声、探教学新路、搭交流平台、育一代新人，取得了令人欣喜的成绩。此间得以近距离地接触到于漪老师，得到于漪老师的深切关怀，一个曾经那么遥远的名字，像天边的星辰一样吸引我的于漪老师一下子变成了眼前可亲可敬的长者，这是怎样的一份幸运和恩惠。

如果一个人不认识也从没听说过于漪老师，就会觉得她是一位衣着简朴、没有任何特别修饰、很像邻家奶奶一样的普通老人。然而，认识于漪老师的人都知道，只要她一站上讲台，她立刻变得光芒璀璨。现在有句流行语叫"自带流量"，用来形容一个人不同凡响，特别有吸引力。在我们的眼中，于漪老师永远有深不可测、用之不尽的流量。她的报告、讲话、指导、文章总是以智启智，以爱激爱，以情动情，为教育人解惑、答疑、鼓劲、加油、励志。她的家国情怀、她的坚定信念、她的语言魅力、她的教育储备、她的人文底蕴、她的思想矿藏、她对社会的敏锐洞察力、她对老师和学生一往情深的爱，让我们深深地叹服她像大海一样"胸藏万汇凭吞吐，笔有千钧任翕张"。我多次整理过于漪老师的讲话，她从不用发言稿，然而她的发言实录就是一篇文从字顺、文采斐然、立意高远的佳作。于漪老师的文章就像苏霍姆林斯基的文章一样，金句名言俯拾皆是。她的每一篇文章、每一本著作的手稿本简直就是一块无须雕琢的美玉。她是语言功底最过硬的语文老师，她本身简直就是语文的化身。她早些年的著作《语文教苑耕耘录》《语文教学谈艺录》早已成为我的案头书，翻开蔚为大观的《于漪全集》，可以说真知灼见比比皆是，信手拈来都可以作为我们研究语文教学的行动指南和理论支撑。

于漪老师是那样热爱语文，她深情地说："哪一门学科能有语文那样的灵动蕴藉，哪一片天地能有语文那样的斑斓多彩？"她和语文的关系，简直就是一位武林至尊所达至的"人剑合一"的境界。她用原点思维与终极追问的哲学思考，以极大的理论勇气回答语文学科性质问题、语言的民族性问题，引导我们科学理性地认识语文的工具性与人文性的双重属性。她针对传统课堂的"一言堂"，提出课堂要力避"单一、平推、线性"，要转变为"面向所有学生的网络辐射性模式"，文道统一、德智融合等重要规律在于漪老师的教学实践中得到了水乳交融的落实和体现。于漪老师的教育思想元气淋漓、朝气蓬勃。那是因为，她终生从教、终生学习、终生实践。于漪老师的教育理论是从70年的教师生涯、2000多节公开课、600多万字的论文著作中生长出来的。"善歌者使人继其声，善教者使人继其志"，于漪老师就是歌德笔下的歌者的形象："我站在这清沤，犹如鸟儿唱在枝头，我不需要任何奖赏，让我歌唱，就是对我无上的报酬。"于漪老师对语文的态度感染着我，我在语文教学中坚持教文育人、立文立人，以魅力语文激发学生对母语、对传统文化的志趣，和于漪老师的影响是分不开的。我为自己能够以教语文为志业而感到幸运，为自己能够拥有深刻的职业认同而感到幸福。

　　于漪老师又是那样的热爱学生，她说"教学，教学，教要在学生身上起作用"，是呀！教学就是要教学生学，于漪老师的表达多么直白而恳切！她强调"教师既要吃透教材，又要对学生了如指掌"，她和学生交朋友，采用"望、问、听、阅和材料跟踪"等方法了解学生，研究学生。她由衷地告诫青年教师"要真正洞悉学生的个性不是件容易的事情，须多思考，舍得花工夫，花精力，多侧面多角度地了解，观察要精细、分析要周到"。因此，她的施教总是能够"和学生的心弦对准音调"。她一直强调的"教师要一个心眼为学生"，成为我坚持"用父母心办教育"的原动力，让我坚信"心在何处，智慧就在何处；爱在何处，奇迹就在何处"。

　　于漪老师不仅是学生的老师，更是老师的老师，她培养了很多赫赫有名的门墙桃李，更有无数的像我这样虽然没有机缘成为于漪基地正式学员，却一直以其他各种方式学习受教的私塾弟子。她培养青年教师，总是站在国家和民族的制高点上谈教育，站在传统与时代的交汇点上谈文化，站在人性与道德的交叉点上谈育人，站在科学与人文的结合点上谈教学。她是教育的探路者、教师的领路人，是我们真正的榜样。"水因善下终归海，山不争高自成峰"，德高望重、殊荣加身的于漪老师总是谦虚地说，"一辈子学做教师"。她开放开明，包容包涵，上善若水，海纳百川。近距离的接触，更让我看到作为改革先锋和人民教育家的于漪老师的人格魅力。眼前的于漪老师犹如浩瀚的海洋一般，宁静深邃，波澜壮阔，气象万千。

永葆常青的生命

　　于漪老师最令人叹服的是，每一次听她讲话，和她交流都会发现她又有了新思想、新思考，给人以新启发。她传承而避免因循，她新锐而抵制偏激，她创新而排斥猎奇，她领先而拒绝时髦。在专业上，她总是能够与时俱进，守正出新，不断更新。70年的教学生涯，她一直不变的是对我们这个国家和民族的赤子初心，对魅力汉语的无限钟情，对广大师生的满腔热爱，对教育真谛的执着坚守，对学术高峰的不断攀登。很多人看到她是一面"高高山顶立"的旗帜，但是，我更折服于她"深深海底行"的躬身实践和潜心钻研的精神。很多人都和我有同感，每一次见到于漪老师，不管工作中遇到了怎样的困难，带着怎样的困惑和烦恼，都会在和于老师交谈的过程中，不知不觉间得到开解，变得豁然开朗。于老师总是能够带给人思索，带给人力量。我从来没听到过她有什么怨尤和忧愁，我曾经想过，于漪老师也不是神啊，她也是有血有肉有七情六欲的人啊，她真的会没有自己的烦恼吗？后来我渐渐明白，圣人无忧，忧以天下。于漪老师特别在意的是工作和事业，而不是她自己。于漪老师的工作就是她的生活；或者说，她的生活就是她的工作。一个人有了更大的使命，个人的小悲小喜就不足以挂怀了。

今日的世界进入了一个超级多元化的时代，各种思潮和意识不断冲击着人们的思想，其中有主流价值，也不乏亚文化、非主流。在教师队伍中也有些人"常被浮云遮望眼"，被功利捆锁，被焦虑裹挟，被平庸消磨，被偏见困扰。有人变得追风逐浪，心浮气躁；有人变得得过且过，未老先衰；有人变得孤芳自赏，顾影自怜；有人变得保守偏狭，相去甚远。教育就是生命影响生命，如果教师自身的生命处于如此消极、抑制的状态，又怎能指望他们给学生带来积极、正向的影响。

年逾90的于漪老师，身体已然不是很强健，但是她总是充满激情和力量，永葆生命常青。今日的于漪老师可以说居功至伟，达到了"立功、立德、立言"的大儒境界，然而这一切源于一点一滴的积累，源于一生一世的坚守。汉代陆贾说："建大功于天下者，必先修于闺门之内。垂大名于万世者，必先行于纤微之事"，我们学习于漪老师，最重要的是学习她的生命状态，学习她生命永葆常青的秘诀。长期扎根深厚的教育田野，不断吸纳时代的源头活水，于漪老师就像一棵长在溪水边的树，无论什么年景，干旱也好，烈日也罢，都能根深蒂固，开枝散叶，果实累累，永葆常青的生命。

有的人遇见了，是真正的三生有幸。于漪老师就是我们语文老师梦想中的星辰大海，她的专业更新与生命常青给了我们一个最好的例证、最佳的范本，一个人事业的长度、生命的阔度、精神的高度可以无限拓展。

参考文献：

[1] 于漪. 语文教学谈艺录 [M]. 上海：上海教育出版社，1997.

[2] 于漪. 岁月如歌 [M]. 上海：上海教育出版社，2015.

目 录

前 言

专业更新与生命常青
——人民教育家于漪老师教育人生的启示与影响　　　　　　　　　李百艳 / 001

第一部分　项目报告

探索对话之道　滴灌生命之魂
——于漪"德智融合"语文教育思想的校本化实施　　　　　　　　孙伟菁 / 003

第二部分　实践研究

第一章　单元教学设计 / 019

基于"德智融合"的演讲"活动·探究"单元设计初探
——以《应有格物致知精神》为例　　　　　　　　　　　　　　陆徐韵 / 019

"德智融合"视域下的初中语文单元教学设计
——以统编版语文六年级上册为例　　　　　　　　　　　　　　吴　非 / 025

"德智融合"视域下单元整体化教学实践的重构
——以统编版语文六年级上册第四单元为例　　　　　　　　　　黄佳磊 / 031

基于"德智融合"的初中语文单元作业设计　　　　　　　　　　　蒋卓汝 / 037

在单元整体设计中关注"德智融合"
——以统编版语文教材七年级上册第二单元为例　　　　　　　　陈潇潇 / 043

第二章　育人价值挖掘 / 051

经典散文的育人价值探索与教学结构创新
——以《匆匆》一课的文本解读和教学转化为例　　　　　　　　孙伟菁 / 051

例谈"德智融合"视域下的现代诗歌对话教学　　　　　　　　　　周丽君 / 058

寻人文情愫　立育人之道
——初中语文教学活动中"德智融合"的实践研究　　　　　　　张　璐 / 064

"德智融合",携着诗性去读说明文
　　——以《中国石拱桥》为例 　　　　　　　　　　　　　李　黎 / 069

披文入情,以美陶冶
　　——浅探如何发掘文本语言中的美育价值 　　　　　　李晓璇 / 075

目中始终要有人的情感体验
　　——借人物形象的分析来探究"德智融合"的方法 　　邱新颖 / 080

第三章　课堂实践探索 / 086

"德智融合"背景下的初中古诗文教学 　　　　　　　　　董玉玮 / 086

"德智融合"从课堂的"讲"到课后的"做"
　　——古诗文作业设计的实践研究 　　　　　　　　　戴　熙 / 091

"德智融合"框架下的初中语文课堂美育探究 　　　　　张　雪 / 096

情动辞发,意在笔下
　　——浅思初中作文教学的"德智融合"策略 　　　　朱子蕙 / 101

以德育人,以智慧人
　　——"双减"背景下语文学科"德智融合"的思考 　　江婧婧 / 106

第四章　对话课例研究 / 111

基于学习质量提升的初中生课堂笔记行为观测研究 　　弓新丹 / 111

设计核心问题驱动　构建"立体多维课堂"
　　——以执教回忆性散文《背影》为例 　　　　　　　韩丽晶 / 124

语文教学中"德智融合"路径分析
　　——以《浪淘沙(其一)》为例 　　　　　　　　　何歆敏 / 132

"德智融合"视域下的初中革命题材阅读教学研究
　　——以《金色的鱼钩》教学为例 　　　　　　　　　谢佳佳 / 139

践行"德智融合",走向诗和远方
　　——以《假如生活欺骗了你》为例的"德智融合"探索 　夏　英 / 145

童话教学要以"德智融合"理念为指导
　　——以《皇帝的新装》教学为例 　　　　　　　　　闫晶晶 / 154

第五章　不同学科拓展 / 162

由诗入史:"德智融合",感悟家国情怀
　　——对"王安石变法"的教学设计思考 　　　　　　王烨峰 / 162

"德智融合"在初中美术教学中的实践研究

——以八年级"原始彩陶"一课为例　　　　　　　　　　　弓新丹 / 170

初中心理健康教育课如何实现"德智融合"　　　　　　　　　史　斐 / 179

第三部分　读书感悟

第一章　师德修养与职业感悟 / 185

满腔热忱为事业，赤诚三心育英才

——阅读《红烛于漪》有感　　　　　　　　　　　　　周丽君 / 185

叩问教育初心　探析语文魅力

——读《红烛于漪》有感　　　　　　　　　　　　　陈潇潇 / 190

教育需要立足真实，关注具体

——读《红烛于漪》有感　　　　　　　　　　　　　王烨峰 / 194

从德到爱，做红烛　　　　　　　　　　　　　　　　　　何歆敏 / 198

一辈子做老师，一辈子学做老师

——读《红烛于漪》有感　　　　　　　　　　　　　谢佳佳 / 201

第二章　课堂经历与教学体会 / 204

一扇奔向星辰大海的门扉

——读《于漪教育教学思想概要》札记　　　　　　　陆徐韵 / 204

从"人文性"到"德智融合"

——读《于漪教育教学思想概要》有感　　　　　　　戴　熙 / 207

胸怀育人之真，滴灌生命之魂

——《于漪教育教学思想概要》读书心得　　　　　　董玉玮 / 210

沟通的小纸条　教育的大魅力

——读《于漪教育教学思想概要》有感　　　　　　　史　斐 / 213

尖锐的宽厚，冷峻的温暖

——读《于漪教育教学思想概要》有感　　　　　　　李　黎 / 216

第三章　立德责任与育人体验 / 219

教育：生机盎然的图景

——读《穿行于基础教育森林：教育实践沉思对话录》有感　　弓新丹 / 219

以德育人，使生命之树常青
　　——读《穿行于基础教育森林：教育实践沉思对话录》有感　　蒋卓汝 / 222

穿行中成长　滴灌下铸魂
　　——读于漪、黄音《穿行于基础教育森林：教育实践沉思对话录》　　夏英 / 225

探索于漪的思想宇宙
　　——读《穿行于基础教育森林：教育实践沉思对话录》有感　　张雪 / 229

每个人都是有故事的人
　　——用爱理解五彩斑斓的学生世界　　闫晶晶 / 232

第四章　教学研究与专业发展 / 235

以学习促研究，以实践促发展
　　——读《燃灯——于漪"德智融合"语文教育思想与新教材实施》　　吴非 / 235

探索教学路径　锤炼育人本领　擦亮学科底色
　　——读《燃灯——于漪"德智融合"语文教育思想与新教材实施》　　黄佳磊 / 238

对话文本，激趣课堂
　　——读《燃灯——于漪"德智融合"语文教育思想与新教材实施》有感
　　　　　　　　　　　　　　　　　　　　　　　　　　　　　李晓璇 / 242

论语言与情感在"德智融合"中的作用　　邱新颖 / 245

从作文和古诗文来看"德智融合"的实践与研究
　　——《燃灯——于漪"德智融合"语文教育思想与新教材实施》读后感
　　　　　　　　　　　　　　　　　　　　　　　　　　　　　江婧婧 / 247

第一部分

项目报告

探索对话之道　滴灌生命之魂
——于漪"德智融合"语文教育思想的校本化实施

上海市建平实验中学　孙伟菁

摘　要：于漪老师躬身践履的"德智融合"观是"教文育人"理念在时代的回响，作为实践研究基地校，上海市建平实验中学以对话教育作为一种追求人性化和创造性质的教育哲学和教育学范式，以"探索对话之道，滴灌生命之魂"为研究主题，开展了于漪"德智融合"语文教育思想的校本化实施。随之有效联动其他学科，产生良好的辐射效应。

本文呈现出项目组坚定践行于漪老师"德智融合"的教育思想和持续修炼学校对话教育这一品牌特色的探索历程；诠释了回归母语教学原点，坚守学生立场观点，聚焦素养本位热点，正视品格涵养难点的价值诉求；探索和建构出系统化、结构化、清晰化的实施路径与"以智启智、以情动情、以美唤美、以心印心"的场域文化，也是对深化五育并举的课程改革和提升学习动力、促进师生生命成长的创新育人的一次总结。

关键词：德智融合　对话　校本化实施

一、研究背景与价值诉求

（一）项目的开展背景

党的十八大以来，习近平总书记围绕"培养什么人、怎样培养人、为谁培养人"这一根本问题，先后发表了一系列重要讲话，为新时期加强中小学思政教育提供了根本遵循，指明了前进方向。于漪教育教学思想以教文育人理念为基石，与"立德树人"这一教育的根本任务保持高度的一致，她在21世纪以来所躬身践履的"德智融合"观是"教文育人"理念在时代的回响，于漪老师育人楷模的高尚情怀、改革先锋的卓越建树、人民教育家的坚定立场，生动诠释了当今"大先生"的内涵。

上海市建平实验中学积极响应习总书记"让每个孩子健康成长、办好人民满意教育"的要求,以"建德建业、惟实惟新"的核心价值和"脚踏实地育真人,千方百计创未来"的办学理念,致力培养学生对党的政治认同、情感认同和价值认同,着眼学生思想品德和人格素养的培育,努力让"英才辈出,家国在心中"成为每一位教师的教育理想,把"为党育人、为国育才"落到实处。2021年初,我校有幸成为"德智融合"实践研究基地校,学校高度重视,制定了翔实可行的工作方案。为加强教师队伍建设,深化五育并举、全面育人的课程改革,我校以语文教学"德智融合"项目的研究为试点,有效联动其他学科,开展了于漪教育教学思想的实践研究。

(二)主题的内涵解读

黄音老师在《穿行于基础教育森林》一书中指出:"在教育的语境中,生命间的对话演绎着教育事业的富饶。它既是一种教化,又是一种熏陶;既是美的历程,也是善的结果;既是和谐的交响曲,也是错落斑斓的万象之趣;既是对历史的凝望思辨,也是现实的审慎前行。"李百艳校长一直以来倡导的对话教育是以"对话哲学"为基础,以师生的生命发展为目标,在学校教育教学过程中积极营造一种民主的氛围、开放的环境,为师生畅通对话渠道、搭建对话平台、建设对话制度,在课堂教学、课程建设、学校管理、学生活动与家校社区合作中,开展多元主体间多维度、多层次的对话,激发师生对话情意,促进师生提高对话能力、形成对话素养,提升育人质量,把学生培养成为自我发展的承担者、善于对话沟通的合作者、具有反思精神的创造者。她认为对话教学的关键在于教师的教学理念、专业素养、对话能力和师德师爱。教师作为影响学生的"年长一代",有着天然的专业话语权,要肯于俯就孩子,要用满怀的热爱与共情感知孩子的喜怒哀乐,洞察孩子的思考与困惑,以对话者的姿态培养新一代的对话者。

培根铸魂、启智润心,是我们作为基地学校开展项目研究的初心与使命;"对话"是我校统摄各领域、各部门、各条线工作的管理策略与组织文化,也是学校进行教育教学改革的突破点和生长点。"探索对话之道,滴灌生命之魂"这一研究主题既是坚定践行于漪老师教育教学思想的应有之义,也是持续修炼我校对话教育这一品牌特色的必要之举。

(三)研究的价值诉求

1. 回归母语教学的原点,切中学科本质。

于漪老师曾说,语文教师肩挑的是立德树人的刚性责任,肩挑的是传承与弘扬中华优秀传统文化的神圣使命。我校倡导的高质量的对话课堂是着眼于人的精神成长的教学实践，不仅包含知识的传承，更重要的还应具有精神哺育和文化浸润的功能。所以拥有对语文学科性质和语言教育功能的深刻体认，必然成为我校推进学校"德智融合"项目的前提，因为这影响着教师实施教学的态度和水平，也决定着开展研究的立场和境界。

2. 坚守学生立场的观点，**破解教育真谛**。

通过开展"德智融合"的对话课例研究，让每个"小苹果"都有尊严地学习，实现每个学生的差异都得到关注，是对公平而有质量的教育的积极推进和认真践行。教育就是让每一个孩子都能健康成长，都有人生出彩的机会，所有活泼泼的生命体都有舞台可展示、有快乐可体验、有经验可收获、有回忆可珍存，尘封的潜质能够被唤醒、自主的萌芽能够被呵护，这应该成为我们每个教育人的精神图腾。

3. 聚焦素养本位的热点，**直击课改核心**。

于漪老师认为语文课堂教学的功能首先是实用功能，引导学生理解与运用祖国的语言文字，进行识字写字能力、阅读能力、写作能力、口语交际能力的训练，这是语文教学的主旋律，须牢牢抓住不放。我校龙头课题"培育初中生对话素养的实践研究"，定位于学生的全面发展和终身发展，着力于知识本位向素养本位的课堂转型，期待每一个孩子渐渐地在额头上焕发出对智慧与真知的赞赏，眼神里充满着对正义对真理的追求，胸膛里起伏着对理想对真爱的倾慕，体现出对教育发展趋势的审慎思考和教学结构创新的鲜活阐述。

4. 正视品格涵养的难点，**遵循成长规律**。

"德智融合"的对话课堂，需要为师者科学的理念、投入的态度、人文的情怀以及教学的艺术，需要能有效走进学生心灵、引导心灵、感化心灵的资源和载体，需要更加富有针对性、实效性、专业性的路径和方式。日本教育家福泽谕吉强调：习惯是第二天性。习惯培养是由被动到主动到自动的过程，就其心理特征而言，被动阶段是遵从，主动阶段是认同，自动阶段是内化，其中学生的主体意识是关键。因而本色语文的味道不可缺失，学生主体的地位不可忽视，认知发展的规律不可违背。

二、路径的探索与场域的构建

于漪老师认为，语文学科是实践性很强的学科，学习实践不是只指课后训练，也不是支离破碎的机械操练，课堂学习实践就是最好的场所，听、说、读、写、思想、情感、意志、品质获得全面锤炼，产生综合效应。她还指出，就语文教育而言，以

"内外贯通"之识,引导学生出入教材内外,出入课堂内外,出入校园内外,拥抱广阔生活,接天地之气,悟生命之谛,去构建自我生命的文化逻辑,构建自我生命的语言体系,成为觉醒的求索者与创造者,是每位语文教师应有的责任。在教育教学实践中,我校项目组教师真切地感受到,语文教学不仅是带领学生一起学会与外在世界的沟通交流,更是寻觅自己内在的精神家园与心灵归宿。重视文化的积累而令学生丰盈厚重,重视思维的含量而令学生严谨创新,重视情感的体验而令学生灵动活跃,重视感悟的分享而令学生阳光自信,重视语言的品味而令学生高雅精致,方可使学生具有对话世界的力量。"德智融合"的对话课堂在将近一年的路径探索和场域构建上获得了如下突破与进展。

（一）路径的探索

固然语文学科"德智融合"课堂的对话路径是百花齐放、不拘一格的,但必然要遵循教育教学规律和学生的成长规律,从而让教学设计系统化、结构化、清晰化,提升课堂活动的科学性、针对性和有效性。

关注对话需求　　创设对话情境　　搭建对话平台　　开放对话时空
锁定对话核心 → 激发对话兴趣 → 建构对话关系 → 提升对话深度
明确对话目标　　丰富对话体验　　共享对话成果　　扩展对话内涵

图1　"德智融合"课堂的对话路径图

1. 关注对话需求,锁定对话核心,明确对话目标。

项目组教师在研究的过程中发现,前测与后测问卷的开发与测量、统计与分析绝非教科研形式主义的套路,因为唯有倾听才能打开真正的对话。精准的学情评估不再囿于经验而是基于实证,课堂真正从关注教师的教转向关注学生的学。

比如在研究课《天上的街市》第二题关于"天上街市的特点"的有效作答共38份,如图2所示:学生的描述多集中在"美丽""美好"等较为浅表而宽泛的词汇上,解读还欠细致,思考有待深入,无法丰富而多元地呈现;一部分学生沿用原诗中的词汇,自我提炼能力还需增强;也有少部分学生概括出天上街市的"神秘""自由"等特点,这部分学生在课堂上的分享和提升需要教师关注。

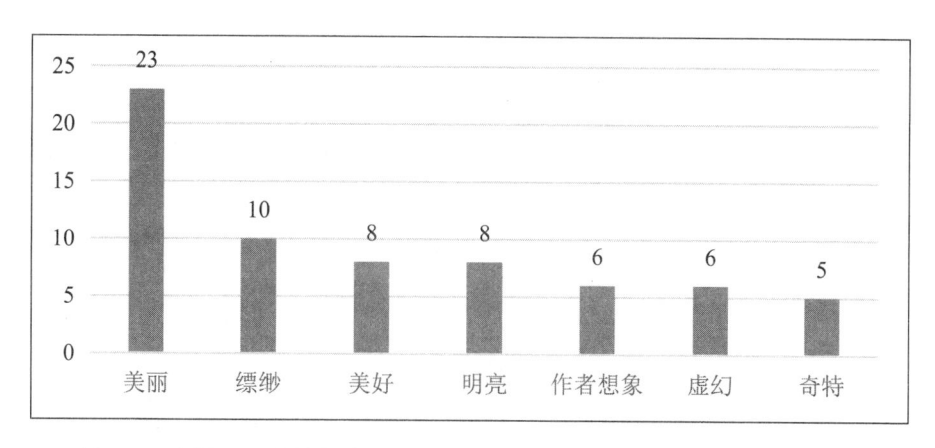

```
25  23
20
15
10      10
         8    8
 5                6    6
                           5
 0
   美丽 缥缈 美好 明亮 作者想象 虚幻 奇特
```

图2 研究课《天上的街市》学生前测问卷关于"街市特点"的统计分析

通过梳理"前测问卷"中的学生自主质疑,项目组发现学生能够基于诗歌的内容主旨、写作手法和创作意图等进行提问,说明他们对这些要素具有敏感度,但对诗歌的整体脉络感知不足、各节的关联思考不够。如表1所示:

表1 研究课《天上的街市》学生前测问卷关于"自主质疑"的统计分析

问题分类	主要问题	人数
内容情感	天上为什么有街市? 为什么要以天上的街市为题材? 为什么以《天上的街市》为题目?	16
	作者为什么要连用四个"定然"? "缥缈"和"定然"是否矛盾?	4
	为什么会想到"牛郎织女"? 为什么要改写这个神话的结局?	8
思路结构	为什么前两节写物,后两节写人?	1
	本诗是按照什么顺序写的? 为什么要这样安排?	3
表现手法	现代诗常用的手法有哪些?	
写作意图	作者写作这首诗的意图是什么? 是否在讽刺当时的社会现实呢?	

除了关注学生的真实需求,为了攻克"目标模糊、教授随意、内容琐碎"的积弊,项目组力图锁定对话素养的培育,在单元整体教学目标的统摄下探寻这一课的独

特教学价值，进一步明确其对话目标。《天上的街市》这首现代诗与本单元的童话和寓言等文体组合在一起，联想和想象无疑是教学重点，因而授课教师把教学目标设定为：（1）反复朗读，整体梳理诗歌脉络，感悟诗歌的意境美；（2）运用联想和想象，品味诗歌形象化的语言，体会诗人对光明的向往之情和对理想的执着追求。两个目标的确立是缘于对学生对话素养系统性、科学性、差异性、适切性的综合考量，期待课堂的难度、结构、系数更趋合理。

2. 创设对话情境，激发对话兴趣，丰富对话体验。

综观课程变革的发展走向与变革趋势，不难看出众多课程论专家都在突破现有的以课堂、教师和书本为中心的教学模式，强调生活与实践的重要性，强调学生主体在具体情境中的自我发现、真实体验与协同成长。教师应该善于营造能够激活语言经验的对话情境，目标让学生清楚，疑问让学生讨论，过程让学生经历，结论让学生得出，方法让学生总结，感悟让学生分享，呈现出语文学科应有的育德路径，让孩子们拥有更快乐的学习、更积极的互动和更多维的成长。

图3 研究课《桥》言语实践活动的设计图

如图3所示，在《桥》一课的教学流程中，项目组教师设计的两个言语实践活动，紧扣文本内容，链接时代背景，对话现实生活，调动学生体验，深入体会人物的内心世界和作品的创作意图，"桥"这个标题背后所传递的文化功能与价值取向在创设的具体情境中由学生自行慢慢领悟："桥"勾连起的是生与死之间的生命之桥，是贪生怕死与舍己为人之间的信念之桥，更是群众与党员、泛人性与党性之间的信仰之桥。由生命之桥到信念之桥，再到信仰之桥，传递出的是一种无私无畏、舍己救人的崇高精神，更是我们党以老支书为代表的优秀党员密切联系群众，一切为群众着想的最坚实的最可信赖的承诺与担当。学生的发言虽非教科书式的标准与规范，但情境中对话的踊跃参与和精彩生成远远超过教师们的预期。

3. 搭建对话平台，建构对话关系，共享对话成果。

于漪老师特别强调要把师生间单向性的直线型联系，转换为教师与学生、学生与

学生、学生与教师的辐射型联系，也就是把教师讲、学生听，教师问、学生答的双边活动转换为教师与学生、学生与学生、学生与教师的多边对话，形成网络式，使教学活动过程产生对话场的效应。项目组教师在研修的过程中也越发认识到自身的角色变化：由学习历程的先驱者变为同行者，由学习资源的独占者变为共享者，由学习任务的教授者变为设计者，由学习活动的主导者变为组织者，由学习成果的评价者变为受益者。

比如执教《月光曲》一课的教师，为加深学生们对钢琴曲意境的理解，设计了"把第九段景物描写的内容用绘画的形式展示出来"的驱动任务，学生课前先对画作内容进行筛选，选出与文本匹配度高、中、低的画作各两幅。课堂上，教师搭建了生生对话的平台，并提供了画作互评表（如表2），让学生把绘图与课文内容进行对比，从"意象的准确度""意象的颜色特征""意象的位置特征""意象的组合效果"四个维度出发，给每幅作品的相似度打分并说出判断理由。在学生比较画作内容与原文内容的过程中，可以更好地明确每个画面中意象的主要特征，从而加深对《月光曲》三幅画面审美意境的理解。在《〈论语〉教育思想今绎》一书中，陈军老师认为"学友"思想是两千多年前孔子教育智慧的结晶，他指出"学友关系"很有价值，"思想上互补，认识上互动，情感上互通，在学习过程中体现，在生活历程中打磨，在心灵深处沉淀凝聚"。《月光曲》一课画作互评环节中学生们的协同与共研，无疑是对陈老师这段论述的具体诠释。

表2　研究课《月光曲》学生画作互评表

评价规则：请你用1至5这五个数字描述画作与文本内容的契合度。数字越大，表明画作与文本内容越相符。

	画作一	画作二	画作三	画作四	画作五	画作六
意象的准确度						
意象的颜色特征						
意象的位置特征						
意象的组合效果						

4. 开放对话时空，提升对话深度，扩展对话内涵。

所谓"对话"原本是在人、事、物之间的相遇和关系之中生成的、指向新知的创造性的协同探究过程，因而对话流是不可预测的。很多教师固守于课前的教案、单一的提问和确定的答案，这无疑是一大误区，其实比记住结论更重要的是让学生学会如何在文本阅读中求知、思考和论辩。在《宿建德江》和《西江月·夜行黄沙道中》比较阅读课中，项目组教师引导学生用"从_____的月夜中，我读出了他的_____"的句式，通过感受月夜之景来探讨作者的情感。同时，采用联读法引导学生理解诗歌中承载着丰富情致的意象，比如"日暮"引发悲情、"烟渚"作为惆怅的代言、"明月"是思乡的寄托。这些联读诗句（崔颢《黄鹤楼》：日暮乡关何处是？烟波江上使人愁。李白《鸣雁行》：客居烟波寄湘吴，凌霜触雪毛体枯。钱起《早发东阳》：惆怅烟波末，佳期在碧霄。李白《闻王昌龄左迁龙标遥有此寄》：我寄愁心与明月，随君直到夜郎西。李白《静夜思》：举头望明月，低头思故乡。王安石《泊船瓜洲》：春风又绿江南岸，明月何时照我还？）开放了对话的空间，让学生的学习活动不再停留于机械记诵和粗糙点评的低阶思维层面，在勾连比较和综合分析中培养其深度探究和理性思辨精神，不断催生新的发现和新的见解，从而丰盈了高质量的对话内涵。

（二）场域的构建

"场域"构建分为所在空间的物理性设计与人际关系的心理性设计。本文涉及的"场域"主要是指通过氛围和态势的调节，构建内在的心理环境。深入挖掘语文学科本身所蕴含的价值观念和道德内涵，促使中小学语文学科知识体系和价值体系的有机统一，是语文教师的天然使命，但如何践行"德智融合"、达成协调同步，通过探索和研究，项目组教师达成高度共识：语文学科的德育样态绝非道德说教和思想灌输，面对青春期的学生，在"德智融合"的对话课堂"场域"构建过程中，要求是下策，引导是中策，启发是上策，体验是上上策，自我建构才是至上策。春风风人，夏雨雨人；其始也细，其至也巨；和风细雨，润物无声，以智启智、以情动情、以美唤美、以心印心，不远离语文本色的精神淬炼，方可有顺天致性、水到渠成的功效。这是项目研究的共同愿景，也是"德智融合"的对话课堂的特质与要素。

1. 以智启智。 在每个人的心灵深处，都有一种根深蒂固的需要，就是希望自己是一个发现者、研究者、探索者，教师的作用不是填满知识的储罐，而是点燃智慧的灯火，因而教师们在教学实践中，努力变知识传递的被动学习为激发求知的能动实践："德智融合"的对话课堂的终点不存在唯一的"正解"，而是由学生在既有认知上经由自我体验的言说，借助与多样他者的合作与分享，构成新链接，形成新思考，生成新解读，达成新认知，努力探求"最优解"，从而体悟更丰富的内涵，发现更深刻的意义，获得更真实的成长。学生孜孜以求、炯炯有神的学习状态同时激发了教师的教学热忱与教学创造，这样的活力课堂充分彰显了主体性，发挥了能动性，展现了协同性，释放了创造性和增强了实践性，师生双方才智涌流，活力迸发，都由衷体悟到学习的意义和生活的趣味，这份愉悦感归根结底是在实施深度学习和构筑高阶思维的以智启智的课堂中实现的。

2. **以情动情**。"德智融合"的课堂所倡导的"情"绝非煽情，教学高潮的创造依赖师生的交互作用得以共同展开，教师缺乏真情实感便无法真正打动孩子的心灵。而学生旺盛的学习动机和强烈的自我达成感，对学习而言分外重要。真实流淌的情感自然不会横空出世，教师们发现当倾情投入的课堂真正聚焦真实性问题，展开戏剧性教学，顺畅应对性沟通，实施可视化评价，就会有跃跃欲试的兴趣激发，铮铮有声的见解抒发，津津有味的讨论碰撞，源源不断的成就涌现。列宁曾说过：没有"人的感情"，就从来没有也不可能有人对于真理的追求。因而"情"与"理"是彼此联系、互相渗透的，教师们并不满足一时的情感激荡，分外注重由"动之以情"到"晓之以理"的升华，因为这是从道德情感陶冶到道德观念萌生再到道德行为实践不断进阶的必由之路。

3. **以美唤美**。美的教育功能是全方位的，美能激发兴趣，陶冶性情，启迪智慧，熏染品德，美的力量是惊人的，跨越时空、人心共通。项目组教师们努力挖掘文本的美育价值，创设"才、思、情、趣"统一的美育情境，通过配乐朗读、绘画想象、表演创作等驱动任务，使语文教学回归本质，营造了一种美的氛围。无论是传统文化的内涵美，还是红色经典的信仰美，抑或是大好河山的自然美，都具有一种悦人心目、牵人情思的吸引力，扣人心弦、激人追求的感染力，正处于青春期的学生通过含英咀华、品味辨析、斟酌表达的过程，不断发现美，感知美，崇尚美，追求美，创造美，以形成健康的人格和美好的情操。

4. **以心印心**。经师易得，人师难求，优秀教师带给学生的生命关怀和人格感召，将会改变一个人的命运轨迹，使其终身受益。仁爱是为师之本，而爱孩子是母鸡都会的事情，有专业、有智慧、有境界的爱才能用灵魂唤醒灵魂，用生命影响生命。教师们通过项目研究，更新育人理念，重建课堂规范，迭代班级文化：把保障每一个孩子有尊严地学习视为自己的使命，让"询问是一时之错，不问是一生之耻"成为学生们的共识，每位成员发现问题、提出问题的安全感逐步形成，全组参与、不搭便车的责任意识蔚然成风。充分无条件地尊重，谦逊而不带成见地倾听，敞开而挑战权威地表达，真诚而民主平等地对待，宽容而同理共情地接纳，让异质与共识同在，整个班级成为息息相通、心心相印的命运共同体。

三、教师成长与实践反思

（一）在对话中走向深度的"德智融合"

开展项目研究以来，教师们在书籍共读、说课研讨、教学实践和论文撰写的过程中，展开与教育大师、学校同伴、学科专业、所教文本、不同学生和真实自我之间的多维度深层次的对话，读与思，学与行，教与研，思想与认知真实碰撞，情感与心灵默契互通，沉淀与凝聚悄然生成。尽管探索"育德"与"育智"相得益彰的对话课堂，征途漫漫、道阻且长，但建平实验中学的教师们一路走来守正笃实，步履稳健，内心铸就了"指南针"。

1. 对话先生与对话同侪

学校教师发展中心组建共读团队，创新阅读方式，聚焦一个主题，精研一位名家，修炼一项对话，同读一套书籍，完成一日打卡，共享一份成长，不足三个月的时间，24名教师每天坚持打卡，全部读完《红烛于漪》《穿行于基础教育森林：教育实践沉思对话录》《于漪教育教学思想概要》《燃灯——于漪"德智融合"语文教育思想与新教材实施》四本书籍，共读小组逐步实现了从"人物传记"到"教育对话"再到"思想研究"的阅读进阶，专业阅读已经成为教师们的生活方式，而不是一种奢侈的学术追求。在每日的金句摘录和心得分享中，伙伴们汲取的不仅是"经师"的内容、方法与策略，更有"人师"的信念、价值与情怀，做一名善心美德于内、嘉言懿行于外的魅力教师，成为大家努力追求的境界。

2. 对话学科与对话文本

立文者立人，知文者知人，作者或敏锐或丰富的体验，或活泼或恬静的表达，或细腻或隽永的笔触，或跳跃或流畅的行文，只有沉潜于文本、深研于学科的对话者才能陶醉其中，乐此不疲。教师们慢慢咀嚼、细细品味，在平淡处、质朴处、幽微处发掘出未曾关注到的内隐韵味和精妙构思，探寻形成学生良好的语言感觉和文学素养的解读路径和学习策略，唯恐枉费了经典作品的艺术魅力和育德功能。下苦功夫就能苦尽甘来，下死功夫就会死去活来：研讨课上教师们在语言和文字的包裹和浸润中感悟和理解作品所阐述的思想意义，引领学生深入语言腹地，在发现、体验、探究、感悟的过程中，核心素养得到提升，育人目标得以落实。

3. 对话学生与对话自我

教育是一种特殊的交往，对话贯穿始终，育人之路也是育己之路，成为更美好的自我和成就更美好的他人，汇聚成心灵乐歌的奇妙合唱，是为师者人生旅程中被赋予的一项神圣使命。团队成员们将愿力投入到有价值的事情上，将精力倾注到有质量的研究里，将定力滴灌到有挑战的成长中，不因前路迷茫而惰于思考，不因周遭局限而懦于创新，高质量的对话助燃起梦想的火花、升腾起信念的火把，从而照亮了每一个人。基于平等、经由沟通、达于理解、形成共识的课堂，焕发了主体活力，交换了彼此能量，因为更好的"你"，便有了更好的"我"，实现了师生生命价值的深度挖掘与协同成长，不断走向更有魅力的语文世界。

（二）在修炼中汇聚和谐的生命交响

"教"兴天下，"育"创未来。"德智融合"项目组的教师们珍惜基地校平台，厚植理想信念，涵育家国情怀，坚定文化自信，以长远的眼光、持久的恒心，努力成为思想自信、行动自觉的新时代"大先生"。一年以来，教师们潜心研究，躬身实践，在修炼中，创生智慧，积聚能量，共享成果，同步同力，同频同振，同向同行，师生的心灵世界更为丰盈，生命疆域更为宽广，教育生活更为美好。

1. 儿童视角与导师援助的"协奏"

项目开展研究中，教师们反思以往的教育教学实践，由于过于追求"短平快"的战果、追求整齐划一的效果、追求完美无缺的成果，往往忽略了个体的独特需要。"天命之谓性，率性之谓道，修道之谓教"，"德智融合"的"对话教育"应是倡导以人为本、寻道而行的教育，基于学习者视角开展教育教学，通过正向积极的"互动"让人从"被动"走向"主动"，自觉、自主、自动、自愿、自由地成长与发展，让每个孩子在自己的世界里熠熠放光。聪明的教师用1000种方法教一个学生，愚笨的教师用一种方法教1000个学生，而教育者只有真切地共情与悲悯、由衷地包容与接纳，才能善于利用各种契机引导学生激发活力、挖掘潜能、滋养才气。

此外，充分关注学生的年龄特点和成长规律的同时，教师们也理性地认识到：保障每个孩子享有学习权的公平教育，促进人人发展的真实性学习，不可或缺的是教师持续的诊断和有效的支撑。赞美和批评、激励与矫正都是孩子的认知获得成长的必需。评价的路径各有不同，也很难分出高低优劣，关键是度的把握和爱的遵循。赏识和鼓励要适度，要讲究方法，干预与矫正同样如此。不管是激励还是纠错，都应源于尊重孩子、俯就儿童的仁爱，如此，表扬和批评才会如春雨一样滋润孩子的心田。没有了尊重，表扬如同强者的恩赐与施舍；没有了仁爱，批评就带有轻慢与不屑。作为新时代的教育工作者，应该在二者之间寻求教育评价的最佳平衡点，努力做到"温而厉，威而不猛,恭而安"。面向所有人的教育,真正拨动心弦的教育,促进孩子个性化、可持续、全面发展的教育,对教师来说不是技巧与经验,而应是一种道德、一种境界、一种使命。把保障每个孩子平等接受教育的权利这样一个基本理念变为现实,修炼之路还很漫长。

2. 工具理性与人文温度的"共鸣"

"双减"政策的出台与实施,围绕"立德树人"的根本任务,树立了"健康第一"的教育理念,重拳整治了罔顾常识、偏离本质、违背规律的种种教育乱象,让义务教育回归到了原来的本真。而科学的"双减"势必对课堂教学的对话实效和对话质量提出了更高的要求,加强主阵地建设,发挥主渠道作用,才能深入落实"立德树人"根本任务,实现师生生命价值的深度挖掘与协同成长。精准地确定教学目标,精心地设计教学流程,精细地建构教学评价,需要通过浸润式的深度观察、参与式的专业倾听、量表式的科学诊断、"靶向"式的切实改进,从经验型的探秘到"建实"DNA的测序,逐步实现基于事实和数据的课堂结构创新和教研模式优化。

但教学与教研不是一套机械而僵化的操作程序,不可落入工具与技术化的窠臼。建平实验中学的育人目标是培养"探索真知、追求真理、学做真人、活出真我"的新时代好少年,"德智体美劳"五育并举,"知情意"和谐发展,需要教师以价值观的引导作为灵魂。"天下兴亡,匹夫有责"的家国情怀,地球公民的敬畏之心,命运共同体的同理关切,必须经历漫长积累、逐渐熏染、不断内化的过程。教育的使命植根于等待守望的痴情,精耕细作的耐力和久久为功的恒心,因而心中有梦、眼中有光、手上有力、肩上有责的高素质专业化创新型教师队伍的培养须在中国立场、世界视野、人文素养、仁爱之心等方面持续着力,才能肩负起为中华民族伟大复兴培育人才的大任。

3. 校本特色与学科拓展的"合唱"

建平实验中学作为一所优质公办初中,教学班级多,学生体量大,教师素质高,教研氛围浓郁,办学成果丰富,为本项目的实践研究提供了良好的人文环境和资源保障。下一阶段"德智融合"项目的进一步推进与深化尚需契合初中学段的特点,贴合建平实验中学的校情,结合不同班级的学情,带着课程的视角进行统筹设计,准确定位整体实施中的切入口和突破点,通过规划时间、细化路径、量化评价,让研究成果得以结构化和系列化。教师一方面要基于课程标准深入研究教材,提炼单元的核心知识和关键能力,探索其独特的育人价值,研制出不同年级、不同学科、不同领域由低至高、由浅入深、螺旋上升、分层递进的"德智融合"的教学目标、实施路径、活动支架、拓展资源以及多元评价。此外，不同学科的价值体认方式各有其特点，学校接下来会在优势学科语文组先行实践经验的基础上，将道德与法治、历史、心理、艺术等教研组作为驱动学科，拓展到英语、数学、信息科技等工具学科，组建弹性灵活的跨学科教研团队，综合培育学生的思考力、判断力、表达力，使其兼具"知者不惑、仁者不忧、勇者不惧"的生存能力，提升其文化传承、文化分享、文化创造的可持续发展能力，这是国家课程意志的实现，也是学校育人目标的彰显。

四、结语

"探索对话之道，滴灌生命之魂"，是一项系统而长期的工程。"孤举者难起，众行者易趋"，课堂是主阵地，但更要打好组合拳。学校将以全员导师制的推进为契机，建构起协同育人共同体，逐步实现从价值认同、意识培养、理念更新到实践转化的进阶，高质量推进全员、全方位、全过程"德智融合"的育人工作，共谱为党育人主旋律，共绘为国育才同心圆，上海市建平实验中学将在不懈追求高起点、高站位、高水准的自我精进和团队修炼的过程中，努力构建高素质的教师团队，打造高品质的教育名片。

参考文献：

[1] 黄音.文化视角下语文学科核心素养"核心"之辨［J］.语文教学通讯，2018（01）：30-32.

[2] 李百艳.教育：让人拥有对话世界的力量［J］.上海教师，2021（03）：77-90.

[3] 于漪.于漪全集［M］.17 教师成长卷.上海：上海教育出版社，2018：304.

[4] 王荣华.人文主义的教育理想：于漪教育思想研究论文集［M］.北京：商务印书馆，2018：217.

[5] 陈军.《论语》教育思想今绎［M］.上海：上海教育出版社，2015：158.

[6] 江长冰.触摸顶端智慧 苏霍姆林斯基100个教育案例评析［M］.长春：吉林出版集团股份有限公司，2010：49.

第二部分
实践研究

第一章 单元教学设计

基于"德智融合"的演讲"活动·探究"单元设计初探
——以《应有格物致知精神》为例

上海市五三中学 陆徐韵

摘　要：本文基于"德智融合"理念，分析"活动·探究"单元在实际教学中的开展现状，梳理单元内在的逻辑结构与意义价值，并以《应有格物致知精神》的教学设计为例，探寻多元、多样的教学策略以实现"德"与"智"的有机融合。

关键词：德智融合　"活动·探究"单元　演讲

"活动·探究"单元是统编版初中语文教材中出现的新单元组织形式，现行五·四学制统编版教材在八年级、九年级分别设置了"新闻""演讲""现代诗""戏剧"四个主题，均以活动任务单为导向，活动为主体，探究为内核。其单元结构体系、教师教学方式、学生学习模式等"统整教学内容和教学过程，以情境任务创设和学生建构反应为主要特征，实现学科知识学习、能力培养与育人本质结合的最优化"。在大单元、大主题、大情境下内外贯通，语言与思维融合发展，德智创生共鸣，走向生命价值的挖掘与提升。

一、"活动·探究"单元教学现状分析

（一）活动形式化：育德粗疏

"活动·探究"单元在导语中就呈现其目标与任务。如八年级下册"演讲"单元："演讲体现出一个人的竞争力和综合素质，是现代社会公民应具备的基本素养。"本单元将演讲本身作为学习对象，以演讲的方式学习演讲。以演讲为轴心，下设三大任务围绕运转，以期培育学生的读写、沟通、理解、表达的技巧与能力。

对话：走向德智融合

任务一：学习演讲。
阅读教材提供的四篇演讲词，在理解作者和演讲背景的基础上进行模拟演讲。

任务二：撰写演讲稿。
在把握演讲词特点的基础上，学习演讲稿的写法，自己撰写一篇演讲稿。

演讲

任务三：举办演讲比赛。
课外搜集视频或音频资料，了解演讲的基本技巧。以"任务二"撰写的演讲稿为基础，举办一次班级的演讲比赛。

图1 演讲"活动·探究"单元学习实践任务

但在实际教学过程中，教师可能会因对相应主题知识结构的欠缺，课时量紧缩等原因，简单依照活动任务单让学生模拟演讲、写作、展示：确定一个主题让全班学生围绕该主题写一篇演讲稿，随后组织学生进行演讲比赛，学生依次上台演讲，掌声迭起，热闹自由……这样的实践体验过程看似"激发了学生生命的灵动与活力"，但若深究其生成、收获却是模糊而空泛的，学生在这一系列活动中发展了自身的演讲能力吗？还是只是依照自己原有的水平呈现演讲？无目的、泛方法的指导没有将需要学生习得的知识转化成有效的活动，未能让学生建构属于自我的话语体系，只是一场过眼云烟的表演。

（二）探究简化：智育浅表

"探究"引导学生深入活动、深度学习，关注主题概念的复杂性、整体性，以综合的、实践的、合作的方式发现问题，并进行反复的考察和进一步研究，对于学生的前备知识、技能等都有较高要求。八九年级学段的学生在经过之前两年的学习生活后，认知能力和身心得到发展，思维能力从低阶转向高阶，能在"活动·探究"单元发挥主体地位，自主学习、深度学习，发展能力、提升素养，但同时中考的临近使得部分八九年级的学生在"内卷"的世界中更为重视印在试卷上的答案与分数，而慢慢忽视其他，不在考纲上的内容对于他们而言可能是无足轻重的。无限的可能性、高远的精神理想被冲淡，变成了一条指向功利性考试的道路。若不能完全点燃他们心中对于探究的兴趣，他们就止步于教师给予的内容，浅尝辄止，抑或是直接忽视。

教师也面临着同样的现实难题，在考试的"指挥棒"下，重敲学生的应试能力，在教学进度的安排下，紧缩学生自由学习的时间与空间，单元的过程性与探究性特征被削减，学生知识、能力、素养的培育都只浮于表面。

二、基于"德智融合"理念探寻教学新方法

于漪老师所提出的"德智融合""滴灌生命之魂"充分挖掘学科内在的育人价值，德智美融合，立体化施教，全方位育人，真正将"立德树人"落实到学科主渠道、课堂主阵地。拉近了"学以致考"与"学以成人"之间的沟壑，使"活动·探究"单元不只是轻飘划过，不囿于单篇教学，不再轻视活动设计，不单是课堂指导，从僵化的循环中走出，站在高处，面向未来世界，"竭尽全力培养学生的大视野、大情怀、大担当"，带着理想和胸襟，拓宽无限可能，丰盈生命厚度，延伸灵魂深度，看到世界广度，氤氲文化熏染，获得审美体验，树立个体正确"三观"，提升语文学科核心素养。"'活动·探究'单元是以阅读为基础的活动，其活动的目的是为了帮助阅读文本，进而深入理解这类文体的特点。"积极开发"活动·探究"单元中交互多元、动态创新的智育和德育资源，并从中确立课堂的智与德的共生共鸣点，既训练了言语技能、提高运用语言的能力，也让学生在课堂中发现"作者是如何运用语言承载了文化，传递了文化，从而使学生更好地融入文化中，更好地运用语言"。唤醒学生对于美的感悟，对于文化理解、传承的自觉。

于漪老师在《立体化·多功能——语文课堂教学效率论》一文中指出课堂教学要"从综合性考虑出发，针对学生的实际，力求知识、能力、智力和思想情感融为一体"。"活动·探究"的教学也是如此，需要重塑立体、动态、综合、多维的课堂，承载丰厚意蕴与精神熏染，更新迭代教学结构与方式，建构新的学习场域并珍视学生独特的解读与体验，浸润于深度学习，实现春风化雨般无痕无声的"德智融合"。

三、基于"德智融合"理念设计课堂教学

在一堂 40 分钟的有限课堂时间和规定的教室空间中如何贯彻"德智融合"的思想，深挖"活动·探究"单元的意义价值，让学生获得无限成长？"语文教师的胸中要有'教文育人'的清晰蓝图，这张蓝图必须由三个部分有机组成：一是培养目标；二是了解学生现状；三是要明确实现'教文育人'培养目标所要攀登的阶梯。"

基于以上路径对"活动·探究"演讲单元的选文——《应有格物致知精神》进行教学设计，增强活动设计指导性与探究深入性。

（一）明确学习目标

"活动·探究"演讲单元以学习演讲词（任务一）、撰写演讲稿（任务二）和举办演讲比赛（任务三）三大任务为主体，形成一个综合活动实践体系。任务一中选取文章均为演讲词（《最后一次讲演》《应有格物致知精神》《我一生的重要抉择》《庆祝奥林匹克运动复兴25周年》），但因演讲者身份、演讲背景、听众、目的、场合等演讲时的情境语境不同，四篇演讲词呈现了多元、多样的风格。《应有格物致知精神》为丁肇中先生在1991年10月18日在北京人民大会堂举行"情系中华"征文颁奖大会上发表的演讲。演讲者提出中国学生该怎样了解自然科学这一演讲主题，然后进行阐释、分析，由"格物致知"的出处，引出对其含义的理解以及我国古代对"格物致知"并不真正重视的原因分析，澄清人们的错误认识并从实验过程的两个特点、中国学生存在的问题和作者自己的经验三个方面逐层深入地分析真正格物致知精神的重要性；最后揭示"格物致知"的真正意义及当下的价值，提出自己的主张与希望，作为一篇庄重场合的正式演讲，观点鲜明、着眼现实、注重听众、条理清晰、客观严谨、语言明白晓畅，极具力量。基于此，确立教学目标为：1. 厘清演讲词的结构层次，明确演讲者观点，理解"格物致知精神"的含义和现实意义；2. 把握演讲词的特点，体会演讲的独特魅力。目标、情境、活动相统一。

（二）基于学情现状

八年级学生对于演讲的形式较为熟悉、兴趣浓厚，但由于他们刚接触演讲词，缺乏交际语境意识，无法把握本篇文章作为演讲词的文体特质。而且这篇演讲词的思想内涵深刻，学生较难理解其演讲主题的真正含义与真实意图，需要教师创设演讲情境，还原演讲现场，引导学生在积极主动的实践体验中把握演讲者的观点、明晰演讲者思路层次和内容安排。

学生对于这篇演讲词客观理性、严谨求实的语言风格有初步的感悟，但无法深入体悟其演讲语言的高妙、精彩之处：演讲者为学贯中西并获得巨大成就的科学家，他敏锐地认识到中国教育中出现的问题，联系文化传统及我国现状提出演讲主题，在演讲过程中注重结合自身真实体验，语言表达通俗易懂又极具条理性、逻辑性，事例生动有意蕴，鲜明凸显了他的观点与主张。在课堂上通过具有演讲特质的学习探究活动，深入分析演讲词的主要特点、感受演讲语言的独特魅力、建构演讲词的知识体系，在立体、动态、综合的活动探究中锻炼、提升每位学生的演讲能力。真正从学生出发，确定"德智融合"点。

（三）阶梯式学习环节设计

基于单元目标对于单篇文本进行细致分析，通情以达理，首先以展示宣传海报的微项目活动让学生进入演讲现场，通过倾听、阐释、评价等互动共创的方式激发演讲的现场感，了解演讲的时间、地点、场合、背景，演讲者身份、生平、思想，演讲对象等，走进演讲现场，还原历史语境，抵近、领会演讲者的演讲主题与演讲意图；再梳理演讲思路结构，以思维导图的形式外显演讲词的逻辑层次，把握整篇演讲词层层推进的结构特点，培养撰写演讲稿（任务二）的思维习惯；随后深入探寻成功演讲词的魅力，探究演讲词的语言特点、表达技巧，感受本篇演讲词的演讲智慧，深入了解演讲风格，关注演讲目的的实现方式；最后模拟片段演讲，深入体会演讲词的思想内涵，并根据演讲的特点，恰当使用演讲技巧，从现实效果打磨演讲，提升演讲能力。

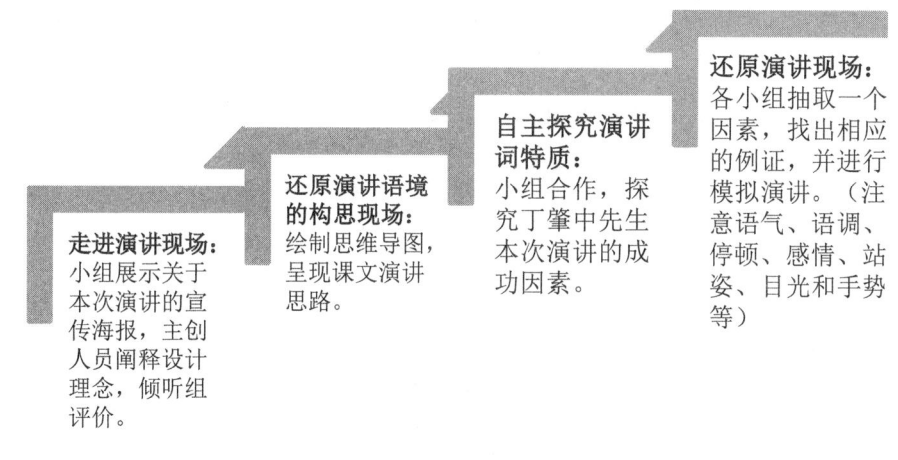

走进演讲现场： 小组展示关于本次演讲的宣传海报，主创人员阐释设计理念，倾听组评价。

还原演讲语境的构思现场： 绘制思维导图，呈现课文演讲思路。

自主探究演讲词特质： 小组合作，探究丁肇中先生本次演讲的成功因素。

还原演讲现场： 各小组抽取一个因素，找出相应的例证，并进行模拟演讲。（注意语气、语调、停顿、感情、站姿、目光和手势等）

图2 《应有格物致知精神》主体教学环节

"从语言到思想、由形式到内容"，再到"由思想到语言、由内容到形式"。这样的设计让学生深入探究演讲词的基本特征与主要特点：注重演讲词所应具备的具有针对性的主题、内容；清晰的思路和严密的逻辑；亲切真挚的语言表达等。体会演讲者现身说法、引经据典中所体现的文化自信、文化反思、文化自觉。浸润其中感受演讲词的高度、深度、广度、厚度、精度、温度、效度、力度等。学生在深度、多元的感悟思考、对话交流中把握了演讲词的文体特点，探究演讲所达到的效果，体会演讲的独特魅力，蕴藏其中的是语文学科智育层面的落实，在鉴赏的同时内建自身的演讲词知识体系。而在充分地理解了外显的语言形式所包裹的内隐的文化内涵："格物致知精神"的含义和现实意义时，他们又能反观自身，对社会、国家甚至是对传统文化进程进行关注，从中汲取力量，真正体会到演讲的魅力，培育能力，展现风采。课后要求每一位学生拍摄录制一段自己深有感触的片段，尝试模拟演讲并解说"为什么这样演讲"。使每一位学生都真正参与到活动中，在真正的实践历练中获得成长，为演讲比赛（任务三）做准备。同时也要求小组合作细化、完善演讲评价指标（例：深度→演讲结构突出重点、条理分明、逐层深入等），并作为评委为下周一"国旗下的讲话"演讲评分。链接日常生活场景，在真实的语言运用情境中感知演讲魅力、评析演讲效果，并在体验中创设优秀演讲评价维度。

"活动·探究"课堂融教、学、评为一体，在文本学习、写作表达、活动实践中深度交融，推动学生的自我发展、全面发展。知识建构、体验内化、探究创新相交融，厘清文章情理、"德智融合"绽放生命的光芒。

参考文献：

[1] 上海市教师学研究会. 燃灯——于漪"德智融合"语文教育思想与新教材实施 [M]. 上海：上海教育出版社，2020：6.

[2] 韩涵. 增强活动化的设计，促进演讲的学习——谈统编版语文八下第四单元编写理念与设计特点 [J]. 语文月刊，2020（07）：2-4+12.

[3] 上海市教师学研究会. 燃灯——于漪"德智融合"语文教育思想与新教材实施 [M]. 上海：上海教育出版社，2020：193.

[4] 韩涵. 增强活动化的设计，促进演讲的学习——谈统编版语文八下第四单元编写理念与设计特点 [J]. 语文月刊，2020（07）：2-4+12.

[5] 王荣生，申宣成. 语文综合性学习教什么 [M]. 上海：华东师范大学出版社，2014：43.

[6] 于漪. 立体化·多功能——语文课堂教学效率论 [J]. 语文学习，1989（01）：3-5.

[7] 张蕾，林雨风. 中国语文人：第1卷 [M]. 北京：首都师范大学出版社，2010：4.

[8] 肖培东. 以演讲的方式学习演讲——《应有格物致知精神》教学思考 [J]. 语文建设，2019（17）：24-27. DOI：10.16412/j.cnki.1001-8476.2019.17.007.

"德智融合"视域下的初中语文单元教学设计
——以统编版语文六年级上册为例

上海市建平实验中学 吴 非

摘 要：近年来语文单元教学研究随着教学改革不断深化，"德智融合"这一理念为初中语文单元教学提供了新思路。在"德智融合"的视角下，单元教学将更具操作性和实践性。只有将语文学科教学的各个环节与学生情感教育进行有机结合，方能实现教文又育人。本文将从三个方面尝试探析"德智融合"视域下的初中语文单元教学：一是梳理教材德育内涵，落实学科德育主题；二是在品味语言文字中滋养学生心灵；三是设计内容丰富的作业，在提升素养中育德。

关键词：德智融合 单元教学 学科素养

于漪老师认为"语文"便是"教文育人"。在大力提倡学科素养培育的当下，我们要充分利用学科教学主渠道对学生进行思想品德的教育和情感价值的熏陶。这正是德智融合理念的雏形。教文便是智育，即教会学生文化知识；育人便是德育，即培养人的高尚道德品质。语文学科以其独有的工具性和人文性特征，一方面承担着民族语言学习与传承的重任，另一方面在一篇篇美文的教学中，蕴含着道德情感的力量。教师不仅要教会学生学科知识，更要注重学生学科素养的培养，帮助他们打开心智，拥抱世界，成为有民族理想和人类情怀的大写的人。

一、"德智融合"的缘起分析

长期以来，"先学科、后育人""重智育、轻德育"的现象并不少见。德育在教学实际中被弱化，德育和语文学科教学各自为政。比如，课堂上一注重思想教育，就缺少语文味；一进行语言文字训练，就把对学生的情感熏陶搁置一旁。

如何将语文学科教学的各个环节与学生情感教育进行有机的融合，形成德智融合，实现教文又育人？结合近年来语文单元教学研究随着教学改革不断深化的情况，

"德智融合"这一理念为初中语文单元教学的设计提供了新思路。在德智融合的视角下单元教学将不再停留于理论层面,而更具操作性和实践性。

要解决这些问题,教师首先要正确认识和把握语文学科的育人价值,努力追求学生语文能力与情感道德的统一发展。同时,教师还需高屋建瓴地将语文学科中的德育和智育看作一个整体,注重顶层设计和架构研究。其次,梳理归纳出符合初中生身心发展特点的德育主题,在语文教材的文本中找到与智育的融合点,并将培智的语言文字学习和育德的情感陶冶紧密结合。最后,让学生在品味语言的同时,获得情感体验与价值观念的强化与提升。

二、梳理教材德育内涵,落实学科德育主题

我选择了统编版六年级上册语文教材,对其中的德育资源进行整理和挖掘,形成立足于单元的顶层设计,让德智在语文课堂教学中系统地实现有机融合。在凸显语文学科特性的前提下,结合每个单元的单元导语,我梳理了本册教材不同课文中所包含的德育关键点。在同一单元主题下,每篇课文教学内容虽然不同,但在学科素养和思想情感的指向上保持一致,这也保证了一个单元的主题内涵能扎实有效地落实。在实际教学过程中,教师应牢牢把握对应的单元德育主题,在学科知识的落实和学科能力的培养中有指向性地引导学生获得独特的情感体验和深层的价值认知,由此实现"德育"与"智育"的相统一。

表1 六年级上册单元德育点和篇目德育点梳理

	单元德育点	篇目德育点
第一单元	触摸山河湖海	1.《草原》:感受草原的自然景物之美和风俗人情之美。 2.《丁香结》:领会作者对世事的洞明和对人生的洒脱。 3.《花之歌》:体会诗人对人生意义的独特感悟——人要像花一样,积极地向往和追求光明。 4.《古代诗歌三首》:体会诗人在景物中寄寓的思想感情。
第二单元	历史回声	5.《七律·长征》:感受红军大无畏的革命乐观主义精神。 6.《狼牙山五壮士》:感受五壮士热爱祖国和人民的情感。 7.《开国大典》:增强爱国情感,增强民族自信、国家自信。 8.《灯光》:体会革命先烈的献身精神。 9.《我的战友邱少云》:感受烈士的坚强意志和牺牲精神。

续表

	单元德育点	篇目德育点
第三单元	人类文明创造	10.《竹节人》：感悟游戏中带来的童年快乐和满足。 11.《宇宙生命之谜》：培养学生谨慎探索的科学精神。 12.《故宫博物院》：感受中国建筑文化的博大精深。 13.《古代诗歌三首》：体会诗人在景物中寄寓的思想感情。
第四单元	体察不一样的人生	14.《桥》：感悟老共产党员的无私无畏。 15.《穷人》：理解主人公善良、淳朴的美好心灵。 16.《金色的鱼钩》：体会老班长爱护同志、尽职尽责、甘愿牺牲的革命精神。
第五单元	观察感受生活	17.《夏天里的成长》：培养热爱自然、热爱生活的美好情感。 18.《盼》：学会用心感受生活，创造生活的美。 19.《小站》：感受人间的温暖和情意。

三、在品味语言文字中滋养学生心灵

于漪老师认为语文学科的育人要回归学科原点，让学生在对语言文字的"听、说、读、写"中赏析语言、运用语言，在提升学科素养的同时，滋养学生的心灵，丰富学生的精神世界。

（一）将课堂德育主题与单元学习目标相联系

统编版语文教材每册有六个单元，每个单元都有明确的单元目标，单元目标也是教师在教学时必须关注落实的，尝试将德育主题与单元目标紧密结合，是实现课堂德智融合的路径之一。

如六年级上册第四单元是小说单元。本单元是初中阶段学生第一次集中接触小说。学习本单元应当初步掌握小说这类文体的阅读路径，同时也要考虑到学生在这一阶段的认知能力，激发他们对小说的阅读兴趣。因此，在教学中能够引导学生初步理解虚构的小说与现实生活的关系，学会梳理情节、感知人物形象，就达到了本单元的教学目标。以《桥》为例，引导学生阅读感知本文满怀深情地塑造了一位在危急关头舍己为人、大公无私的普通老共产党员的光辉形象，其高贵的精神品质正是我们这个时代所呼唤的。在课堂中，我引导学生围绕老支书这一人物形象展开了热烈的讨论，通过自行批注、小组交流等形式完成了对老支书形象丰富全面、立体多元的梳理。在感知人物形象的过程中，学生学习了老支书舍己救人的英勇形象，也明白了在小说的阅读过程中要"抓住人物形象"这一要点。

（二）将语言训练与情感体验相结合

如果说"智育"是"体"，"德育"是"魄"，那么两者只有融为一体，有机统一，体魄相兼，才能将语文学科教文育人的作用发挥到极致。

以六年级上册第五单元中的《夏天里的成长》为例，这是一篇借景抒情散文，结构巧妙，文思优美。在课堂上，我首先让学生抓住文章的中心句"夏天是万物迅速生长的季节"，抓住"迅速生长"设疑并确立了本课的核心问题：作者是如何写夏天是迅速生长的季节的？本文以描写为主，较多使用排比、对称的语句。因此，我引导学生认真品味文章的语言，如抓住一些关键词和句式，体会"夏天迅速成长"这一特征，并在分析的同时要求学生用朗读读出这样的"迅速"来。就这样，在反复的朗读过程中，学生在语言文字中穿梭，既品味了文章语言的精美，又领悟到课文中饱含的自然美、生活美，激发学生热爱生活的情感。

（三）将思维发散和情感激荡相碰撞

叶圣陶先生说："语言说得好，在于思维的正确，思维的锻炼相当重要。"语言是思维的外壳，语文学科在提高学生语言素养的同时，也承担着培养学生思维能力、提升思维品质的作用。在课堂上，教师应设计具有思维含量的问题，引导学生结合文本，进行合理的思辨，从而加深情感认知。

如，本册教材中的第六单元的德育主题为"领悟艺术的奥秘，获得美的熏陶"。这一单元收录了2篇文言文，其中一篇是《书戴嵩画牛》，本文语句短小精悍，却又生动鲜活，内蕴丰富。结合单元目标"学习通过语言文字展示艺术的魅力""借助想象和联想，体会艺术之美"，我确立了"通过讲述故事，体会文章蕴含的艺术与生活的关系"作为本文的教学目标。本次教学将以"三次讲故事"为主线，在"一复述、二表演、三争鸣"的过程中依次创设对话情境、促进深度学习、共享思维成果，层层递进地引导学生讲活故事，思辨内涵，实现智育与德育的互通互融。

第一次讲述故事，要求学生通过"生生对话"，小组合作解决字词问题，疏通文章大意，能够复述清楚故事，对课文内容有初步的理解。

第二次讲述故事，指导学生借助想象，讲明细节。让学生结合牧童和杜处士人物形象，配上表情和动作来表演这个故事，力求讲得绘声绘色、生动有趣。这第二次讲故事使学生对文本内容的理解进一步加深。

第三次讲故事，指向课文的情感态度目标，发展学生的学科思维是提高学生语文核心素养的关键。如果说第二次讲故事借助想象发展了学生思维的广度，那么第三次讲故事培养的是学生质疑创新的高阶思维能力，发展的是学生的思维深度。教师引导学生分组讨论，尝试从不同人物的角度理解本文的深刻的寓意。

经过层进式的教学设计，调动了学生多方面的能力。学生在质疑探究中会更深地体会到艺术与真实生活的关系这一德育点。同时，学生也明白了在实践出真知时，仍要多调查研究，多思多问，不可偏信盲从。就这样，在深度思辨中，学生的思维被激活，思维成果得以共享，批判质疑的思维和情感激荡的认知在推倒往返中得到了融合发展。

四、设计内容丰富的作业，在提升素养中育德

于漪老师认为语文教学是一个"整体"。那么教师也应把语文作业和课堂教学作为一个整体的两个部分进行设计，关注作业设计的一致性。同时，作业形式、评价方式的创新，也可以激发学生学习的热情，并让学生在多种形式的作业实践中获得积极的情感体验，增强语文学科的育德功能。德智融合的理念能巧妙地在单元作业的设计中呈现。

（一）设计任务驱动式的主题作业

学习应该是学生主动、自觉的行为。在学习伊始，就给予学生一定的任务，可以驱动学生有目的、高效益地投入学习中。

以六年级上册第二单元中《七律·长征》《狼牙山五壮士》《开国大典》《灯光》《我的战友邱少云》这五篇红色革命文本为例，这一单元的主题德育点是培养学生爱国主义精神，而学科知识点都要求学会梳理概括文章主要内容。如何在智育与德育之间找寻交叉点，实现"德智融合"呢？为此，我布置了《致敬革命先烈》小报制作的单元作业，要求学生在学习完本单元课文后能介绍故事内容并表达自己的感想。在本单元教学时，我将教学重点放在了课文内容的归纳概括上，学生在课堂口述的基础上完成小报的文字内容，并补充找寻相关的图片资料。最后的作业成果在班级展示栏里呈现，并给予学生课堂汇报展示的时间，让全班一起来评选优秀作品。

（二）设计培养综合素养的创新活动作业

除了书面表达，语文学科还承担着培养学生口头表达能力的重要任务。在语文课后作业的布置中，设计一些有创意的活动，既能帮助学生自主学习，拓宽知识面，又能培养学生情感体验的运用能力。

例如,在学习完六年级上册的第 4 课和第 13 课的两篇《古代诗歌三首》后,基于这两课要求"体会诗人在景物中寄寓的思想感情"这一德育目标,我在班级里开展了"古代诗歌朗诵大会"。要求学生自由组合,开展小组活动,并指导学生用适当的方式将诗人寄寓在景物中的情感朗诵出来。有的小组编排舞蹈动作,有的小组分角色表演,每位学生都展现了自己对诗歌情感的理解,声情并茂的朗诵活动成为德智融合的最佳途径。

德智融合的多样化作业,将简单枯燥的语言文字训练变得生动、有趣,也让学生的学习变得更主动。同时,整合式的作业完成方式,也不额外增加学生的负担,在学生动手制作、合作表演、互相评价的过程中,语文综合能力得到了培养,课文中所蕴含的情感价值观也润物无声地注入学生的心田。

"德智融合"视域下单元整体化教学实践的重构
——以统编版语文六年级上册第四单元为例

上海市建平实验地杰中学　黄佳磊

摘　要：单元整体化教学设计是近年来语文学科教育教学的热门话题，也是统编版教材编写下的重要教学面向。在于漪"德智融合"语文教育教学思想在21世纪的发展背景下，语文学科更需要充分挖掘学科内在的育人价值，与知识传授能力的培养相融合，努力实现立体化施教与全方位育人。但现实中的日常教学往往缺乏单篇课文与单元之间的整体关照，未能构建起关联度与整体性，因此，本文着眼于重构"德智融合"视阈下单元整体化的教学实践，试图挖掘更具生命力的语文学科课堂创造。

关键词：德智融合　单元整体化教学实践　教文育人

"德智融合，滴灌生命之魂"是于漪"教文育人"思想在21世纪的发展，其实际内涵指向充分挖掘学科内在的育人价值，将其与知识传授能力的培养相融合，努力实现立体化施教与全方位育人。单元整体化教学是近年来上海市统编初中语文教材中实施教学的基本方式与有效路径，也是目前初中语文教学中受到普遍关注的热议话题之一。然而笔者发现，单元整体化教学设计理念虽好，但现实效果与实践路径缺乏整体关照，教学实践中未能在单篇与单元之间建构起关联性与整体性，忽视单元整体教学与单篇教学的协调关系，等等。

传统语文教学模式总体上长期延续逐篇"单打独斗"式分析的教学方法，更强调"知识本位制"，倡导以教师"教"与学生"听"相结合的模式为主。而教材中的单元教学模式更强调"素养本位制"，倡导发挥语文教材中单元设计的整体效应，有效实现由"教"及"育"的大语文观与全面育人观，充分挖掘单元整体化教学中语文学科德与智的"融合点"，深入探析教材中关于民族精神、真善美的价值观和社会责任等方面的生长点，最终得以在"德智融合"的知与行中实现滴灌学生的生命之魂。

一、统整学习：考量德育元素，设定单元目标

单元整体化教学，重点在统整单元内的一篇篇课文，从而打破传统教学模式中的单篇独立式教学，教师在授课过程中不再着眼于某一篇的思想主题、内容主旨、教学目标设计及教学重难点推进等，学生也不再附着于某一篇的接受式学习。"德智融合"背景下的单元整体化教学实践要求打破传统篇目的割裂模式，统整于单元整体性目标，由单篇课文的散点式学习走向统整式学习。

基于此，在统整单元目标时应重点关注德育因素。以六年级上册第四单元为例，从单元导语中总结得出这一小说单元中共涉及三个单元目标：其一，阅读不同题材的小说，体察"不一样的人生"，净化心灵，陶冶情操；其二，学会梳理小说的主要情节，感知人物形象；其三，品味精彩的文学语言，丰富语言积累。

作为初中学段的学生，这一单元中针对学生学习的要求更侧重于阅读方法与习惯的培养，更着眼于小说阅读素养的层面。尝试读懂经典小说作品中作者是如何塑造人物形象，又如何通过丰富的语言形式赋予人物丰富的性格特点与刻画其精神品质。结合第四单元中的三篇课文后参考导语中的单元目标，并融入德育元素，针对单元目标的设计作出如下调整（见表1）。

表1 统编版语文教材六年级上册第四单元单元目标

调整状态	单元目标设计	教学路径	考察维度
*调整前	阅读不同题材的小说，体察"不一样的人生"，净化心灵，陶冶情操	阅读——感悟	德育因素模糊
	学会梳理小说的主要情节，感知人物形象	阅读——理解	智育因素（内容）
	品味精彩的文学语言，丰富语言积累	阅读——积累	智育因素（语言）
*调整后	学会梳理小说的主要情节，感知人物形象	阅读——理解	智育因素（内容）
	设计不同教学主题，理解小说语言形式与创作方式	阅读——运用	智育因素（内容与方法）
	链接古今，探讨小说的时代意义和读者（学生）的感悟	阅读——表达	智育与德育因素（价值观生成）

从单元目标设定的调整前后来看，调整前的单元目标即单元导语部分罗列出的内容，考察维度集中在小说的内容层面，反映的是教学中的智育因素。而作为大单元整体化教学的教材编排角度来看，如何创造德育的价值还需要进一步调整，也即调整后的目标呈现。

经过调整后的单元目标，考察维度更具逻辑性与关联性，从基础的小说人物与情节层面，进一步通过不同主题的设计勾连三篇小说，使得学生关注小说的语言形式与创作方式，最后再通过链接古今的方式来反观现实，从课内迁移至课外，设计不同的学习任务群。

在考量德育元素后统整单元目标，既可在原来的基础上深入研讨篇目学习，同时也可让学生在研读三篇课文时更具有思维逻辑，提醒自己时刻关照单元目标的设计链。

二、精准设计：打通篇目壁垒，定制教学主题

六年级上册第四单元共编录三篇文章，创作年代与背景均不相同。第14课《桥》创作于20世纪80年代，讲述的是北方山村中的一场大暴雨引发山洪，村里的党支部书记老汉有序地带领全村的党员与群众撤离，最终与儿子不幸牺牲遇难的故事。第15课《穷人》创作于18世纪60年代，讲述的是俄国的一个穷人家庭在已负担五个孩子的重负下宁愿自己受苦受累，也要主动收养邻居家的两个孤儿的故事，彰显了穷人阶级精神富裕的善良品质的高贵。第16课《金色的鱼钩》创作于20世纪30年代，讲述的是老班长为了奉命照顾小战士而自我牺牲的感人故事。

回归"德智融合"教学路径的思考，单元整体化教学不是课文与课文之间的简单叠加，而是整合语文学科的知识与能力、核心素养训练及思想道德培育等各个方面的提炼融合，优化整合教学设计、教学过程与教学评价等各个环节。要求教师真正了解学生的需求，同时具备高超的顶层设计能力，设计出学生乐于参与的教学活动，由课堂延伸课外，真正提升学生的综合素养，促进课程德育建设落到实处，从而实现立德树人的教育目的。

综上所述，"德智融合"视阈下的单元整体化教学应打通篇目壁垒，在单元目标的设定下，结合小说文体的语言形式与创作方式，定制不同的教学主题。以本单元为例，笔者初步设计以下教学主题（见表2）。

表2 统编版语文教材六年级上册第四单元教学主题

教学主题设定	涉及教学篇目	课时安排	教学内容
小说人物形象塑造	《桥》《穷人》《金色的鱼钩》《童年》	3—4课时	梳理小说人物形象，对比不同文学作品中的人物形象特点与精神品质等
小说语言形式鉴赏	《桥》《穷人》《童年》	3—4课时	人物描写与环境描写对人物形象塑造的作用，开展读写训练
小说创作中矛盾冲突的设计	《桥》《穷人》《金色的鱼钩》	2—3课时	理解矛盾冲突的含义，以《桥》中"窄窄的"为例延伸拓展，对比不同艺术作品中的实例
心理描写的表达作用	《穷人》《童年》	2—3课时	以"桑娜"角色的心理描写展开
小说创作中的象征手法	《桥》《金色的鱼钩》	1—2课时	理解"象征"手法的定义，围绕标题的作用展开
小说与现实的碰撞	《桥》《穷人》《金色的鱼钩》《童年》	1—2课时	链接现实，打开学生思维，激发学生联想，抒发所感所悟，开展读写训练

语文教学中需要有一种"立交桥式"的视界看取美丽而又多姿的教学视野，让"德智融合"的思想在脑海中植根，在课堂中实践。"打通专业壁垒，定制教学主题"也正是基于此的一种教学实践。扣准单元整体化教学实践中的核心问题，激发学生的学习兴趣，挖掘学生的学习潜力。在初步掌握小说人物关系、故事情节与思想主题后，便可深入开展不同教学主题的研讨。

三、延伸拓展：建立任务群组，勾连课堂内外

建立合适的学习任务群，是进一步打造"德智融合"课堂的重要环节。以六年级上册第四单元的三篇文章为例，学习任务群的设计可以围绕"真善美的价值观、党性与人性的融合、中国共产党的历史脉络与精神特质、中外不同历史时期人民生存状态的展示交流"等主题展开。

分别拟定不同的交流展示主题后，引导学生跨界学习，做到人文历史、思政道法

等学科融合的迁移，深入学习不同的知识领域，建构知识体系。教师不一定需要无时无刻在学生旁边作指导，设定好统一的学习任务，并以群组的方式发放给学生，学生与学生之间也可以结合不同的学习小组在课后展开交流（见表3）。

表3　小组学习任务单

任务主题：中国共产党的历史传承与中国共产党员的精神品质研究
涉及课内篇目：《桥》《金色的鱼钩》
小组人数：5—6人
具体分工如下：
（1）借助图书馆、网络平台等资源，寻找有关《长征》的历史资料。
（2）借助图书馆、网络平台等资源，寻找有关中国共产党发展的书籍资料或视频资源。
（3）借助图书馆、网络平台等资源，寻找有关党员模范形象的书籍资料或视频资源。
……
小组成果：完成一篇相关研究报告的撰写。

传统的课堂教学模式只关注某一篇文章的知识与技能的传授，往往忽视了与单元内其他文章的整合性。设计学习任务群的方式，不仅关联了单元间不同文章的联系，也关联起了课本与生活、课本与时代的联系，起到唤醒与启发的作用。

四、互动机制：构建多元评价，打造对话课堂

"德智融合"下的课堂教学较传统课堂教学模式更注重多元评价，结合单元整体化教学方式，课堂环节以教师与学生互动评价为主，学生展示环节则将评价权交还学生手中，课堂中尽量避免一言堂式的评价模式，以教师完全代替学生，不给予学生个人与群体的评价空间。

1. 评价方式多样化。大单元整体化教学设计更侧重于学生"语文素养"的提升，学习评价角度也相应做出调整与改动，评价主体更趋向多元主体，由传统的以教师为主体的评价模式转向以学生为主体的评价模式，学生成为互动课堂中的重要角色，学生互动点评也可参照群组式、同桌互评式等方式进行。

传统的评价方式是以教师课堂直接评价与课后作业评语批注等形式为主。结合大单元整体化教学设计路径后，更强调师生基于单元目标与不同主题下的评价方式，可以结合不同教学主题与学习任务群形式改善评价方式。在以"小说中刻画人物形象的语言形式有哪些"为主题的教学过程中，可以结合学生在为三篇小说中的不同人物制

作的人物肖像名片,在最终设计的名片中互动评价学生的活动成果,评价过程更具贴合性与对话性。

2. 评价结果多维化。传统教学评价模式主要以教师评语批注或等第结果等形式呈现评价结果,结合大单元整体化教学设计的背景下,如何更好发挥课堂中"智育"与"德育"的融合,更重要的是评价结果的多维度呈现体系。评价的维度不再局限于学生的成绩与等第的量化反馈,在结合每一教学主题后凸显不同的评价结果反馈,强调学生在知识与道德层面的学习迁移能力。

综上所述,"德智融合"视阈下的单元整体化教学在具体实施过程中,更要求教师深入研究教材中的德智元素,从中总结出单元整体教学的规律和思路,以一个单元为教学基本内容,使学生围绕单元内容展开自主学习交流的能力,从而培养学生良好的语文素养和探究习惯。教师需要不断研究细化单元中设计的每一篇文章,从一篇一篇的单篇研究,考量单元的整体价值,形成单元的整体设计;再从单元整体设计的视野,来看每一个单篇,在此过程中激发学生的学习动力,让学生自始至终都在生成学习习惯,完成语言学习的任务,而这种任务是综合的,是听、说、读、写完美融合的产物,真正达到"德智融合"要求的立德树人与教文育人的语文学习培养目标。

基于"德智融合"的初中语文单元作业设计

上海市建平实验中学　蒋卓汝

摘　要："双减"政策下，在作业设计中愈发需要找准语文学科教育内容的德智融合点，以落实语文学科立德树人的任务。单元作业设计具有的整体性和目标性，有利于初中语文学科核心素养的培养。作业类型可以分为生活化作业、任务驱动式作业、分层作业，通过丰富多样的语文作业培养学生的语文素养，保证对学生能力培养、品格塑造和情感熏陶的有效性。

关键词：德智融合　初中语文　单元作业设计

一、"德智融合"理念的背景分析

自"双减"政策和"五项管理"的重大举措颁布以来，学校要确保初中生书面作业平均完成时间不超过90分钟，作业管理要求学校和教师精选作业内容，严控作业总量，这是教育部旨在推进"立德树人"，促进学生全面发展的重大举措。"双减"政策的出台是时代发展的要求，希望能避免应试化教育，培养学生的创新能力、创新精神及综合素质，这些要求正是语文学科近年来一直苦苦呼唤的内容。《语文课程标准》指出："语文课程是一门学习祖国语言文字运用的综合性、实践性课程。工具性与人文性的统一，是语文课程的基本特点。"由于应试需要，语文的人文性被许多一线教师忽略。在众多的呼声中，于漪老师一直是一股强音。于漪老师是界定基础语文教育本质的重要参与者，20世纪90年代她提出"人文性"，进而提出"德智融合"理论，其核心理念是充分挖掘学科内在的育人价值，将其与知识传授能力的培养相融合。宽泛地说，其中工具性教学就是"智育"，人文性教学就是"德育"。于漪老师认为，学校教育不仅仅要把视野落在文化课测评上，更应"目中有人"，把学生当作鲜活的生命体来教育，落实"立德树人"根本任务。

当前大量重复、机械、枯燥的作业成为学生的负担，打压了学生的求知欲、好奇心，如何配合"双减"政策，让学生通过少而精的作业巩固所学知识，发展所需能力和素养，是一个值得探讨的问题。这对以往过于追求知识训练，以提高分数为最终目的的作业设计思维提出了挑战。

二、"德智融合"的单元作业设计价值

教学是一个整体工程，教师应该把作业和课堂教学作为一个整体的两个部分进行设计，关注作业设计的一致性。同时，作业形式、评价方式的创新，也可以激发学生学习的热情，使其能在多种形式的作业实践中获取积极的情感体验。语文学科具有立德树人的功能，需要把能力培养、品格塑造、情感熏陶综合起来完整地考虑，通过学科教学落实立德树人的任务。在作业设计中要找准学科智育内容的德智融合点，需要教师对文本共性有整体把握，对文本个性有精准研究。

新课标提出了"语文学科核心素养"这一概念，即"语言的建构和运用""思维的发展和提升""审美的鉴赏和创造"以及"文化的理解和传承"。素养的形成具有长期性和动态性，如何在教学设计中贯穿"学科核心素养"的要求，围绕它进行针对性的教学设计，成为教师们研究、实践的关键问题。在尝试和经验积累中，"单元教学设计"有利于核心素养的培养这一认识得到了大多数人的认可。相对应地，作业设计也需要在单元的框架下组织呈现，使得作业不仅仅是割裂、简单地呈现一篇课文的知识点，而是包含了一单元鲜活的语言文字现象及人文内涵。单元作业设计可以与单元教学目标、教学活动、学习评价等相呼应，使得作业设计更具目标性和整体性，将知识与能力融为一体，进而促进核心素养的落实，促进学生的全面成长。这是时代的需求，也表明了单元作业设计的必要性。

三、"德智融合"的单元作业设计目标

语文教材每个单元都有明确的训练目标，要将课堂德育主题有序扎实地呈现在每个单元的作业目标中，让学生在巩固语言知识和听说读写技能时，获得正确的情感体验和价值观。

作业的目标按照内容范围可分为单元作业目标、课文作业目标、课时作业目标。课时作业目标对应教学重点，单元作业目标考虑学习水平。确立单元作业目标最重要的是要结合教材的内容和学生的情况，根据学科的课程标准做出划分。教师要围绕目标，依据学情，灵活设计，考虑设计作业的几个思考维度，如从语文教学内容上可以从阅读、写作、口语交际、综合性学习四个方面进行针对性的作业设计。周坤亮指出，确定作业题目时，可以对每一道题目进行属性标识，题目属性包括：目标对应、学习

水平、题目类型、题目完成方式、题目难度和题目预计完成时间。

表1 语文单元作业题目属性统计表

不同课时		不同目标		不同学习水平		不同题型		不同难度		不同题目来源		时间
课时	题量	目标	题量	水平	题量	题型	题量	难度	题量	来源	题量	
1		01		知道		选择		较低		原创		
2		02		理解		填空		中等		引用		
3		03		分析		简答		较高		改编		
				综合		实践						
				评价		合作						

其中参照教材配套《练习册》设计的作业板块，掌握难度等级可分为积累与运用、理解与整合、分析与解释、反思与评价，即不同学习水平为知道、理解、分析、综合、评价。以统编语文教材六年级上第六单元作业框架为例，单元作业目标下对应划分出的目标描述，对应的学习水平不同。以下目标等级中，分为A知道，B理解，C分析，D综合，E评价。

（1）默写教材上的古诗，知道作家、作品、体裁等文学常识（A）

（2）解释词语在语境中的意思（B）

（3）背默课文、古诗词（A）

（4）抓关键句，把握文章的主要观点（C）

（5）说明人称、句式、句型、表达方式变化的作业（D）

（6）学会口语交际：意见不同怎么办？（E）

在明确的单元目标之下，每日的作业布置利用"作业题目属性表"可以清楚记录下各种作业类型。对教学来说各课时作业内容可以针对理解、综合、评价等不同目标进行有效选择，各层次能力目标合理分布。对学生来说，教师针对不同水平的学生有的放矢，巩固低水平学生的基础知识积累与运用，发展中、高水平学生的分析能力、评价能力，减轻了学生的作业负担，提高了作业的整体质量。这需要教师在任教初始就对教材的各章节内容深入研究，全面把握，同时将学生的学情牢记于心。

四、"德智融合"的单元作业设计类型

（一）生活化作业，联结课堂内外

丰富多元的语文作业，可以培养学生的语文素养进而提升德育。

统编初中语文教材在选文和课后练习上都十分贴近学生生活，减少了学生对课堂内外的距离感。基于此，单元作业设计同样不能局限在课内教材内容，而更应引入生活化情境，搭建课内课外的桥梁，让学习变得生动起来，让能力的形成不只是纸上谈兵，而是在实践中自然发生。

例如，六年级上册第二单元作业设计"学习了《七律·长征》后，请你联系实际，说说上海有哪些街道与长征路过的地名有联系，其背后有何相关的故事。与同学们分享相关资料"。这道作业设计培养学生用课内知识联系课外生活的能力，让学生通过现代便捷的信息途径了解革命先烈背后的故事，与自己的生活实际相联系。在实践中学习、使用语文，让作业真正成为联结课内外的桥梁。上海有着丰富的红色革命资源，配合学生的社会实践内容，教师可以组织去名人故居、纪念碑、博物馆等地方开展丰富的活动。由自身的所见所闻拓宽语文学习的空间，并且意识到生活中处处有语文，处处用语文，因此作业安排上可以多布置一些生活实践性作业。

（二）任务驱动作业，激发学生动力

每个单元的主题内容不同，学习之初教师就给予学生一定的任务，可以驱使他们有目的、高效益地投入学习中。教师可以在教学课文之前布置贯穿整个单元的长作业，分多次完成。在这样的任务驱动下，学生开始了本单元的学习重点。设置的作业可以有一定的标准。皮亚杰说过，学习必须是一种主动的过程。如果为学生设置一个场景，把学生放置于场景之中，提供一种历史的视角，或许能激发学生的求知欲和思考欲，深层次去理解这个经典故事。统编版语文教材由"人文主题"和"语文素养"双线组织单元结构，为确定单元任务提供了明确的导向。

仍以六上第二单元作业设计为例，单元人文主题是"重温革命岁月，把历史的声音留在心里"，语文素养是"了解文章是怎样点面结合写场面的"，单元写作内容为记一次活动。因此可以尝试围绕"长征—抗日—建国"的历史脉络，穿越时空化身战地记者，制作图文并茂的新闻小报。小报的文字部分考查学生对课文内容的概括把握，图片部分则需要选取文章主要场面。学习诗歌时就需要注意理解诗句意思，将七律诗翻译成白话文，同时领会诗人传达的对长征即将结束的革命乐观主义精神。《狼牙山五壮士》《开国大典》都要求关注整个场景、描写个体表现、重点写印象深刻的部分。在小报上应该选取全文最突出的场面进行记录。引导学生运用点面结合的表现手法提升语言的生动性。阅读和写作是语文课的一体两面，以写作任务为动力，给教师明确的教学方向，也让学生在一步步完成任务的过程中展现自我，同时促进阅读任务的

学习。

（三）分层作业，关注个体发展

学生是学习的主人，世界上不存在两片完全相同的叶子，课堂上教师还能根据学生特点针对教学，但传统的作业布置总是一刀切，忽视了学生间存在的个体差异，没有根据学生水平提供相应梯度的作业。分层作业需要教师精细化操作，多层次切划合适的作业难度，能让不同的学生找到自己的发展区，巩固所学知识，自信走向下一阶段的学习，维持住学习兴趣。以六年级上册第七单元为例，可以设计如下作业。

必做题：1. 完成配套《练习册》。2. 背诵《伯牙鼓琴》，背诵《月光曲》第9自然段。

选做题：1. 你有什么喜欢的音乐吗？每当听到美妙的乐音你的脑海里会浮现什么画面？运用联想和想象，写一段200字的话，推荐给同学们吧。2. 听一听世界知名的古典音乐，放松心情，感知美。3. 搜集一些图片、文字来了解国粹——京剧。

或者可以呈现另一种样态的选做作业：请向同学介绍你最喜欢的乐曲。

1. 写一写。运用联想和想象，听到美妙的乐音，你的脑海里会浮现什么画面？写一段200字的话。

2. 赞一赞。向同学介绍自己喜欢的音乐，注意你的语气和动作。

3. 画一画。用手中的画笔将无形的音乐呈现出来。

4. 听一听。全班一起聆听乐音。

该项作业设计可以从言语语言、视觉空间、人际沟通等方面开发学生的多元智能，既面向全体又兼顾差异，给每个学生发挥能力的机会，培养学生综合运用语文的能力。以学生发展为中心的理念始终要贯穿单元作业的设计，紧扣目标，注重知识的巩固和延伸，有效提高学生的语文能力。注意题目的推陈出新，以及内容和形式的多样化，产生"真"学习。让学生在灵活多样的作业评价中感受到语文的魅力和学习的趣味，提升学生的语文素养。

五、结语

作业是教学的另一种延续，通过作业不仅要巩固知识和技能，发展学生解决问题的能力，还要培养坚持性、好奇心，更需要落实立德树人的正确价值观。于漪老师说过，"德智融合"回应着时代之问，创新的人格需要在"德智融合"中塑造，她对学科教学提出了如下希望："聚焦文化认同，张扬民族个性，与现代生活紧密结合，拓展思维空间，着力于应用能力的培养。"这是对课堂教学的要求，也是对作业设计的要求。

参考文献：

[1] 周坤亮. 单元作业设计：为何与何为？[J]. 江苏教育研究，2020（Z2）：4-8.

[2] 赵新华，赵凤芳. 统编初中语文教材课后习题中的写作训练[J]. 语文建设，2021（07）：51-55.

[3] 上海市教育委员会教学研究室. 学科单元作业设计案例研究[M]. 上海：华东师范大学出版社，2018：12.

[4] 王荣华，王平. 于漪教育教学思想研究中心[M]. 上海：上海教育出版社，2021.

在单元整体设计中关注"德智融合"

——以统编版语文教材七年级上册第二单元为例

上海市建平实验地杰中学　陈潇潇

一、缘起：走进语文学科的"德智融合"

什么是语文学科的"德智融合"？在读了《燃灯——于漪"德智融合"语文教育思想与新教材实施》和《于漪教育教学思想概要》等相关著作后，笔者认为在初中语文学科的范畴中定义德智融合，就首先要明确语文学科德育和智育的内容。

《高中语文课程标准（2017版2020年修订）》指出，语文学科的核心素养是：语言的建构与运用、思维的发展与提升、审美鉴赏与创造、文化的传承与理解。因而，在核心素养视野下的智育内容不应该是碎片化的知识点，而应该是侧重于语言训练活动和思维训练活动。

同时，核心素养视野下的学科德育则更应当侧重于审美和文化的培养。于漪老师在《聚焦在文化认同上》中曾经指出："语文教育从事的是母语教育，有传承和弘扬中华优秀文化的天然优势，当然应该义不容辞地担当起民族精神教育的责任，尤其在文化认同教育方面应有所作为。"笔者认为，初中语文"德智融合"中的德育，应当立足在文化的平台上，随文对学生进行民族历史教育、革命传统教育和人文传统教育，实现在"政治认同""国家意识""文化自信"和"公民人格"等四个方面的培养和引导。

二、实践：关注单元整体教学设计，找到"德智融合"的结合点

于漪老师说："课堂学科教学是单一传授知识技能，还是以所教学科智育为核心，融入情感、态度、价值观的教育，教学效果迥然不同。"将"德智融合"思想融进课堂，转化为课堂教学，我们就不能将语言、思维、审美、文化割裂成四个独立的方面，而应当在教学中有机统一运作，在课堂上奏出一曲语文教学工具性与人文性、综合性

> 对话：走向德智融合

与实践性的统一乐章。

1. 依据统编版语文教材单元编制原则找到"德治融合"的结合点

统编版初中语文教材"双线组元"的编制结构，突出"人文主题"与"语文要素"这两条线索，聚焦读写路径与方法，构建教读课文、自读课文、课外阅读（包括名著导读、课外古诗词诵读）"三位一体"的阅读体系，让学生在综合性、实践性为主的语文活动中学习语文知识、获取语文学习方法和读写策略，构建较为完整的语文知识和语文能力体系，从而提高学生的语文素养。这样的设计原则和"德智融合"的理念高度契合，因而关注单元教学，就能够有效找到"德智融合"在语文课堂上的契合点，从而进行育人教育的渗透。

以统编版初中语文七年级上册第二单元为例，该单元选编了一组从不同角度抒写亲人之间真挚情感的文章。单元导语明确了学习本单元的要求：阅读这些课文，可以加深我们对亲情的感受和理解，丰富自己的情感体验。同时要继续重视朗读，把握文章的感情基调，注意语气、节奏的变化。在整体感知全文内容的基础上，体会作者的思想感情。有的文章情感显豁直露，易于直接把握；有的则深沉含蓄，要从字里行间细细品味。

2. 在单元目标和各课时学习活动的设计中渗透"德智融合"

（1）以"智育"和"德育"作为切分点设计单元目标

根据统编版教材单元的编写特点和"德智融合"的育人要求，在进行单元整体设计的时候，笔者以"智育"和"德育"作为切分点设计了本单元的教学目标：

单元智育目标：	单元德育目标：
1. 朗读课文，把握全文的感情基调，注意语气、节奏的变化。 2. 梳理文章的典型事件，通过捕捉细节描写和关键词，体会作者的思想感情，读出文章的深刻内涵。 3. 积累阅读方法，并能将其迁移到写作中。	1. 体会课文所表现的亲情，唤醒和丰富自己的亲情体验。 2. 感受古人的生活情趣和文化修养。 3. 在观察和写作中，学会理解家人，学习与亲人的相处之道，重视亲情和家庭的价值，承担家庭责任，传承美好家风。

（2）将语文学科的"智育"和"德育"融入教学过程

根据单元教学目标，笔者设计了本单元的核心学习任务：写一篇讲述家庭故事、表达对亲人真挚情感的记叙文。

为了完成这个核心任务，需要研究本单元不同学习材料所承担的不同学习目标，并厘清不同学习材料之间的内在关联。以本单元为例，即讲读课文、自读课文、文言文和写作之间的"德智融合"结合点。

讲读课文《秋天的怀念》和《散步》两篇文章有很多共同点，也有自己的个性特点，教师可以先对其进行梳理：

	不同点		相同点
比较对象	《秋天的怀念》	《散步》	1. 思想内容：亲情、生命、亲子关系 2. 表达方式：记叙 3. 语言风格：在平静的叙述中蕴含着感染的力量，主要体现在一些细节上
写作对象	母亲	一家人	
感情基调	低沉、悲伤，最后又有一种释然	轻快与稳重	
特殊的语言形式	独句成段	多用对称的句式	
写作技巧	一人二三事	一事二三人	

在设计这两节课的教学时，要关注文本之间的相同点，让学生在学会阅读单篇的基础上，学会去阅读这一类叙事散文。如《秋天的怀念》作为本单元的第一篇课文，可以说是整个单元的基石。根据单元目标，可以将本课的课时目标设定为：

《秋天的怀念》智育目标：
1. 朗读课文，把握全文的感情基调，感知文章内容。
2. 学习文章抓住动作、肖像、语言等细节刻画人物和寓情于景的写作方法。

《秋天的怀念》德育目标：
1. 感悟平凡、无私的母爱和生命的意义，激发感恩的情怀和在苦难中依然乐观向上的态度。

根据教学目标，笔者设计了以下学习任务：

1. 小组合作朗读全文，并选择你们组最喜欢的一段进行朗读设计，标注重音、停顿和声音延长，上台展示并说说这样设计的理由。

2. 课文三次写到"看花"，梳理每一次"看花"时"我"的态度和母亲的状况，绘制"我"的情感变化曲线，并说说这个过程中哪些细节让你感动。

3. 探究关键语句"好好儿活"背后所蕴含的深意。结合课文和补充材料（《病隙碎笔》和《我与地坛》选段），用思维导图的方式呈现小组的探究结果。

4. 创意写作：假如你是史铁生，请你在成为作家之后，给在天堂的母亲写一封信。

　　四个学习任务贯穿课堂，既关注到本节课的智育目标，也渗透进了德育目标。让学生能够在阅读文本的过程中学会叙事性散文的阅读路径，也能从中体悟到母爱的无私和伟大。通过群文阅读，进一步感受到作者在母亲的影响下，努力在苦难的生命中开出精神之花的坚强毅力。这样的价值观和生命观对学生自身的成长也是有积极影响的。

　　经过本单元第一课的学习，在教学《散步》一课时，可以引导学生将《秋天的怀念》中已经学习过的阅读方法直接迁移到《散步》中来。因而，笔者将教学目标设计为：

《散步》智育目标：	《散步》德育目标：
1. 朗读课文，把握感情基调；感知课文内容，多角度理解作者的思想感情。 2. 学习运用细节描写表现人物和以小见大、大词小用的写作方法。	1. 感受课文中浓浓的亲情。 2. 培养尊老爱幼、勇担责任、珍爱亲情、珍惜生命的思想感情。

根据教学目标，笔者设计了这样几个学习任务：

1. 创设情境，提出质疑。

　　在预习的时候，小爱觉得文章开头的"我们在田野上散步：我，我的母亲，我的妻子和儿子"一句中的逗号使用不规范，提出了质疑。同组的小语提出"我的"一词在这段话中重复使用，是否可以删去？小文同学则觉得这里的人物出场排序有问题，按照长幼尊卑，应该是：我的母亲、我、我的妻子和儿子。

　　联系全文，谈谈你是怎么看待的。

2. 梳理思路，体会波澜。

　　绘制行文思路图，用你喜欢的方式设计，并概括文章主要内容。

　　例如：

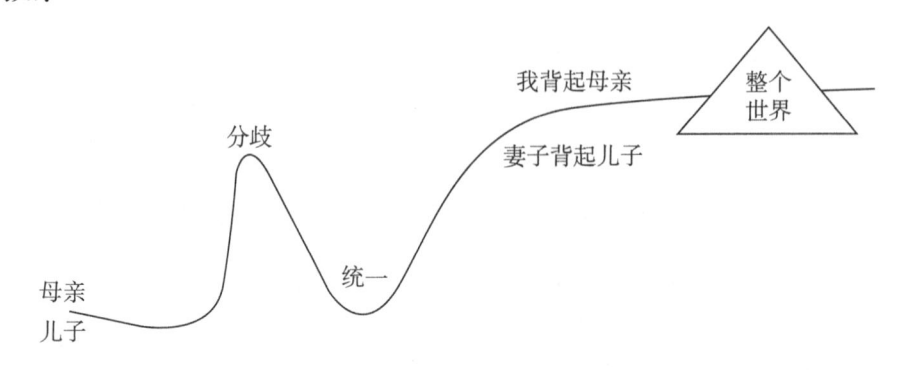

3. 品读语言，体会和谐亲情。

王荣生老师说过："优秀的散文作家，能够用语言精准地捕捉精微的感觉和知觉，能够用语言贴切地传达丰富而细腻的人生经验，尽管有时初看起来似乎是些很普通的语句。"

《散步》一文中哪些不起眼的语句让你动容呢？请你和小组同学通过分角色朗读、对比读、变化朗读等多种形式，在朗读中品味文章的语言，并做一点批注。

4. 比较阅读，分析归纳主旨。

在《秋天的怀念》的学习基础上，学生在《散步》的学习中更适合用自我阅读、小组讨论、主动思索等方式完成相同类叙事散文的阅读和理解，并在此基础上对文章中所传递出的中年人的责任感和使命感以及对文中的"亲情之美""生命之美"有自己的理解。

在学完这两课之后，也可以前文的表格形式让他们自己梳理两篇文章的相同点和异同点，提升他们比较阅读的能力，为后面的学习做准备。

如果前两课的教学目标更多地侧重在"教"上，那么自读课文的目标则更多地定位在学生的"习"上。《散文诗二首》是自读课文，本课的两首散文诗都是表达母爱的：《金色花》主要表现孩童对母亲的热爱和亲昵，《荷叶·母亲》则是表现少女对母亲的依恋和感激。在这之前学生已经对比过《秋天的怀念》和《散步》了，因而可以引导他们进一步在自读中从思想内容、感情基调、构思角度、语言风格等方面比较两首散文诗的异同。

据此，笔者设计的教学目标如下：

《散文诗二首》智育目标：	《散文诗二首》德育目标：
1. 了解作者，朗读课文，理解文中的形象，体味作者的情感，比较两首散文诗的异同。 2. 了解散文诗的特点，品味清新雅致的语言，学习象征、托物言志的写作方法。	1. 感受人间的至爱亲情，学会感恩，培养健康高尚的审美情绪和一定的审美能力。

在设计学习任务时，可以多设计一些自主阅读和小组讨论的环节。

自读任务一：

自由朗读，做好朗读标记，小组互读，并依据标准给出评价，再在班级里展示。

自读任务二：

对比阅读。让学生以双重气泡图的方式从多个维度比较两篇散文诗的异同。

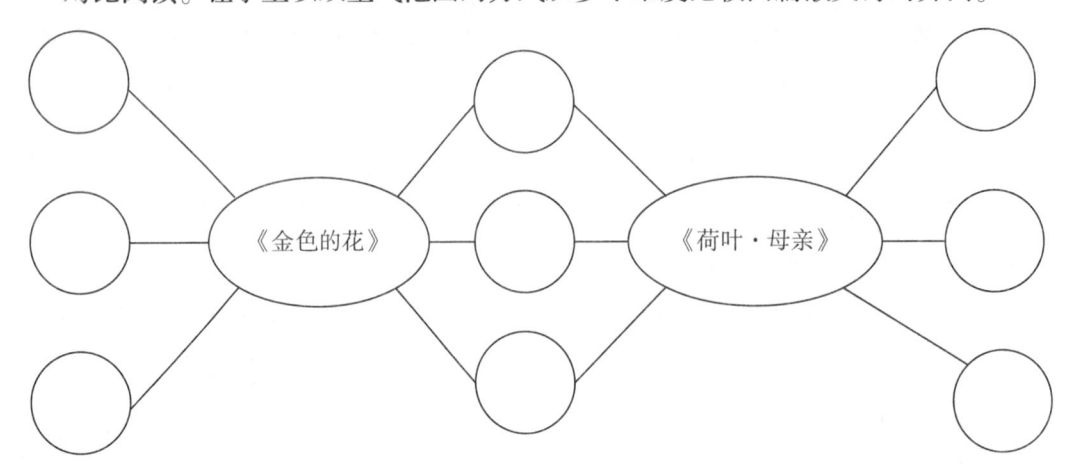

```
     ○           ○           ○
       \       /   \       /
        \     /     \     /
     ○—《金色的花》—○—《荷叶·母亲》—○
        /     \     /     \
       /       \   /       \
     ○           ○           ○
```

自读任务三：

选择你喜欢的意象，创作一首关于母亲的小诗。

这样的设计意图是先让学生自己朗读和比较，检测并纠正他们在讲读课文中学习到的阅读方法。此外，还要以读促写，让学生用笔思考。在理解文本的基础上，唤起他们对于母爱的情感体验和对生命的思考，并通过意向的选择提高学生的审美能力，真正做到"德智融合"。

此外，本单元文言文《〈世说新语〉二则》的教学目标为：

《〈世说新语〉二则》智育目标：	《〈世说新语〉二则》德育目标：
1. 了解作者作品，朗读课文，借助注释疏通文义，识记重点文言字词，复述故事，感知人物形象特点。 2. 学习通过语言、肖像、动作刻画人物的方法，以及详略得当处理材料的方法。	1. 感受魏晋时期古人的良好家风和文化修养，欣赏古代少年的聪慧、方正，学习诚实守信、尊重他人的美德。

这一课虽为文言文，但选择的也都是《世说新语》中和家庭、家风有关的记叙类文本，也能在一定程度上迁移一些阅读方法，如概括主要事件、把握人物形象、归纳文章主旨，理解写作意图等。除此之外，学生可以通过这两篇古代文言小故事了解魏晋时期古人的良好家风和文化修养，以及少年身上的优秀品质。

以《咏雪》为例，由于文字疏通很简单，因而笔者在设计这课时，主要采用了一个情境设置：

假如你要去谢太傅家参加家宴，你会穿什么衣服？做什么功课？坐什么位置？参与他们的讨论，你会如何形容雪？面对他们的"咏雪"，你会给出什么样的评价？

这样的问题贯穿课堂，不但给学生情境感，还能调动起他们的学习古文的兴趣，培养他们对传统古诗文的兴趣，增加民族文化的认同感。

通过几篇课文的阅读与学习，为本单元的写作，即语言的运用做好了准备。那么学生在完成这篇关于家庭亲情的叙事习作之前，已经有了周全的铺垫，相信他们可以根据自己的实际经历，写出自己对家，对亲情的感悟和理解。

这样一个单元的设计，始终以"德智融合"作为大的目标，不但让学生有了语文知识的积累，还充分发挥了语文学科的育人价值。

三、延伸：在学科评价与资源开发中强调"德智融合"

2011年修订出版的《义务教育语文课程标准》中明确指出，语文科目的教学评价最终目的是促进学生的学习和成长，其次才为改善教师的教育教学。所以说，教师应当有意识和前瞻性，初中语文不能只关注学生的"听说读写"能力，还要"教文育人"，渗透立德树人内容，促进学生的和谐发展。在教学中，教师不仅仅是要"教课文"，而要有单元视角，在"智育"和"德育"中全面发展。因而可以在单元资源开发时，注意引导学生树立起正确的亲情观，可以设置情境，引导学生进行专题式阅读、群文阅读、名著导读和综合性学习等等。

如本单元是以"亲情"为主题的，我们可以组织学生进行关于"亲情"的专题式阅读，组织一次相关的读书会。可以将文章分成几组，如体现动物之间亲情的文章《藏羚羊跪拜》《斑羚飞度》等；体现人物之间亲情的《爸爸的花儿落了》《背影》《亲爱的爸爸妈妈》《小巷深处》等。也可以根据文体来区分，如散文《枣儿》、小说《蒲柳人家》、诗歌《乡愁》、书信《傅雷家书》等。在布置学生阅读这一组文章的时候，除了传统的摘抄、批注、写读后感等，也可以布置一些挑战性的任务，如"探究中外文学作品中的母亲形象""中国文学作品中的父亲形象"，等等。还可以有一些朗诵加配乐的方式来调动学生的阅读兴趣，如朗读《背影》一文中的经典片段"父亲买橘子"时，也可以配乐《父亲的散文诗》。而《父亲的散文诗》这首歌的歌词本身也是歌颂亲情主题的，也可以带着学生一起赏析。

这样的专题学习还可以拓展成很多综合性学习，如设计亲情海报、给父母写一封信、举办一次以亲情为话题的沙龙邀请家长参加、亲子共读一本书，等等。将课内的主题延伸拓展，实践体验，让"德智融合"教学理念真正落到实处，让学生在语文的学习中滋养身心，形成高尚的道德情操。

对话：走向德智融合

综上所述，"德智融合"是学生全面健康发展中不可或缺的思想精神，而关注单元整体教学设计又旨在改善效率低下、知识单一的课堂环境。只有把两者有机结合起来，才能让学生在涵养和滋养中茁壮成长。

第二章 育人价值挖掘

经典散文的育人价值探索与教学结构创新
——以《匆匆》一课的文本解读和教学转化为例

上海市建平实验中学 孙伟菁

摘 要：经典散文《匆匆》一课篇幅短小却意蕴丰富并饱含哲思，寓典雅于通俗，寄情理于平淡，将抽象的时间刻画得具体可感，文章中的情感跌宕起伏而又一气呵成。教学中除了要把握时间特质、体悟作者情志之外，也要梳理行文思路、关注语言形式，还可以通过同类文本的组合与关联进行群文阅读的拓展，从而增加对社会人生的认识，培养受益终生的阅读习惯，获得理解深刻性、情感丰富性、语言精致性、思维关联性几个维度的综合提升。

作为六年级第二单元的教读课文，与史铁生的《那个星期天》、何紫的《别了，语文课》编为一组，内容贴近学生的现实生活，情感的抒发真切自然而又各有特色。本文力求在文本解读和教学转化中兼顾本单元课文的共性与个性，目的是引导学生在把握作者情感及不同的抒情方法的基础上，丰富情感体验，增加语言积累。

关键词：育人价值探索 教学结构创新 文本解读 教学转化

【文本解读】

在中国现代文学史上，朱自清先生的《匆匆》一文，融入了作者个性化的人生感悟，呈现出别具一格的言语表达，是公认的名篇佳作。著名作家余秋雨认为，散文就是读者和作者的悄然对话与共同思考。这篇文质兼美的经典散文，充盈着浓郁的诗意，蕴含了深厚的哲思，正因为不是直白的训导和空洞的说教，相信不同时代的读者阅读此文时，都会发自内心地产生"珍惜时光、不负生命"的共鸣。作者敏锐而丰富的体验，无奈而不甘的情愫，活泼而恬静的表达，细腻而隽永的笔触，跳跃而流畅的行文，需要阅读者沉浸其中慢慢咀嚼、细细品味，在平淡处、质朴处、幽微处发掘出未曾关注到的内隐韵味和精妙构思，方可形成良好的语言感觉和文学素养，才不枉费这篇脍炙人口的作品的艺术魅力。

　　文章开篇的一组排比"燕子去了，有再来的时候；杨柳枯了，有再青的时候；桃花谢了，有再开的时候"，画面明丽动人、景象春意盎然，带给人生生不息的希望。"但是"这一转折连词不容忽视，作者借助这些最富特征性的美好现象的周而复始、循环轮回，想要凸显的主题却是光阴不可追、生命不可逆的人生真相。在这桃红柳绿、诗情画意的春日美景背后，作者传达的却是面对时光一去不复返的失望与无奈。"但是，聪明的，你告诉我，我们的日子为什么一去不复返呢？——是有人偷了他们吧：那是谁？又藏在何处呢？是他们自己逃走了吧：现在又到了哪里呢？"这一组追问有困惑有猜想，流露出作者的怅惘与惋惜。

　　接下来的三段对此加以进一步的展开，第二段、第三段、第四段有一个相似之处，段首都是以提问引出："我不知道他们给了我们多少日子""去的尽管去了，来的尽管来着，去来的中间，又怎样地匆匆呢""在逃去如飞的日子里，在千门万户的世界里的我能做什么呢？"一波接一波的系列的追问，让段与段之间联结着作者执着的探寻、不懈的求索与连绵的思绪。对岁月如梭的惊恐、对时间无情的感伤、对青春虚度的懊悔逐渐化为不甘虚度人生、不愿碌碌无为的坚定与对抗。三段之中作者对于时间特质的敏锐体验以及由此产生的丰富情感是相互联系又各有侧重的，如一条波澜起伏的江河，似一首跌宕回旋的乐曲，在读者的心湖上荡起阵阵涟漪，带来启迪与拷问。

　　第二段和第三段，作者开始叙写自己的生活，抒发对生命悄然流逝的深刻体验。第二段先是把人生的二十四度春秋表述为"八千多个日子"，而第三段又把近乎整段文字聚焦于仅仅"一个日子"，两段文字都凸显出时间的静默无声与疾速飞驰，但前者将自己经历的二十四年相较于历史的长河，用"像针尖上一滴水滴在大海里"这一比喻极言人生的短暂和有限；后者则把时间化身为一个生命体，以"过去""跨过""飞走""溜走""闪过"这一系列动词，形象地写出了时间的不留痕迹、不受制约与不可挽回。抽象的议论、空洞的说理难以给人留下深刻的印象，本文最显著的艺术特色在于作者善于把空灵的时间描写得具体可感，在一个又一个新奇而鲜活的贴切比喻中，在一个又一个平淡而寻常的生活场景中，化虚为实，调动起读者的生活体验。不论是"头涔涔而泪潸潸"的遗憾和痛惜还是在"旋转、遮挽、叹息"之中对时间越走越快的具象化的主观心理感受，都让读者心生共情，于焦灼无奈、茫然无措的情感冲击之中和作者感同身受。

　　第四段中的两个比喻"过去的日子如轻烟，被微风吹散了，如薄雾，被初阳蒸融了"，再次强调过往时光的无声无息、无痕无迹，但作者并没有沉浸于情感的低潮不能自拔，他用一连串的发问展示内心的自我剖白、自我斗争和自我警醒："在逃去如飞的日子里，在千门万户的世界里的我能做什么呢？只有徘徊罢了，只有匆匆罢了。在八千多日的匆匆里，除徘徊外，又剩些什么呢？过去的日子如轻烟，被微风吹散了，如薄雾，被初阳蒸融了。我留着些什么痕迹呢？我何曾留着像游丝样的痕迹呢？我赤裸裸来到这世界，转眼间也将赤裸裸地回去吧？但不能平的，为什么偏要白白走这一遭啊？"在叙述者步步紧逼、环环相扣的追问下，本来倾听者彷徨苦闷的消极情绪已经压抑郁积到几近绝望的地步，而最后一问话锋陡转，使人顿生拨云见日、水落石出、绝处逢生的畅快淋漓之感。作者执着探问的姿态流露出自己飞快流动的思绪，传递了喷涌而出的情感转向——以人生的有为来对抗时间的无情，在无痕的岁月里要留下有迹的求索，从有限的生命中创造出无穷的价值，朱自清先生不甘沉沦的反思、积极奋进的愿望、创造人生的信念也会让读者的情感被感染，思想受启发，生命被影响。

文章最后，作者再次提出了开头段的问题："你聪明的，告诉我，我们的日子为什么一去不复返呢？"与第一段"聪明的，你告诉我，我们的日子为什么一去不复返呢？"首尾呼应，构成了文本结构上的复沓回环，结尾将"你"移到最开头加以强调，再一次促使读者反思和警醒，并期待引发积极的行动。问句作者不予回答，交付每一位读者，这样的结尾含蓄蕴藉、精巧别致，留下了慢慢思索、细细回味、深深领悟的余地。

《匆匆》写于"五四"新文化运动落潮时期，在时代的变化和现实的无力中，灰心失望的朱自清先生想要振奋自己，也想激励读者，所以文章的基调感伤并不颓废，苦闷却不消沉，呈现出作者这一时期的思想轨迹，承载着让平常的日子赋予意义，平淡的生活放出光彩，平凡的生命活出价值的美好期许。哈罗德·布鲁姆在《西方正典》的"序言与开篇"中谈道："一部文学作品能够赢得经典地位的原创性标志就是某种陌生性。"《匆匆》一文堪称经典的原因在于其不仅让阅读者有共鸣，还获得了新奇、惊叹的别样滋味，一代又一代的欣赏者会在自己心中擘画出不一样的"匆匆"阅读感受，不被同质化，而是产生丰富多元的审美体验。尽管多年以来，许多专家学者和语文教师对这篇作品的思想意义、艺术手法等做过详细分析，即便如此，作为一篇现代文学史上的经典散文，今天对其解读依然具有新的空间。

【教学转化】

从核心素养的培育角度来看，对于刚刚步入初中的预备班学生而言，《匆匆》一课的解读经验积累，应该聚焦在走入文本深处、丰富情感体验、细品特色表达上。若想提升阅读素养，培养阅读技能，需要掌握一定的阅读策略，本课教学试图引导学生突破浮光掠影的"躁读"与"粗读"、断章取义的"误读"与"碎读"、孤立割裂的"个读"与"浅读"，主要从以下三个方面着力：一、关于"时间特质与作者情感"的细致而多元的体悟；二、关于"语言形式与情感脉络"的精准而全面的把握；三、关于"单篇教读与群文自读"的综合而关联的思考。

一、关于"时间特质与作者情感"的细致而多元的体悟

从阅读教学的角度来思考，读懂《匆匆》的文本内容并非难事，但这不是目的。对于缺乏波折动人的故事情节的散文篇目，预备年级的学生往往因走马观花只停留在一知半解或是贴标签式的概括。在这篇短文中作者分别呈现出时间的哪些特质，在每个段落中寄寓的思想情感究竟有何不同？要想达到语言敏锐度、情感丰富度、思想深刻度的提升，教师不妨把完成以下这张表格的梳理作为任务驱动，引导学生通过细描画面、咀嚼文字进入情境加以辨析和品味，多维度明晰时间特质、多视角感悟作者情感，借此来真正理解作品所阐述的思想意义。或许作者眼中心中特殊背景下的独特细微深刻的感觉，对学生而言是陌生、有距离的，但通过跨越时空的充分对话，可以让学生发现有这样一个人，有这样一双眼睛，有这样一份情感，我们不妨借助丰富扩展对他人的认识与了解，来触发启迪自己对生活和人生的思考。

表1 《匆匆》的时间特质与作者情感

选择的语段	描绘的画面	时间的特质	作者的情感
第①自然段	"燕子可再来""杨柳可再青""花儿可再开"（春景），"逝去的日子不再回"。	以自然界里的生命轮回来反衬时间的一去不复返、人生不可重来。	对时光逝去而又无法挽留的无奈、怅惘与惋惜。
第②自然段	极小极小的针尖上的水滴滴进浩瀚的大海。	凸显过往的日子消逝速度之快、无声无息、无影无踪以及个人在宇宙面前的渺小而无力，人生的短暂而有限。	作者因时间无声消逝而遗憾和痛惜的愁绪。

续表

选择的语段	描绘的画面	时间的特质	作者的情感
第③自然段	时间如一个生命体一般在人们洗手、吃饭、默思、遮挽、叹息等日常生活场景中疾速飞驰，无影无踪。	赋予时间人的情态，表现得具体可感，写出其静默无声与疾速飞驰的特点。运用"跨""飞""溜""闪"这几个动词形象地呈现出时间的不留痕迹、不受制约与不可挽回的特点。	作者感受到时间越走越快时的茫然、焦灼与无奈。
第④自然段	过去的日子被轻烟吹散，被薄雾蒸融。	化抽象为形象，再次强调过往时光的无声无息、无痕无迹。	对时光匆匆和徒留徘徊的感叹，也是对虚度光阴、无所作为的不甘，更是对自己和读者要珍惜时光、奋发有为的警示。

二、关于"语言形式与情感脉络"的精准而全面的把握

解读《匆匆》这类文学性很强的散文时既需大处着眼，梳理情感的脉络，也需要小处着手，品析语言的特质。单看某处人物描写的表达效果或是单个比喻有什么作用，如此局部肢解课文如同摘下了树上所有的叶子却依旧不了解树的全貌、树的内核与树的风采。若想让学生构建起阅读的大局观、形成思维的精细度，需要我们在解读文本的过程中还原层进式的抒情路径，反刍个性化的言语表达，感受那些重复出现、前后勾连的词句之间的内在联系和逻辑变化，在具体情境中揣摩其隐含的独特情感和深刻意蕴，避免散点状、碎片化的分析，突破浅表化、程式化的问答。

教师在教学过程中可以设计一些语言变形的实践活动，搭建把握文脉、梳理结构的思维支架，比如将第四段中的8个句子打乱，让学生按正确的顺序重新排列，并分析句与句之间的关联，关注节奏快慢对应的情感张弛，进而推断出作者的思想进程。

①过去的日子如轻烟，被微风吹散了，如薄雾，被初阳蒸融了。

②在逃去如飞的日子里，在千门万户的世界里的我能做什么呢？

③我赤裸裸来到这世界，转眼间也将赤裸裸地回去吧？

④只有徘徊罢了，只有匆匆罢了。

⑤但不能平的,为什么偏要白白走这一遭啊?

⑥我留着些什么痕迹呢?

⑦在八千多日的匆匆里,除徘徊外,又剩些什么呢?

⑧我何曾留着像游丝样的痕迹呢?

正确的语序应该是:②-④-⑦-①-⑥-⑧-③-⑤。在此基础上,我们把第四段与前文几个段落联系在一起读,便会梳理出全文的情感脉络:希望——失望、怅惘——困惑、执着——痛惜、无奈——茫然、焦灼——奋进。由此才能真正理解作者在反复感叹、不懈叩问后的对于时间和人生的思考:正因为岁月不居、时节如流,正因为时间的不可逆、不可控,我们才更应倍加珍惜,奋发有为。

再比如文章第3自然段中的一组动词:

洗手的时候,日子从水盆里过去;

吃饭的时候,日子从饭碗里过去;

默默时,便从凝然的双眼前过去;

我觉察他去得匆匆了,伸出手遮挽时,他又从遮挽的手边过去;

天黑时,我躺在床上,他便伶伶俐俐地从我身上跨过,从我脚边飞走了;

等我睁开眼和太阳再见,这算又溜走了一日;

我掩面叹息,但是新来的日子的影儿又开始在叹息里闪过了。

作者在连用四个"过去"之后,措辞有了变化,从"跨过"到"飞走",到难以察觉的"溜走"再到电光火石般的"闪过",越来越令人手足无措。时间流逝的速度本应是恒常不变的,但作者的主观心理感受却是越来越焦灼和急迫。如能通过关键动词的填空练习,或是调换动词的比较辨析,让学生自己发现,自主感悟、自觉推敲,就会渐渐建立起阅读的整体感,培养起语言的敏感性。

三、关于"单篇教读与群文自读"的综合而关联的思考

预备年级的学生已具备一定的阅读基础,经过第二单元的学习,文章内容的感知、行文思路的把握、关键句段的品读、写作手法的赏析、作者情感的体悟等,均能在教师的引导下和同伴的碰撞中基本达成。但部分学生对于单元内讲读、自读篇目的学习是割裂和孤立的,较少思考文章之间的联系,缺少"举三反一"式的提炼和"举一反三"式的应用能力,阅读这类抒情类文章的迁移能力还有待跨越式提升。

根据六年级下册第二单元抒情类文本的教学目标,围绕"时间"这一主题,可以补充一组不同写作风格的短文,比如林清玄的《和时间赛跑》、丰子恺的《渐》、席慕

蓉的《时间》等名篇。遵循统编教材人文主题、语文要素双线组元的编写原则，为学生创设有效的学习经历，克服单篇教学碎片化、低效能的弊端，展开与同一主题同一文体类型的多个文本的对话。通过大容量的设计、结构化的组织，揭示教学内容的相互关联，探索同类文本的共有规律，以教读、自读、课外阅读三位一体的设计来巩固《匆匆》一课的学习，帮助学生获取抒情类文本阅读的思考方法和学习路径，提升语文学科核心素养。

几篇选文均与"时间"相关，这一主题和莘莘学子的日常生活密切对接，群文组合并非单个阅读文本的简单叠加，而是让学生多维度、立体式理解"时间"的内涵，展开与作者、文本和世界之间的充分对话，试图打通语文与生活的联系，进而培养学生的整合、分析和探究、迁移的能力。另需充分考虑预备年级学生已有的知识经验和认知水平，按照选文内容由易到难、阅读体验由浅到深、能力培养由单项到综合的规律，循序渐进地展开教学。群文阅读的设计既着眼于满足学生当下提升学业质量的刚需，也放眼于未来学生综合能力水平的可持续发展。

参考文献：

[1] 陈思和. 初中语文现代文选讲 [M]. 上海：上海教育出版社，2020：11-313.

[2] 曹刚. 探索文本解读的路径 [M]. 上海：上海教育出版社，2020：235-239.

例谈"德智融合"视域下的现代诗歌对话教学

上海市建平实验中学　周丽君

摘　要：针对现代诗歌教学的文本解读难、朗读品味难、迁移运用难、创造提升难的现状，本文意在从于漪语文课程"德智融合"教学思想的视角，撷取典型课例，从教学内容和教学方法两个方面阐述现代诗歌对话教学的设计策略。

关键词：德智融合　现代诗歌　对话教学

课堂是落实"立德树人"的主阵地。语文学科在对学生进行道德修养、文化品位和审美情趣的培养上更有着得天独厚的条件。于漪语文课程"德智融合"的教学思想落实在课堂教学中，即指通过"德育""智育"培养目标的融合，统整教学内容和教学过程，以情境任务创设和学生建构反应为主要特征，实现学科知识学习、能力培养与育人本质结合的最优化。

现代诗也叫"白话诗"，是与古典诗歌相对而言的诗歌，其形式自由，音韵和谐；善于选择典型意象，富含想象，情感丰沛。统编教材中的现代诗歌篇目分布于七年级上册第六单元《天上的街市》、七年级下册第五单元外国诗两首、九年级上册第一单元"活动·探究"模块和九年级下册第一单元。美学家朱光潜先生说，要养成纯正的文学趣味，最好是从读诗入手，能欣赏诗，自然能欣赏小说、戏剧及其他种类的文学。但初中学生普遍喜欢读小说不太喜欢读诗，诗歌教学也处于"四难"境地：文本解读难，朗读品味难，迁移运用难，创造提升难。如何在"德智融合"视域下观照现代诗歌对话教学？笔者尝试进行粗浅的探索和实践。

一、有章可循："德智融合"下诗歌教学内容的确定

1. 以学定教，选择真实有效对话

李百艳校长明确指出：对话课堂没有固定的模式，但一定有必要的元素和特质。首先我们必须颠覆千人一面、千课一腔、千篇一律的传统样态，要将学生的思维作为逻辑起点，善于捕捉"学生自己似乎意识到却又表述不清楚的问题"。其次要以"真

对话"来引发学习，打开学习过程，启发学生思考、假设、求证，真正实现以学习为中心，让学生体验经历学习的过程。

要想实现课堂的真对话必须充分考虑学生所思所想。也就是说，我们在设计教学时要更多地了解学生的心理、认知基础、兴趣特点等。于漪老师说，教师不仅要"胸中有书"，熟悉教材内容，更要做到"目中有人"，从学生实际出发，突出讲解重点，把人的要素放在第一位。学习一首诗歌，学生已经明白、掌握了什么，会遇到哪些困惑，需要教师给予什么帮助，最感兴趣的是什么。这些"学情"才是我们教学的重点，这样的课堂对话才是有效的、高效的。

在执教郭沫若的《天上的街市》前，笔者发现，对学生的前测问卷统计显示：约55%的学生对作品的感情基调把握较准确，对诗歌情感也有一定的理解，但对诗歌的脉络整体感知不足，分不清楚联想和想象，欠缺对诗歌语言的细品涵泳。这样在设计教学时首先充分考虑学生的所思所想，如根据学生初读所提疑问和困惑确定核心问题：这首诗为什么要描写一个天上的街市？诗人究竟要表达怎样的情感？再如根据前测问卷中诗歌朗读节奏的划分情况分析（72%的学生在划分第二节节奏时没有在意象前的修饰词语后标出停顿），课堂教学设计了"通过对诗歌意象前修饰词语的删、改、增等方法比较不同的修饰词语对诗歌呈现的画面、营造的意境以及传达情感的不同"这一环节。

2. 以诗解诗，遵循文本体式特点

所谓"以诗解诗"就是指教师在教学过程中要充分考虑文本的"体式特征"，即每一种文体的文体特征。虽然教一篇课文，听取学生的意见和建议，尊重学生的问题，满足学生的需求，这在任何时候都是应该的。但是，如果仅仅通过"满足学生的需求"来生成教学内容可能会有一定的局限性。因为有时学生的需求多种多样，学生的问题也各不相同。教师无论怎样努力，永远无法一一满足学生的众多需求。况且，由于视野及水平所限，学生的许多问题可能停留在细枝末节层面上，不具备多少价值。因此，我们不能单纯把从学生需求出发作为确定适宜的教学内容的依据，我们还必须充分考虑文本的"体式特征"。

以徐志摩的《再别康桥》为例。诗歌这种文学体裁是以抒情言志为目的的，而意象是诗歌抒情言志的基本单位，是诗歌的情感赖以寄托的地方。意象是指诗歌中熔铸了作者主观感情的客观物象。意象对于意境的形成起着至关重要的作用。读者进入诗歌的意境总是从感受意象开始的。诗人对意象的选取与描绘，正是作者主观感情的流露，因此，鉴赏诗歌时，抓住意象并反复揣摩、体味意象是体会作者思想感情从而顺利进入诗歌意境的关键。而准确把握意象的重要方法之一就是借助联想和想象。所以在本诗的教学中，在考虑学生学习需求的基础上，笔者设计了这样的主问题：这首诗是通过意象来抒发情感的。意象就是包含了作者感情因素的形象。这首诗给你留下深刻的意象有哪些？选择给你印象最深刻的意象，借助联想和想象加以分析。以此引导学生进入诗歌意境。

3. 关注形式，彰显诗歌独特个性

如果说充分考虑文本的"体式特征"是关注诗歌共性特点的话，那每首诗歌要教出独特的"这一个"就是强调其个性特色，即这一篇独特的"诗"，具有怎样独特的语言形式，将会传达怎样独特的思想感情？从诗歌本身来看，在思想内容上，要找寻到该诗歌独特精神、情感价值的内容，把它提升为教学内容。从文本形式上说，个性的语言风格、新奇的章法结构，都应该成为一节课的教学内容。

例如余光中的经典力作《乡愁》，其独特的"这一个"体现在这首诗借助了独特的意象（邮票、船票、坟墓、海峡）、独特的叠词（小小、窄窄、矮矮、浅浅）、独特的量词（枚、张、方、湾）及把对一生乡愁的回忆浓缩在四个时间词语（小时候、长大后、后来啊、而现在）来表达诗人沉淀了二十年的浓浓乡愁。在执教这首诗歌时一定要抓住作者个性化的言语表达、语句章法，把它提升为教学内容。在教学中设计"同学们，通过你们的朗读，我们已经感受到了诗人浓厚的思乡之情，而在诗中作者又是通过哪些独特的词语来抒发这种感情的呢？"这一主问，让学生将思维的触角伸向这首小诗的不同诗节、不同词语来细加揣摩品味。

二、有法可依："德智融合"下诗歌教学策略的选择

1. 确立教学主线，巧妙潜形"有智"

于漪老师说，我追求的教课目标是："一清如水。"目标明确，内容明确，结构清晰，语言清晰，不含混，不模糊。主线是教学内容的核心和实质，是一堂课的主脉。我认为要做到于漪老师所说的"一清如水"，确立好教学主线至关重要。教学主线是教师在反复钻研教材的基础上形成的比较成熟的教学思路。具有清晰的、紧紧围绕教学目标的教学主线，是一节课获得成功的关键因素之一。教学主线明确了，可以使教学内容上升到一定高度，学生就不会囿于一首诗歌中支离破碎的知识点的学习，而是使课堂学习更加系统和有效，使语文课堂上的学习成为学生在教师的指导点拨下进入的美好境界。

笔者执教《天上的街市》，其教学环节的"主干流程"设计为：朗读诗歌，把握

感情基调——找出意象，梳理诗歌脉络——分析意象，体会诗歌意境——知人论世，理解诗歌情志。这条"分析意象——体会意境——理解情志"的课堂教学主线就是按照诗歌文体的元素特质设计的"暗线"潜形在课堂教学中。

2. 提供支架情境，灵动融入"有趣"

于漪老师说，诗歌是灵动的，充满了诗人的智慧和灵秀，充满了优秀文化的光彩。教学生阅读，千万不能肢解，不能嚼烂，失去秀气与灵气。诗歌作为最古老也最具有文学特质的文学样式，语言凝练而形象性强，音韵和谐而富有节奏美，饱含作者的思想感情与丰富的想象。在诗歌的对话教学中，教师更需要多花心思创设一定的情境，设计学生参与度广的有趣高效的语文课堂活动来激发学生的学习兴趣。下面是《天上的街市》教学片段。

师：这首诗，诗人由地上的街灯想到天上的明星，又由天上的明星想到天上的街灯，这种由一事物想到另一事物的心理过程就是联想。联想注重的是事物由此及彼地联系，两个对象要有一定的关联才能由此及彼地联想开去。

想象则是通过对事物已有的认识，创造出和它相似或相关联的新形象。这首诗的第一节是联想，后三节都是想象。两者的区别是联想的两个事物都是客观存在的，想象是在现实基础上创造出来的新形象，客观不存在。我们做个思维训练。

师：每出现一个图形，请大家告诉我想到了什么事物。举手抢答。

（屏显圆形）

生：盘子、月亮、月饼……

（屏显沙漏形）

生：漏斗、沙漏、领结……

（屏显圆柱体）

生：水杯、蜡烛、粉笔、火腿肠……

（屏显月牙形状）

生：小船、镰刀、笑脸……

师：大家联想能力太强了！请任选一个联想到的事物，再想象出一个故事来，要求故事中一定要有虚构的情节。

生：我由圆形想到了玉盘和天上的明月，再想象到月宫里住着嫦娥和玉兔，正在喝着仙露琼浆。

师：太棒了！大家明确了联想和想象的区别，我们回到诗歌中，通过美好的想象，牵动读者的视线和思绪，引领读者和诗人一起去仰望星空，在那美好的理想国度里尽情地驰骋。下面我们请四位同学分别朗读四节诗，再次体会作者通过联想和想象把不同意象关联起来，完成天上和人间的自由转换。

以上教学片段避开灌输关于联想和想象的理论知识，在生动有趣的思维训练和竞争机制中激发学生的联想和想象，培养语文能力，提升语文素养。

3. 朗读品鉴语言，学法指导"有方"

反复朗读是欣赏诗歌的重要手段。和谐的韵律、特有的节奏以及蕴含其中的炽热的情感，是诗歌特别适宜朗读的重要原因；而通过朗读，也可以更好地理解诗歌的内容，把握诗歌的情感。诗歌教学中"德"与"智"的融合正是通过引领学生朗读涵泳、触摸咀嚼、品味鉴赏形象化的语言，让学生在熏陶渐染、潜移默化中陶冶情操、规范行为、净化心灵、激发热情，使学科育人落地生根，课堂效果力求达到"不著一字，尽得风流"的最佳境界。

还以《天上的街市》为例。笔者在"通过修饰词语分析意象，通达意境进而体会情感"的教学环节设计过渡语：在前测问卷中，72%的同学在划分第二节诗歌节奏时没有在意象前的修饰词语后标出停顿。而诗人的情感恰恰是通过意象前的修饰词语表现出来的。接着创设较为开放的任务情境：

（1）圈画意象前的修饰词语（远远的、无数的、天上的、无数的、缥缈的、美丽的、陈列的、世上没有的、浅浅的、朵）。

（2）任选一个或一组（如"远远的"和"天上的"）修饰语，再选用一种方法，可以删掉，可以改换其他的修饰语，如"朵"换成"颗"，也可以发挥想象，尝试再添上一两个修饰语，如"那浅浅的、清澈的天河"，来比较一下修饰词语的不同对所传达情感的不同效果。

教师适时用示例点拨，如将"美丽的"街市换成"漂亮的"街市进行比较。"漂亮"很多时候隐含的意思就只是视觉上的赏心悦目，而没有太多的内涵；而"美丽"是使人看到感到美好的一切，既有视觉上的也有内在的，美丽的街市让人联想到天上街市一切美好的事物，美好的物品、美丽的人们、美好的生活，更充分传达了对天上街市的赞美、热爱、憧憬之情。从音韵美、节奏美的角度，换成"漂亮"，音韵美上差一些。学生在教师的启发唤醒下，细品了"远远的、缥缈的、世上没有的、朵"等修饰词语的魅力。

这一开放对话情境的创设，使教师与学生、学生与学生、师生与文本实现着多种视界的沟通与融合，各自生成、构建自我，并产生新的对话。在这种沟通、生成、建构中，教学过程是富有生成性、创造性的。

4. 比较同题异旨，内核丰富"有料"

于漪老师认为，比较是一切理解和思维的基础。运用比较的方法也可创设辨析的条件，我们正是通过比较了解一切的。学生产生疑问不能获解时，用比较的方法做分析、思考、鉴别，往往就能迎刃而解。

在《天上的街市》"知人论世，理解诗歌情志"的环节中，联系六年级下学期学过的《迢迢牵牛星》，设计问题情境：同样是牛郎织女的神话传说，却在不同的作品中演绎成一悲一喜两种截然相反的结局。为什么诗人要打破常规，大胆改造这一神话传说？让学生借助诗歌的创作背景和同一时期诗人的其他作品（《女神·上海印象》）促进对诗歌的深入理解，进而体会到牛郎织女的传说这类素材是中华民族传统文化里的经典，不同作家不同时代不同的思想，诗人借助于想象创造出不同的经典。通过比较，感悟经典文本的独特。

综上，正如于漪老师所说，语文学科德智"融合点"不是外在附加的，而是长在教材中，需要教师用心发现，巧心设计，将民族精神、真善美的价值观、道德良知和社会责任融合在学科教学中，最终在学科"德智融合"的知与行中实现浸润学生的生命之魂。

参考文献：

[1] 王荣华，王平. 于漪教育教学思想概要 [M]. 上海：上海教育出版社，2021.

[2] 董少校. 红烛于漪 [M]. 上海：上海交通大学出版社，2020.

[3] 上海市教师学研究会. 燃灯——于漪"德智融合"语文教育思想与新教材实施 [M]. 上海：上海教育出版社，2020.

[4] 于漪，黄音. 穿行于基础教育森林：教育实践沉思对话录 [M]. 上海：华东师范大学出版社，2020.

[5] 李百艳. 对话：教师核心素养的本质、传统与未来 [J]. 中小学管理，2017（06）.

[6] 李百艳. 教育：让人拥有对话世界的力量 [J]. 上海教师，2021（09）.

寻人文情愫　立育人之道
——初中语文教学活动中"德智融合"的实践研究

上海市建平实验中学　张　璐

摘　要：自语文新课标颁布以来，语文课程大张旗鼓的改革，已有20多年。此次新课标提出了"工具性"与"人文性"的统一是语文课程的基本特点。"人文性"也首次作为一个新兴名词，被定义为语文的性质之一，进入大众的视野。在此背景下，语文教学日益呈现出一派欣欣向荣的新气象，给许多语文人重振信心，让学生也受益匪浅。从某种意义上来说，工具性教学就是"智育"，人文性教育就是"德育"。在语文教学活动中，只有使两者得以有效融合，才能深层探究其内涵及应有的价值。初中语文课程活动中如何有效实施"德智融合"，寻人文情愫，立育人之道，成为本文探索方向。

关键词：语文改革　"德智融合"　人文情愫　育人之道

一、简析"德智融合"的重要性和必要性

教育探索发展的道路上，于漪老师一直在不断地紧跟时代发展的教育新理念，对育德与育智的同步协调、有机统一进行探讨。于漪老师紧紧围绕"全面育人"这一根本目标，以多管齐下的全局观念来融入教材教学设计过程，使学生在各方面都得到全面的培养和发展。

"人文性"的定义也十分宽泛，很多教学者还未能及时转换，认清楚语文的根本性质，也不能将与我们生活息息相关、抽象的"人文性"很好地融合在文本之中传授给学生，造成语文课堂教学本质的偏离。在此，语文教学的"德智融合"已刻不容缓，成为悬在弓上即将发出的箭。

我们应该认清楚语文学科的地位：是其他学科的基础，是培养学生人文价值各方面的重要之本。不仅其"工具性"能让学生熟练掌握一门文字语言，能够在生活实践

中进行沟通对话，也有利于学生理解掌握、融会贯通其他学科的文本知识；其"人文性"也能促进学生综合、全面、和谐发展，使之成为一位完美的人。

语文学科独一无二的地位源于它独特的属性，丰厚的人文魅力可以贴近学生的心灵世界，触发学生的情感体验，带领学生切切实实感受到成长的思悟。中学语文的课堂教学课程活动中，应该贯彻爱的教育、善的教育、美的教育。让学生有领悟美的能力，在除课文文本外的任何作品中，都应有感受语言、欣赏文学美的能力，教导学生对自由、对幸福、对世界的理解，把语文教育和文学教育打通。作为一名初中语文教师，更要肩负起"德智融合"的时代责任。

二、 研修教材文本，认知融合价值

前几年国家规定全国各地方统一使用统编版语文教材，全国教师学生共解读一本书，相应地对教师也提出了更高的要求。教师对待文本，应该予以高度的重视，要深入研究。于漪老师曾说："教师钻研并掌握教材，好像导演处理剧本，需要一个艰苦的再创造的过程，达到懂、透、化的要求。"那么统编版统一改革之后，全国教师统一研读同一剧本，更需要教师从思想上与时俱进，深入研读，勇于实践，善于反思。将"工具性"和"人文性"有机结合起来，疏通文本写作思路，融会贯通地带领学生感悟语文的美。如同拍戏，如果一个导演或演员连剧本都不理解，怎么能呈现出一部精彩的剧作呢？我们教师也同样，不下功夫怎么能呈现出精彩的课堂？对教师和学生都有生成的课堂？演出结束群众的眼睛不会陪你演戏，要相信一分耕耘，一分收获。

以统编教材七年级上册第四单元为例，精读文章为《纪念白求恩》《植树的牧羊人》，以及诸葛亮的《诫子书》，还有一篇选读篇目《走一步，再走一步》。单元导语为：拥有美好而充实的人生，是我们共同的心愿。该单元课文从不同方面诠释了伟人人生的意义和价值：有对普通平凡人物坚持几十年如一日做好一件小事最终创造伟大奇迹美好品行的礼赞，有对人生前进勇敢还是退缩经验的总结和思考，还有关于父亲对儿子修身养德的谆谆教诲。这些无不令我们感动，步步彰显着理想光辉和人格力量。

笔者在备课中，不仅关注这些文章的指导教法，同样关注单元导语背后给我们师生提供的人文要素。七年级的学生正是人生观价值观形成的时期，本单元的设计，可以让学生受到一次精神的洗礼，给学生一次特殊的情感体验。学习本单元，更有助于学生培养美好品德。同时七年级的学生也具备了一定的阅读能力和理解能力，理解作者情感难度不大，但如何运用肖像描写写人，以及在生活中如何做到像牧羊人那样，还需要教师加以引导，希望借这篇美好的文章唤醒孩子们的爱心，使其做一个对社会有用的人。教师应充分备课，带领学生对文本进行多角度解析，并使其内化，形成正确的人生观，引导学生初步思考人生的问题，学会规划自己的人生，学习植树的牧羊人身上坚毅的品行，以及为人类造福的美好信念。

三、探索"德智融合"的实践方法

（一）运用信息技术链接文本语言

"一切知识都是从感官的知觉开始的。"但由于初中阶段学生身体发育规律的限制，缺乏足够的感知能力。如何让"德智融合"渗透，对教师也提出相应的挑战，在21世纪应该紧跟时代潮流，不断学习新技术，给予文本恰当的情境教学支撑，达到更好的效果。如《植树的牧羊人》这篇文章结合改编的动画短片《植树的男人》（1988年获第60届奥斯卡最佳动画短片奖），并出版了绘本《植树的男人》。作为教师，就要收集这些材料，激发学生学习兴趣，让学生乐学想学。带领学生一起边观影边对比文本进行思考，使学生不停留在"看热闹"的感性阶段，而是感受影视作品给自身带来五官感受的震撼，更静下心来品味文本。在观影后布置特殊任务，让学生们担任奥斯卡评委，对这部奥斯卡动画写影评，可从任一个或多个角度进行评析，最后加上对文本的质疑或者问题。通过比较阅读影视与剖析文本中具有电影性的语言，探索文字媒介的动态、视觉艺术效果，丰富学生的阅读和审美体验。

（二）设计生活游戏展示文本内涵

艺术来源于生活，文本构造也同样来源于作者的真实生活体验。因此语文教师要善于通过生活链接这一途径，让作为学习主体的学生潜移默化地接受文本对他们的润泽与滋养。能够真正做到在做中学，知行合一，课堂上师生教学相长，为课堂不断注入生成的力量，让学生、教师在课堂上，一同获得更多的情感体悟。以《皇帝的新装》这课为例，鉴于学生的充分预习，可先对学生进行简单提问："这篇文章涉及哪些童话故事人物？"对这样一篇从小学就学过的文章，尤其还是童话的体裁，学生都争相举手，一会儿就把童话中涉及的所有人物一一罗列开来。这时笔者并没有直接进入童话故事情节的解读，而是在刚才梳理人物的基础上，让学生们与教师一起玩一个游戏，那就是扑克牌出牌。我先出一个人物，让学生再出一个人物，这个人物必须能够以一定的力量压制住上面的人物。笔者先举一个例子，"我出皇帝，好了，同学们轮到你们了，该出哪张牌？"学生惊喜感兴趣之余也在积极地思考，有的学生出骗子，有的学生出大臣，有的学生出小孩。随后教师进一步询问："出这张牌的原因是什么?"从而带领学生在游戏中进一步梳理人物之间的关系,以及其中波荡起伏的故事情节,分析文章背后的主旨。最后追问:"为什么小孩是揭开真相的关键人物?"因为小孩天真无邪代表着希望。问学生:"如果你是小孩,当时会这样做吗?"带领学生深入人性内核进行思悟探究,等到最后学完这篇课文,记住的不仅仅是皇帝被骗这样一个令人啼笑皆非的故事,而是真正的"德智融合",促使学生深入思考。

(三)互换人物角色体验文本内涵

除了在课堂上对文本进行"德智融合",还应让学生在日常生活和学习中感悟人文,培养其人文精神。初中生经常会出现一些谈"文"色变的现象,家长也抱怨:不会作文构思,不会语言描写,不会利用素材,等等。究其原因是学生缺少对平常生活美的感受,不能在生活的细枝末节中发现美,题材很少同样也束缚了学生的思维。经常不同作文的题目只写一个素材,或自己凭空想象、捏造事实,使作文索然无味。久而久之也会进入恶性循环,学生失去写作的兴趣,产生厌倦心理。针对此情况,我们教育工作者需要对学生进行适当的训练,让学生有倾诉生活中真实自我、感受自我的时间和空间,在文字的书写中获得力量。如《诫子书》这篇文章为诸葛亮劝勉自己儿子,具有较强的说理性。在教学中先帮学生翻译梳理文章的脉络思路,带领学生真切地感受到诸葛亮对儿子的用心良苦和谆谆教诲。文本学习结束时,笔者设计了一项互换角色的写作作业:假如你是诸葛亮的儿子诸葛瞻,当你收到这封诫子书信时,你会有何感悟?能否给诸葛亮回一封类似的信?该作业旨在让学生置于当时的时代背景,设身处地地思考与感悟,让学生在古今中外的名家作品中,在情景交融中真正感受到震撼人心的感染力,让学生正确对待真善美、假丑恶,并具有天下兴亡,匹夫有责的责任感,具有家国使命的情怀。具备如此"德智融合"的精神,我们的教育工作才算真正落实到教书育人。

(四)抓住阅读留白捕捉文本内涵

文本的留白,同中国笔墨画一样,具有其艺术价值,还具有艺术构思。很多优秀的文艺作品都会采取这种留白的艺术形态。留白的文本,有些是结尾留白,给读者更多的想象空间和更多的深意,把更多的情感隐藏在其中。也有一种留白,是其文本体裁所决定的,如散文诗这一类。教师在语文教学过程中以留白为抓手,引领学生发挥其能动性与想象力,开展"相机抓补留白"的教育活动,从而达到"德智融合",达到"人文性"和"工具性"的统一。以散文诗二首其一《金色花》为例,笔者从生活情景对话导入,带领学生一起探寻美的定义,锁定目标一起探索这篇散文诗的美在哪里。全文以孩子和母亲的拟人对话为视角，带领学生一起关注文章的事件线索"躲猫猫"，深入探索其目的、原因，发掘过程中双方细微的心理变化，以及母亲是否知道，一系列问题的文本留白，深入探究使文章串联起来。最终挖掘出母亲对孩子的关心以及孩子对母亲的依恋之情。正如苏霍姆林斯基曾说："情感如同肥沃的土地，知识和种子就播在这块土地上。做任何事都要在情的基础上才能浇灌种子开出美丽的花朵。"虽然《金色花》一文仅仅只有几百字，但带领学生"相机抓补留白"的过程，让学生更好地体悟了散文诗中人物的情感，更深入地走入文本，进一步走向泰戈尔的心灵深处。

综上所述，"德智融合"的语文教学课堂，定是开启心智、放飞情愫的精彩课堂。身为一线语文教师，绝不能忽视"德智融合"在教学活动中对学生的重要影响和作用，绝不能忽视"德智融合"在学生行为习惯的培养、情感态度价值观正确引导的重要作用和影响力。我们一线教师一定要利用好统编教材，努力提升自己的思想高度占位，更具有前瞻性地培养学生，将"德智融合"作为自己一生的教学追求。寻人文情愫，立育人之道，成为"德智融合"的永恒追求。

参考文献：

[1] 于漪. 德智融合 相得益彰 [J]. 上海教育, 2017（04）.

[2] 卫灿金, 武永明. 语文课程与教学论研究 [M]. 北京：高等教育出版社, 2007：179.

"德智融合"，携着诗性去读说明文

——以《中国石拱桥》为例

上海市建平实验地杰中学　李　黎

摘　要：传统的初中说明文教学通常围绕说明对象、说明顺序、说明方法等理性知识展开，这些好比打开说明文世界大门的一把钥匙，说明文中的诗性元素则是门内一道别样的风景。语文作为母语学科，在教学中渗透诗一般的人文精神，对继承和弘扬中华民族优秀文化传统有着重大意义。

关键词：德智融合　说明文　诗　人文

2018年习近平总书记在全国教育大会上提出，中国特色社会主义教育必须是"德智体美劳"全面培养的教育，也就是德育、智育、体育、美育、劳动教育"五育并举"的全面发展的教育。虽然培养德智体美劳全面发展的人的教育方针已提出多年，但除"智育"外的其他"四育"不过是些许点缀。试问道德有缺失、体魄欠强健、审美少体验、劳动不实践，哪一项不会影响孩子们的人生走向呢？

"人民教育家"于漪老师在长期实践过程中提出语文课程"德智融合"思想。所谓"德智融合"，是以学科智育为核心，融合态度、情感、价值观的教育。于漪老师的思考是基于学生在校学习的常态，学生在校的绝大部分时间都在学习科学文化知识，因此学科要成为德育的主渠道，课堂要成为德育的主阵地。语文作为母语学科，对继承弘扬中华民族优秀文化传统，培养文化自信，推动文化创新发展，具有不可替代的优势。

近日，笔者正在教授统编版教材八年级上册第五单元，该单元是学生进入初中以来首次系统学习说明文。恰逢学校组织教师学习"德智融合"思想，在于漪老师宽厚温暖的教育情怀激荡下，笔者生发了一些说明文教学中有关"德智融合"的思考，在此且以本单元起始课文《中国石拱桥》为例，谈谈自己的若干教学体会。

传统的初中说明文教学无外乎围绕说明对象、说明特征、说明顺序、说明方法、说明文的语言特点等理性知识展开，看似清晰，却不足以引领学生走向说明文文本深处。加之应试教育的桎梏，教师长于传授技巧、学生乐于掌握套路，我们就日渐忽视了说明文本身如诗一般的人文价值。说明文绝非无情之文，有时只是读者还未悟到情思处；说明文的作者们大多不是等闲之辈，是值得吾辈学习之楷模；说明文的教学方式亦可丰富多样，让学生欣然徜徉其中……说明文的理性知识好比我们打开说明文世界大门的一把钥匙，说明文中的诗性元素则是门内一道别样的风景。

一、缘文释道，向文本深处漫溯

说明文教学不能仅停留在说明文共性知识的归纳与证明，而应该由表及里，引导学生走进作品的深处，于有限的文本中读出无限的可能与精彩。

（一）过目难忘的画面感

诚如叶圣陶先生所说，说明文不一定就是板起面孔说话。《中国石拱桥》虽以说明为主，描写和抒情为辅，但恰到好处的描写和抒情不仅没有冲淡说明文字的主体性，反而更加生动鲜活地起到了辅助说明的作用，使文章读来更具美感与抒情性。

文章开篇即说石拱桥的桥洞"就像虹"，古代神话里说"通过彩虹就能上天"，我国诗人"把水上拱桥形容为长虹卧波"，这些如诗一般简洁优美的语言之所以动人，倒不是因为它使用了打比方的说明方法，而是在三言两语间就带领读者走进了石拱桥的多彩天地。

说到"画面感"，文章关于卢沟桥石雕狮子的介绍可谓一绝。作者写道："这些石刻狮子，有的母子相抱，有的交头接耳，有的像倾听水声，有的像注视行人，千态万状，惟妙惟肖。"其中排比、拟人修辞手法的综合运用，好似把一头头可爱的小狮子陈列于读者眼前，活灵活现，意趣盎然，可见作者对其观察之细致，喜爱之情溢于言表。如今，卢沟桥的"石狮子"俨然已经成为"惟妙惟肖"的代名词。

课文还提到了一位与作者身份相似的大人物——"桥的主要设计者李春就是一位杰出的工匠，在桥头的碑文里刻着他的名字"。赵州桥凝聚了李春的汗水和心血，赵州桥高超的技术水平和不朽的艺术价值被历史铭记，李春因此成为中国乃至世界建筑史上第一位桥梁专家。读到此处，不仅是李春的名字被刻进桥头的碑文，仿佛李春的身影亦被永远地留在了桥头，激励着一代又一代的造桥者，或许作者茅以升就是其中一位被鼓舞的知音吧！

（二）通俗却不普通的语言

预习过程中，有学生提出"这篇文章通俗过头，感觉有点简单。但它是这单元的

第一篇课文，应该还是很厉害的"。课堂上请他分享预习感受，同学们听完纷纷会心大笑。作为他们的老师，我先表扬了孩子们拥有鉴宝的眼光，的确每个单元的首篇课文都是带着特殊使命走进大家的视线，无论从任何角度来讲，《中国石拱桥》都可谓是学习说明文的典范之作。同学们说课文通俗过头、有点简单，我认为这是在肯定茅以升爷爷。随即，我们一起将课本翻至课后积累拓展第五题的第一则材料，来自罗英的《中国桥梁史料》，并请同学们思考：材料关于卢沟桥的介绍与课文相比，说明的内容有何不同？为何会有所不同？

经过短暂的思考与引导，学生们认为《中国桥梁史料》通过列举数据和事实，介绍了卢沟桥的桥拱、桥墩、桥面、桥栏等几个部位，而课文则介绍了卢沟桥的历史、结构、艺术价值和历史意义，比拓展材料有趣一些。为何会有此差异？这要从说明文的类型入手，不同类型的说明文在说明同一对象时，选取的内容自然会有所不同。《中国桥梁史料》是一部桥梁学的专业著作，主要从学科专业的角度介绍卢沟桥作为一座重要建筑物的技术细节；课文则是一篇科普文章，要让普通读者在有限篇幅内较为全面地了解卢沟桥，自然不能过多聚焦技术细节。但又想要让读者对卢沟桥的建筑特点有所了解，所以选择结构特点和最著名的石狮子作为说明重点。因此，"通俗过头、有些简单"这样的评价虽难登大雅之堂，可如果连初中生小读者都认为它是简单通俗的，那在一定程度上也算是对桥梁专家茅以升教授积极倡导科普教育，主张平实质朴、深入浅出文风的一种肯定与赞美。经过这一问题的讨论，学生对说明文的文体特征有了更加直观的感受。

二、 鼓励质疑，于不寻常处驻足

在忙碌的教学生活中，教师应把自己的注意力放在学生的脑力劳动上，让学生在不轻松的，有时是复杂甚至是痛苦的思维过程中，意识到自己智慧的力量，体验到自己创造的快乐，产生一种自己能够驾驭知识、驾驭自己成长过程的自豪感。教师的指导作用应发挥在引领学生于文本的细微处和反常处停留驻足，进而发掘文本独有的魅力。

（一）赵州桥与卢沟桥，哪个在先？

预习过程中，笔者所任教的两个班级各有一位男生提问道：作者在举例时，为什么先以赵州桥为例，再以卢沟桥为例？当在课堂反馈这个问题时，不少学生脱口而出——年代呗！赵州桥建造年代早，卢沟桥建造晚呀！确实，这遵循了从古到今的时间顺序，那是否还有其他原因呢？教室里顿时一片寂静，我建议学生们再次回到课文中，关注文章的第4—8段。学生们一行一行地看过去，忽然隐约听到一个胆怯的声音道"联拱石桥"，待去寻时却无人承认。不出5秒，便有同学举手兴奋说道："我发现，第5段关于赵州桥的介绍——全桥只有一个大拱，第6段关于卢沟桥的介绍——联拱石桥，课文应该是先介绍了单拱石桥，再介绍了联拱石桥。"

确实，赵州桥与卢沟桥既有形式优美且多样、结构坚固、历史悠久等共性特点，又有它们各自的个性特点。作者茅以升先生对中国石拱桥了如指掌，赵州桥是单拱石桥的代表，卢沟桥则是联拱石桥的代表，凭借自己的专业知识，从上百座石拱桥中出选取以上两座桥梁作为典型示例，可谓是颇具匠心。既说明从隋朝到宋朝我国的造桥技术不断发展进步，二者结合起来几乎全面代表了我国石拱桥的特点。又与文中"这些桥大小不一，形式多样，有许多是惊人的杰作。其中最著名的当推河北省赵县的赵州桥，还有北京丰台区的卢沟桥。"这个开启下文的句子保持一致。细微之处见真章，看来课文的一字一句都饱含了作者的巧思。

（二）论突兀的"社会主义制度"

关于本文，学生们最大的疑惑主要聚焦在文章末尾"我国桥梁事业的飞跃发展，表明了我国社会主义制度的优越性"。学生们认为造桥是一件纯粹的工作，与社会制度并无直接关系，在此作者有歌功颂德之嫌，实在太煞风景。

这个看似与文章并无直接关系的问题，实在出乎我的意料，但我认为阅读时做到知人论世还是很有必要的。作者茅以升是中国老一辈的桥梁专家，毕生从事桥梁事业和教育工作，他所处的时代前后分属两个迥然不同的社会。少年时代有感于家乡文德桥坍塌，从此立志造桥。青年时代远渡重洋到美国留学，学成毅然归国。1937年，茅以升主持设计建造了中国第一座现代化大型桥梁——钱塘江大桥，无数的抗战物资曾从这座大桥上顺利通过。令人心酸的是当敌人逼近杭州，南京当局找到茅以升请求炸毁桥梁以阻止日军。为了国家利益与抗战胜利，茅以升最终含泪同意。天意弄人，这座桥梁不止一次地被炸毁被修复，难以想象茅以升在亲自组织炸毁与修复桥梁的过程中经历了多少个不眠之夜，令人欣慰的是这座伟大的桥梁至今还服务于国家和人民。1949年后，全国大规模兴建各种形式的公路桥与铁路桥，茅以升参加设计建造了更多更大更新的桥梁，为我国桥梁事业立下不朽功勋。想必茅以升教授从自己厚重的切身经历中，深深体会到我国劳动人民的勤劳与智慧，并为此感到无比骄傲；同时茅以升先生热爱祖国，他感慨社会制度变革带来造桥环境的巨大变化，才得以迎来桥梁事业的飞跃发展。因此,对于新时期社会主义事业的自豪感并非突兀反常,是"情动于中而形于言"。

三、创设情境,在美滋滋中收获

以往的说明文学习过程总是枯燥乏味,令师生们爱恨交织、疲惫不堪。"知之者不如好之者,好之者不如乐之者",那是否可以在教学过程中创设一些趣味情境,以优化教学环节、提高课堂效率呢?

(一)经典的看图说"画"

若提及《中国石拱桥》的优秀教学案例,想必大多同仁都会首推钱梦龙老师的设计。钱老师在教授《中国石拱桥》一课时,先出示教学挂图"中国石拱桥",然后对学生说:"你们先不要看课文,请用自己的话来说一说这个大拱和小拱之间的位置关系。"接下来,钱老师就按照学生所说的位置关系来画示意图。学生1说:"大拱的两边各有两个小拱。"学生2说:"大拱两边的顶部有四个小拱。"学生3说:"桥身的左右两边有两个小拱。"学生4说:"在大拱的左右两端各有两个小拱。"学生5说:"大拱的两端的上方各有两个小拱。"当然,依据以上5位同学所说内容画出来的示意图,没有一幅能够还原出赵州桥的结构。就在学生心有所思、口不能言的状态下,钱老师让学生打开课本,体会原文"大拱的肩上各有两个小拱"中"各"和"肩"的使用:"你们看,这个'肩'字用得多么准确呀!不是顶上,也不是两端,而是两肩。还有一个字很重要,是哪个?"学生回答:"各。"钱老师顺势问道:"可见说明事物要说得明白,有一点十分重要,是哪一点?"学生答道:"用词准确。"

上述钱老师的教学设计有目的、有步骤地提问点拨,让学生实实在在地体会到本文作为说明文语言的准确、严谨。如此收效甚好的教学设计,令人忍不住想要偷师学习。可是教学挂图哪里找呢?"踏破铁鞋无觅处,得来全不费工夫",翻开课本至97页,单元导语下方正是一幅完美的赵州桥插图,不由感慨编辑老师们的精心布局,于课本各处彰显《中国石拱桥》作为说明文单元首篇课文的重要地位。

(二)自我的实践探索

在具体的教学实践中,笔者利用一个课时将全班同学分为四个小组合作完成本文的探究学习。四个学习小组的任务依次为:一、补充表格组:结合课后思考探究第一题,提取课文关键信息,补充六座桥梁的名称、时间与特点。二、课文结构组:用思维导图梳理本文总分总的结构形式,要求具体到每个具体的段落及大意。三、说明方法组:根据课后思考探究第三题提到的说明方法,每种方法各找出一个实例并试着说说它们的作用。四、推敲语言组:总结课文不少于两种的语言特色,每种特色至少举出三个例子来印证。每个小组都围绕各自的任务展开热烈讨论,他们分别请组内卷面最漂亮的同学执笔将结论记下来,请组内声音最洪亮的同学将成果宣读给班上每一位同学,一节课的时间就这样在热闹非凡中度过,学生们在说明文单元的开篇就已经收获满满。

此外,利用晚间课后服务时间笔者还组织学生们观看了中央电视台的纪录片《超级工程2》第二集《中国桥》,让学生们了解中国当代桥梁的最新成果。有学生兴奋地说道:"原本以为《中国石拱桥》是一篇很普通的课文,但现在我相信作者写作的时候内心一定是汹涌澎湃的!"原来知识的学习不一定只来源于课本的砥砺,利用观看纪录片、创作示意图,甚至鼓励学生游览当地有名的或历史悠久的桥梁等有趣的方式,既可以让学生们领略到中国传统文化源远流长的独特魅力,又可以陶冶民族情感、收获审美体验。

茅以升先生曾道:"人的一生,不知要走过多少桥,在桥上跨过多少山和水,欣赏过多少桥的山光水色,领略过多少桥的诗情画意。"通过《中国石拱桥》一文,我们师生感受到了老先生作为一代桥梁专家的良苦用心,他将毕生精力贯注在中国桥梁事业的发展上,文中充满了对古代劳动人民的勤劳与智慧的深深敬佩之情,以及对我国社会主义建设事业的充分自信。

一个时代有一个时代的主题,一代人有一代人的使命。回首作者来时路,我们沐浴在新时代的阳光下,每位教师都应自觉确立文化志愿者的角色,在教学中渗透诗一般的人文精神,带领学生走向更具人文气息的广阔天地,以坚定文化自信来推进中华民族的伟大复兴!

披文入情，以美陶冶
——浅探如何发掘文本语言中的美育价值

上海市建平实验地杰中学　李晓璇

摘　要：本文围绕"挖掘文本美育价值"这一话题，从教师如何解读文本以及教师如何指导学生通过不同形式与文本对话这两个角度，以统编版六上语文教材中部分课文的教学设计为例进行探讨。

关键词："德智融合"　美育价值　文本解读

于漪老师曾多次强调文本解读的重要性，她认为："阅读教学的质量与教师的阅读能力息息相关。过硬的阅读能力不是天生的，而是在较长时间的阅读实践中独立思考、反复琢磨，逐步锻炼出来的。"于漪老师的德智融合教育思想也正是建立在文本解读这一根本之上展开。脱离了对语言文字本身的赏析与品读的德智融合设计，就如同无源之水、无本之木，"于漪德智融合点的确定尊重课文本身，挖掘其丰富的内涵，培养学生赏析、判断的能力，德育内容绝不是穿靴戴帽，外加什么东西，而是源于文本自身。"而黄音老师在探讨"形成中小学语文教学'德智融合'的基本策略"时，同样提出通过学习文本运用的语言美，挖掘语文教学的美育元素，践行"德智融合"理念。

那么，教师如何回归文本、深挖语言文字本身蕴含的丰富的美育价值？如何带领学生通过不同形式的朗读感悟文学艺术中"羚羊挂角，无迹可求"之美？如何巧设情境，调动学生的感性与理性思维去体会乃至最终内化这种语言美？本文将以统编版六年级上册语文教材中的部分课文为例，就以上几个问题浅谈拙见。

一、精研文本，咬文嚼字

于漪老师强调文本解读要把文字读活，让文字"站立起来和你对话了，此时此刻，你才会真正体会到作者的写作意图和遣词造句、谋篇布局的良苦用心"。将文字读活，可以着重从文本中所存在的"特别"的语言形式入手阅读品析。

作家铁凝早期小说《盼》以孩童的口吻围绕"盼"这一中心讲述了小女孩蕾蕾穿上新雨衣之前发生故事，细腻描绘了波折当中女孩发生的一系列生动真实的心理变化。这篇课文语言生动而富有童趣，一个天真可爱、热爱生活的小女孩形象在铁凝的笔下呼之欲出。这篇文章需要读者去细致品读具体语言形式的运用。比如"我的雨衣一直安安静静地躺在盒子里，盒子一直安安静静地躺在衣柜里。""太阳把天烤得这样干，还能长云彩吗？""雨还在不停地下着，嗒嗒嗒地打着玻璃窗，好像是敲着鼓点儿逗引我出去。"文中用到了大量比喻、拟人修辞，进行了丰富的联想与想象，赋予无生命的物体、平常的自然现象以生命，在蕾蕾眼中，或者说在作者的眼中，一草一木皆有情，作者为我们营造了一个万物皆有灵的绚烂的童话世界。与此相类似，谭歌的小说《桥》则是通过独句成段这一特别的语言形式来营造紧张急迫的氛围。梁容若的《夏天里的成长》里通过短句形式，构建急促的节奏，来传达夏天里万物迅速生长的勃勃生机。

那么如何引导学生关注这些语言形式，并揣摩语言形式所负载的情感与意图？教师可以通过改句比较、文本对读等方法来进行引导品析。比如《盼》中，"雨衣上竟然还长着两只袖筒，不像那种斗篷式的"一句，教师可以通过让学生与改句"雨衣上有两只袖筒，不像那种斗篷式的"进行对比，引导学生思考体会副词"竟然"所传达出主人公看到新式雨衣时的惊喜，以及"长"这一动词中所体现的语言的童趣。再如《盼》的第5至第14段中蕾蕾与妈妈的对话，在文本中，人物提示语被放在了人物语言的后面。教师可以将这一部分的文段与同为小说而人物提示语在前的《桥》进行对比，探讨人物提示语置后与置前两种不同形式所呈现的不同表达效果与其背后作者不同的表达意图。《盼》中的对话将人物提示语后置，意在强调人物语言，通过女孩蕾蕾充满童真的话语，来呈现她在想方设法出门时细腻的心理变化，以及活泼天真的孩童形象。而《桥》则主要通过人物提示语前置来着重表现老汉在危急情态下的行为状态，凸显其大公无私、恪尽职守、忠于党和国家的人物品性。

二、以读促感，以情激情

"文章不是无情的，白居易在《与元九书》中说：'感人心者，莫先乎情。'文艺作品尤重以情感人，情动于中而形于言，有必不可解之情，而后有必不可朽之诗"，文本不是一个个冰冷无情的文字串联，而是交织着作者丰富情感与思想的动人旋律。中国许多古代文学作品以及受古代文学作品影响深刻的现当代文学作品往往有着言简意丰的特点，简朴的语言背后往往承载着丰富的意蕴与情感，而这些则是语言文字背后待挖掘的美育因素。因此，教师除了引导学生通过有迹可循的赏析方法来关注文本外显的语言形式，还要通过多种方式引导学生朗读，去领略语文中"难以言传"之美。

"作者写景，读者造境，把书中的无我之境想象成有我之境，使外物和内情融合，情景交通，就增添了真切感"，如于老师所言，教师要帮助学生充分调动想象力与生活经验，进入文字所构建的情境之中，而这一过程离不开对文章的反复诵读。在初步赏析品读后，学生通过朗读进一步感知语言的韵律美，在读的过程中体悟语言营造的意境美。教师可以根据文本特点对朗读这一教学活动进行精心设计，如在《盼》这篇课文中，蕾蕾与妈妈的对话这一部分文段通过人物语言和肖像描写细腻呈现了女孩为了出门费劲编造各种借口时的一系列心理变化。教师可以设计分角色演读的课堂活动，指导学生注意把握人物在对话时的语调、情感、神态和动作，沉浸式体验人物角色内心的细微变化。比如："'可是……不是还要炖肉吗？炖肉得放好多好多酱油呢。'我一边说，一边用眼瞟着窗外，生怕雨停了。"学生在朗读时需要注意省略号表语气停顿的作用，理解蕾蕾此时对出门的渴盼和焦急，关注动词"瞟"所传达的人物心理，呈现女孩娇俏天真的形象。在演读中，学生主动细致揣摩文本的语言形式，同时在演绎的过程中，学生代入角色情感，真正进入语言所构建的情境当中。

再如梁容若的《夏天里的成长》，全文语言简洁，没有华丽的词汇，如果只是简单就语言形式进行分析，难以让学生切实体会到夏日里万物生长的蓬勃生机。"草长，树木长，山是一天一天地变丰满。稻秧长，甘蔗长，地是一天天地高起来。水长，瀑布长，河也是一天一天地变宽变深。"通过分组、分男女生反复诵读，让学生在琅琅书声中感受语言的韵律美、节奏美，体会短句、时间词、"长"的不断反复等语言外壳所营造出的跳跃、活泼、热烈的意境。通过多种形式的诵读，学生走进作者所构建的那个蓬勃向上的文字世界，从而体悟到文章想要传达的"人也要抓住时机用力地生长"的主旨。

于漪老师多次强调教师根据自身对语言文学艺术的解读领悟，以充沛的课堂情感表达来带动学生走进文本，以情激情，从而与文字进行对话，主动感知与认识语言文字所包含的韵律美、情感美、思想美。朗读则是完成这种感性认知的相对传统但直接有效的一种引导方式。

三、巧设情境，以美育美

"教学中营造符合文本特定情感的氛围，不仅学生受到熏陶感染，而且能直接促进学习的创造与延伸。氛围不可能自发形成，必须营造……要创设与教学内容相应的情景，渲染气氛，让学生有身历其境之感，耳濡目染。"于漪老师曾言审美的课堂应该是才、思、情、趣的统一，教师要为学生创设符合文本的情境，让学生在情境当中发现美、认识美、感受美、创造美。

课堂导入是一节课程之始，在课堂导入环节巧设情境有助于激发学习兴趣，将学生带入教师所创设的文本情境当中。例如《盼》这篇课文，教师可以通过询问学生生活中"盼"的经历，使之与文本主人公产生情感共鸣，从而激发学生的学习兴趣。再如《夏天里的成长》，教师可以通过多媒体展示有关夏日的图片、音乐等，调动学生有关夏天的生活经验，进入文本氛围当中。

在课堂活动中，同样也可以通过情境设置启发学生借由文字展开丰富联想，把书中的无我之境想象成有我之境。在传统教学当中，帮助学生理解初中语文中的文学美感是相对困难的事情，因为教学素材较为匮乏，同时教学的载体较为单一，如果要凭空让学生去感受到某个事物的美的话，是比较困难的任务。而在信息技术发展的今天，利用多媒体可以帮助教师迅速找到适配的教学素材，结合所学课文的相关背景和思想感情，帮助学生们调动多个感官去感受语言文字中的美。如《盼》中这段精彩的环境描写："四周一下子变得那样安静。我推开窗子，凉爽的空气扑了过来，还带点儿腥味。路灯照着大雨冲刷过的马路，马路上像铺了一层明晃晃的玻璃，路灯照着路旁的小杨树，小杨树上像挂满了珍珠玛瑙。"在视觉上，教师可以通过多媒体展示夜晚雨后马路的相关图片乃至视频材料，帮助学生更直观地体会将雨后马路和雨珠比作"明晃晃的玻璃"和"珍珠玛瑙"的妙处，同时启发学生去留心观察生活细微之处，去重新发掘被我们忽略的日常之美。在听觉上，教师可以通过多媒体播放雨天白噪音，让学生在图片、音频播放中，反复诵读这段文字，充分调动自己的听觉、触觉、视觉、味觉上的联想，仿佛真的置身于那个期盼着雨天的美妙夜晚，眼中的雨后世界熠熠生辉、明丽清新。

再如《月光曲》中，将抽象旋律转换为形象视觉感受的那段描写："月亮正从水天相接的地方升起来。微波粼粼的海面上，霎时间洒满了银光。月亮越升越高，穿过一缕一缕轻纱似的微云。"教师同样可以通过视频配乐播放，让学生直观感受伴随旋律由低缓到激昂，景物随之所产生的变化，进而再探究蕴藏在音乐旋律背后的人物心理的起伏变换。

通过创设情境，引领学生进入文本营造的意境之中，感受意境之美，同时启发学生内化这种语言美，能够主动去捕捉生活之美，在语言表达中创造美。

于漪老师曾言："语文教学中美育的任务也很明确，培养健康高尚的审美情趣和一定的审美能力。语文教学把发展学生感知美、理解美、欣赏美、创造美的能力作为基本任务之一。"回归文本，挖掘其中所蕴含的语言之美，以读促感，巧设情境，用一片树叶触动另一片树叶，用对语言文学之热情激发学生的学习热情和生活热情，在真正的审美语文课堂互动中，感悟语言文字之美，感悟生活之美，进而升华人格之美。

参考文献：

[1] 刘鹏. 审美教育走进初中语文课堂的策略探究 [J]. 考试周刊，2021（57）：33-34.

[2] 杨万里. 初中语文教学中美育渗透探析 [J]. 学周刊，2021（33）：107-108.

[3] 张助良. 初中语文教学中审美教育的实施 [J]. 学周刊，2021（35）：185-186.

[4] 上海市教师学研究会. 燃灯——于漪"德智融合"语文教育思想与新教材实施 [M]. 上海：上海教育出版社，2020.

[5] 于漪，黄音. 穿行于基础教育森林：教育实践沉思对话录 [M]. 上海：华东师范大学出版社，2019.

目中始终要有人的情感体验

——借人物形象的分析来探究"德智融合"的方法

上海市建平实验地杰中学　邱新颖

摘　要：分析小说中人物形象，须始终要目中有人。通过观照环境、关注情节、分析细节三大智性层面，全面把握人物形象及其蕴含的典型意义，从而达到德性层面的培育。

关键词：目中有人　情感体验　人物形象　德智融合

于漪先生曾言："语文教师进行文本解读，就是要指导学生正确地进行文本解读，有效地提高他们的阅读能力、欣赏能力、审美能力。"对于小说中人物形象的解读，如何在有限的课堂四十分钟之内帮助学生建立思考模式，助力学生思维的提升以及情感的熏陶？于漪先生倡导"目中有人，胸中有生"的思想，主要指向于广大教师群体的教育教学，即要始终站在学生的立场，将学生作为研究对象，对学生投入满腔的热爱。笔者亦将小说中人物形象的解读方法称为"目中始终要有人"。主要原因在于小说三要素为环境、情节与人物，而不论环境与情节如何，终究都是为人物服务。因此，要想解读人物形象，必须要学会观照环境、关注情节与分析细节，教师在文本解读时必须要从这些方面进行研究，才能促进学生主动发散思考，以人为中心，体味人物情感，全面把握人物形象及人物形象的典型意义，从而达到"德智融合"的目的。

一、观照环境，初步判断人物形象

环境就是人物活动的空间与依托，小至自然环境，大至社会环境，人的发展无法脱离环境，始终带有时代的印记。判断人物形象，绕不开这一外部因素。

统编版六年级语文上册第四单元课文中，涉及自然环境的有《桥》《穷人》，涉及社会环境的有《金色的鱼钩》。《桥》中自然环境分列如下：

黎明的时候，雨突然大了。像泼，像倒。（第1段）

山洪咆哮着，像一群受惊的野马，从山谷里狂奔而来，势不可当。（第2段）

近一米高的洪水已经在路面上跳舞了。（第3段）

死亡在洪水的狞笑声中逼近。（第5段）

水渐渐蹿上来，放肆地舔着人们的腰。（第14段）

木桥开始发抖，开始痛苦地呻吟。（第17段）

一片白茫茫的世界。（第23段）

五天以后，洪水退了。（第24段）

于学生而言，自然环境易于理解，学生能够明确这场暴雨就是该故事发生的起因。当教师引导学生想象其中情境，多数学生能够很快地想象出暴雨和山洪的场景。再细细玩味暴雨的修饰词，从"泼""倒"两个动词，学生通过表演日常的泼水与倒水的动作，慢慢体会天降暴雨之迅疾，自然力量之狂猛。品味关于山洪的修饰词，从"咆哮""狂奔""跳舞"，到"蹿""舔"，一个发狂的魔鬼如在眼前。而暴雨、山洪、木桥的关系如何，通过学生讨论与教师总结，能够得出下表结论：

表1 《桥》中自然环境分析

三者	特征	关系
暴雨	倾盆大雨、猛烈	
山洪	肆虐、势不可当	暴雨引发了山洪，木桥因此遭受摧残
木桥	狭窄、脆弱	

"一米高"的水位，从"黎明"到"五天以后"，短短五日，山村从一个平静的世界颠覆成为"白茫茫的世界"，时间与空间的迅速变化，反映了暴雨之猛烈、山洪之肆虐。教师引导学生设身处地去思考身处如此危险处境的人物对此情绪表现如何。天灾之下，多数人必然是慌乱的。相比于惊慌失措的村民们，身为支部书记的老汉则镇定沉着。如此一来，村民和老汉的形象则被捕捉到了一点。学生循序渐进地感知环境的变化，愈发能够体会到村民惶恐的心情，同时也为老汉的临危不惧深感佩服。

再如《穷人》中桑娜渔夫之家的内外环境：

屋外寒风呼啸，汹涌澎湃的海浪拍击着海岸，溅起一阵阵浪花。海上正起着风暴，外面又黑又冷，这间渔家的小屋里却温暖而舒适。（第1段）

门突然开了，一阵清新的海风冲进屋子。（第12段）

对自然环境的观照，可分为两步。第一步，通过阅读，学生很容易发现室内与室外的环境迥然不同，室外狂风怒吼、波涛轰鸣、充满黑暗，而室内则明亮温暖，形成了鲜明的对比。如果说第一步是解决了一个智性问题，那么第二步则由学生的发问引向了德性问题：为什么室内与室外环境不同？表现出了谁怎样的形象？只要找到与室内外环境相对应的人物，这个问题就迎刃而解了。在如此狂风暴雨、海浪滔天的冬夜，是渔夫为维持家庭生计，丝毫不顾惜身体，仍旧冒着风雨、忍受寒冷出海打鱼。由渔夫推及桑娜一家，可将他们定位社会底层人民，他们是物质贫乏的穷人。而室内由桑娜一手打理，之所以温馨有爱，源自桑娜勤劳的双手，体现了桑娜的贤惠。男主外、女主内，二人在家庭生活如此艰巨的情况之下，都勇敢承担起生活的重担，说明他们都富有责任感，精神世界并不贫乏。

由环境的不同，桑娜渔夫的作为，学生联系生活实际，能够感受到纵然生活困窘而他们依旧齐心创造幸福生活的乐观精神。生活的希望从来都是向所有人播撒。桑娜渔夫的居家与工作环境的比较，能够让人体会到家的温馨、生活的不易，更能涤荡学生心扉，给予他们乐观豁达的生活心态。

学生每天生活在自然环境中，更易理解自然环境与人物的关系。而社会环境关系到特殊历史时期，我们并非亲历者，且如今身处和平年代，对于过去艰苦岁月无法做到感同身受。"德智融合"的育人目标是致力于将学生培养成"具有中国心的现代文明人"，而学习革命题材的文章，饮水思源，对家国意识与集体观念的增强具有重要意义。比如《金色的鱼钩》中红军长征期间条件艰苦，物质稀缺：

1935年秋天，红四方面军进入草地，许多同志得了肠胃病。我和两个小同志病得实在赶不上队伍了，指导员派炊事班长照顾我们，让我们走在后面。（第1段）

长征时代相去已久，为打破时代的鸿沟，教师通过播放有关长征的视频，让学生初步了解当时的困难。透过贫瘠的物质条件，再去观察其中人物生发出的精神面貌。炊事班长在自己都食不饱的情况下接受任务并悉心照顾年轻的小同志，首先能够让学生感受到的，便是他的敢于担当和忠于革命。

通过观照环境，体会人物所处环境的特点，感受环境是否存在变化，环境的不同，分析人物在环境当中的表现，从而对人物形象有个初步的把握。

二、关注情节，准确把握人物形象

小说情节一般由开端、发展、高潮、结局组成，而人物的情感较多在情节转折时爆发。教师只有启发学生关注到情节的起伏波折，方能够准确把握人物形象，体会到人物所寄寓的精神品质。

以《桥》为例，当洪水侵袭，唯一的逃生通道仅为北面狭窄脆弱的木桥，整座村庄都笼罩在漫天的恐慌之时，老汉冷静自若，如同一座巍峨的高山站立在人们面前，组织党员排在后边，维持场面的有序。故事情节存在三次冲突。多数学生知道前两次冲突。第一次冲突在于有党员认为党员也是人，企图逃避自己的责任时，老汉以退党加以驳斥。第二次冲突在于老汉从人群中揪出一个小伙子，以其为党员身份让其礼让。第三次冲突则在于人群安全撤离之后，老汉与小伙子相互让对方先走。这三次冲突，分别对应着老汉对村民、对党员和对小伙的态度。于村民而言，老汉忠于职守，是其坚实的依靠与信念。于党员而言，老汉发挥了危急关头党员带头作用，体现了他的舍己为人、对党忠诚的精神品质。于小伙而言，老汉作为一位父亲，亦不徇私情。

再以《穷人》为例，桑娜收养邻居西蒙的两个遗孤的心理变化就构成了整篇小说的情节波折。一开始，出于善良与母爱的天性，桑娜收养了邻居的两个孤儿，而囿于拮据的家境，她内心里起了冲突，主要是担心丈夫回来揍她。此时学生们可能会以此初步判断丈夫平日是暴力相向、无法达成平等沟通的人。丈夫捕鱼归来后，二人因生活重压而沉默，桑娜更因不知如何向丈夫开口而沉默。然而丈夫却主动要求收养孤儿，与桑娜内心想法完全一致，则颠覆了之前桑娜心里想象的那个可能会施暴的丈夫形象。二人在自身要养育五个孩子的艰难境况之下，同时收养两个孩子，是他们推己及人、怜悯爱人的品质的体现。他们在物质上虽穷困，但精神上却富有。

三、分析细节，深度解读人物形象

细读文本，才能发现细节。通过细细品味文本，学生才能对人物形象有更多的解读。

《桥》中有三处值得细细审视。其一，老汉指挥村民逃难，嗓音"沙哑"，表现出他的劳累；面对反驳的党员，声音"冷冷"，体现出他的威望。从队伍中找出儿子，"冲""揪""吼"三个动作一气呵成，是他的大公无私。

其二，老汉与小伙子二人最后相让，也足够耐人寻味：

小伙子推了老汉一把,说:"你先走。"

老汉吼道:"少废话,快走。"他用力把小伙子推上木桥。

两个"推"字,一个"说"字,一个"吼"字,凸显出二人当时的急切。小伙推着老汉让其先走,是儿子对于父亲的保护;而老汉将小伙推上木桥,是父亲对于儿子的爱。在一场百年难遇的洪灾面前,父与子的真情亦感天动地。若说老汉维持逃生秩序,是一位党员的坚守,那么老汉将生的希望留给儿子,则是人之常情。老汉心中先有大我,后有小我,舍小我,为大我,这是他人格中为人震撼、感动、敬佩之处。

其三,老妇人由人搀扶着前去祭奠她的两位至亲,一方面充满了哀思,另一方面又说明了老汉与小伙子以二人的牺牲、一个家庭的破碎换来家家户户的安宁,这样伟大的举动,更是凸显出老汉的精神光辉。

而《穷人》当中,桑娜与渔夫的对话更是值得分析。桑娜因未经丈夫允许收养了两个孤儿,心中忐忑不安,因而当丈夫回来后,她的表现有些不自然,比如"不敢抬起眼睛看他""脸色发白",都是她内心紧张到不知所措的外露。而小说中出现三次表示沉默的句子更是隐藏了二人的心理:

两个人沉默了一阵。(第20段)

桑娜沉默了。(第23段)

但桑娜坐着一动不动。(第25段)

第一,丈夫的沉默是生活的压力十分之大,风暴天气外出捕鱼不仅一无所获,更是冒着生命危险。桑娜的沉默在于她问候丈夫天气与捕鱼情况后,不知如何向丈夫言及已经收养西蒙的两个孤儿之事,沉默兴许是她在想着下一步如何开口。第二,当桑娜言及西蒙的死亡以及剩下的两个孤儿的现状,仍旧是犹豫,不知如何决断。她此时的沉默是想要和丈夫商量,但害怕丈夫不同意。第三,当丈夫主动提出抱养两个孤儿时,神色"严肃""忧虑",也是下了很大的决心。而桑娜此时内心释然,如释重负。桑娜的紧张情绪通过三个"沉默"显现出来。而这种紧张,源于给本来贫穷的家庭多添了两副碗筷。桑娜一方面体恤丈夫操持家计之辛苦,另一方面担心自己擅自收养邻居遗孤而给丈夫添加负担,这是碍于家计的贫困。而她当时收养两个孤儿觉得自己"非这样做不可",是出于本善之人性。关注人物幽微的心理活动,更能理解人物的行为,从而对人物的精神品质有了更为深刻的理解。

总而言之，解读小说中的人物形象，需要眼中始终有人物，心中始终装着人物。关注环境背景、情节波折、细节之处，都要无时无刻将之与人物形象联系在一起，毕竟脱离了人物，环境也只是普通的，情节必然是平淡的，细节更是毫无色彩。事实上，不仅小说阅读须关注人物，散文、诗歌与戏剧都要关注人物尤其是人物的情感。不论是"诗言志"，还是"感人心者，莫先乎情"，都强调了一个"情"字。语文学科本就是一门工具性与人文性相结合的学科，笔者认为"德智融合"中的"智"对应着工具性，而"德"更多的是对应着人文性。在小说人物形象分析中，小说的环境、情节与细节是工具，为"智"之体现，而学生对小说人物的情感体验则是最终目的，为"德"之体现，"智"与"德"一表一里，融成一体，达到了"德智融合"。

参考文献：

［1］于漪. 于漪全集 4 语文教育卷［M］. 上海：上海教育出版社，2018.

［2］董少校. 红烛于漪［M］. 上海：上海交通大学出版社，2020.09.

［3］于漪. 培养有一颗中国心的现代文明人［J］. 上海课程教学研究，2017.

第三章 课堂实践探索

"德智融合"背景下的初中古诗文教学

上海市建平实验中学 董玉玮

摘 要：古诗文既是中华优秀传统文化的主要载体，也是初中阶段语文学习的重要组成部分。学习古诗文有利于培育学生的民族精神，培养有人格魅力的新时代"真人"。笔者就初中阶段古诗文教学中存在的问题，结合"德智融合"理念，从教学内容和教学方法两个角度进行探索，力求使语文课充分发挥"德育"和"智育"相结合的功能，让初中生爱上古诗文学习，传承中华优秀传统文化。

关键词：德智融合 古诗文教学 初中语文教学

一、缘起

教育是国之大计，党之大计。随着分数至上、主张"填鸭式教学"和应试教育的传统教育教学方式的弊端不断显现，党的十八大以来，以习近平同志为核心的党中央高度重视培养社会主义建设者和接班人，坚持把立德树人作为教育的根本任务，即重视学生德行的培养，强调将德育内容与每一门学科的智育内容进行紧密结合，力求让学生在潜移默化中成为德才兼备的新时代青少年。

（一）"德智融合"与初中语文教学

在教育改革的时代背景下，于漪老师结合自身丰富的教学经验，通过不断探索与实践，提出了"德智融合"。于漪老师指出，践行"德智融合"理念要求我们充分挖掘本学科内在的、固有的育人价值，并将这宝贵的育人价值与知识、能力的传授与培养相结合，从而"真正将立德树人落实到学科课堂主阵地上，加强教师的育德能力"。

鉴于初中生正处在人生的黄金时期，人生观和价值观都在逐渐形成中，如何把握这个机会，让一棵棵充满稚气的小树苗茁壮、健康成长是每一位初中学段教师应该思考的问题。作为一名经验丰富的语文教师，于漪老师认为，汉语是我们的母语，是华夏儿女血脉相连的纽带，是千百年来无数先贤留下的宝贵财富。语文学科与其他学科有着本质区别——语文是直接指向人的，有着丰富的育人价值等待我们开发。在语文课堂上，除了提高学生的阅读、写作、表达能力外，教师更要重视培养学生的道德品质，让学生的精神世界在语文学习的过程中悄然丰盈。

（二）古诗文学习的重要价值

古诗文是中华优秀传统文化的文字载体，是中华民族文化经典的汇编。统编版初中语文新教材收录的古诗文，大多形神俱佳，读来唇齿留香，品来文质兼美，蕴含丰富的文学价值和情感价值。如《湖心亭看雪》将作者对故国往事的怀恋融入山水小品；《岳阳楼记》写出作者身居江湖但仍忧国忧民的顽强意志；《茅屋为秋风所破歌》表现作者忧国忧民的情感和群众迫切要求变革的崇高理想……

优秀传统文化之所以能够薪火相传、生生不息，离不开文字的记载和传承。语文作为母语学科，不仅承担着为学生传授语言知识、提升语言素养的任务，更担负着传承优秀传统文化的重任；而这个重任，很大程度上是要通过诵读和学习经典来完成的。因此，学习古诗文就是要培育和弘扬学生的民族精神，春风化雨，不断提升学生的语文素养、滋养学生的善良心灵。学生在诵读和学习优秀古诗文的过程中，可以更好地在书海遨游，丰富自己的生活，形成奋发进取、昂扬向上的人生观，成为一个有人格魅力、有真我风采的"真"人。

二、初中阶段古诗文学习现状

尽管古诗文在我国传统文化中占据着相当重要的地位，是我国优秀的文化遗产，但初中生在学习古诗文的过程中，却遇到了一些困难。

一是部分教师的教学方法相对传统，重言轻文、重教师讲解轻学生交流的现象比较多见。这样便忽视了学生的主体地位，难以让他们发挥学习的主动性。教师往往只顾对古诗文进行逐字逐句的翻译，学生只需要记笔记或回答简单的问题，很容易让他们觉得枯燥乏味，难以集中精力、产生兴趣。

二是讲解结束后，教师往往要求学生对古诗文原文及书下注解进行背默。长此以往，学生在机械记忆的作用下只知皮毛，而不能深刻理解古诗文背后蕴含的丰富精神内涵、时代背景和作者的写作意图，从而使古诗文的"德育"价值大打折扣。

三是古诗文用语相对精辟独到，表达的精神内涵也比较深奥，还易出现独特用法。这些特点导致学生难以理解文章，不能全面感知古诗文表达的意境美、人文美和语言美，从而使得学生不能全面认识古诗文的文化价值和审美价值。

三、 探索在初中古诗文教学中落实"德智融合"

基于初中阶段古诗文教学与学习过程中存在的问题，我们认为可以从教学内容和教学方法两个角度进行探索，从而在"德智融合"的大背景下让初中生爱上古诗文学习，汲取中华传统文化。

（一）古诗文教学内容探索

古诗文是我国优秀传统文化的精华，学习古诗文对学生的全面发展和人格养成都具有重要作用，不仅能激活他们的鉴赏能力和思辨能力，更有利于传承中华优秀文化、荡涤心灵、充实内心。为此，古诗文的教学内容要与"德智融合"提倡的教学观念相契合，即"智育"和"德育"内容兼顾。

首先，要深度挖掘文本本身的语言价值和精神价值。正如于漪老师所说："文本解读要陪伴语文老师一辈子。"我们与古代先贤之间，有时间和空间的差距。如果教师在备课时没有读懂文章，单纯照本宣科，或直接照搬教辅资料的内容，对学生和教师本身都没有好处。备课时，教师要注意将文章的内容看明白，从字、词、句、篇等多个角度整理出适合初中生学习的内容。同时，还要深度挖掘作者写作文章时的背景以及文本本身的重要意义，在解读时应在尽量贴近作者原意的基础上提出自己的见解。只有教师对文本价值进行深度挖掘，学生才有可能接触到更丰富、更精彩的语文世界，才能同时完成"智育"和"德育"的目标，真正做到"德智融合"。

其次，要注重语言鉴赏能力的培养。教师在细读文本、挖掘文本价值的基础上，还要对挖掘到的内容进行重新组合和筛选。一方面，教师可以立足于文本的篇章结构，理清文章材料之间精妙的组合，学会摸索文本结构的隐藏规律，理解内容与形式结合的意义。另一方面，教师可以选准切入教学的突破口，在自我审美意识、审美体验的浸润下对文本重新建构，引领学生在细读慢品中发掘文本的特有魅力，让学生自然而然地学到知识，从而培养学生的语言鉴赏能力和审美情趣。

最后，还要强调丰富文化底蕴的熏陶。诚如于漪老师所言，文化是语言文字的命脉，教语文必须站在文化的平台上。绵延上下五千年的中国传统文化中蕴含着中华民族的精神宝藏和智慧浓缩，既是增强民族凝聚力的纽带，也是民族赖以生存、延续的精神力量。古诗文教学应该让学生在理解文字的同时，在阅读和对话中不断拨动心弦，进而升腾起对民族文化、民族精神的认同感与归属感。教师需要根据学生的阅历与文化传承的特点来合理确定文言文教学的"德育"内容，并将合理的文化选择与时代德育联系起来,从而达到拓展学生内化文化的广度、提升学生自身文化深度的德育目标。

(二)古诗文教学方法探索

如果在古诗文教学中着力聚焦文字的运用,并为此不遗余力地反复操练,那么语言文字就会失去其固有的光彩。想要在"德智融合"的背景之下进行古诗文教学,选择合适的教学方法也是十分必要的。

朗读激趣法。朗读是一种重要的口语交际形式,大声朗读文本可以冲击学生心灵,引起强烈的情感共鸣。正如于漪老师所言:"以读代讲,饱含感情。"无论是教师范读、学生领读,抑或是学生齐读、角色演读、片段朗读,都可以拉近学生与文本之间的距离,引导学生关注文本的细微之处,在抑扬顿挫、重音停顿之间抓住文本想要抒发的情感,明白作者想要传达的精神,从而更好地达成"德智融合"的目标。

情境对话法。教师还应该创设对话情境,引导学生积极主动地学习。传统"填鸭式教学"在古诗文教学方面主要表现为:教师一味强调重点词、句的解释,重点句式的积累,过分强调"智育"的内容,而将文本所蕴含的精神一笔带过,或进行贴标签式的总结;学生在此过程中只需要记笔记,并进行课后背诵,不需思考。在"德智融合"的背景之下,想要改进古诗文教学方法,就需要从导入环节开始引起学生的兴趣,在讲授环节突出主要问题,并结合学生的学情和文本特点设计不同形式的实践活动,将语文学科德育和智育的内容彼此结合并渗透于教学过程中,让学生与文本对话、与作者对话、与生活对话,从而实现学生语文素养的可持续发展。

巧用媒介法。教师还要坚持学习,紧跟潮流,利用丰富多彩的网络资源,熟练使用多媒体设备。多媒体设备的普及和网络上的丰富信息可以突破传统师生问答模式的限制,让课堂教学多渠道地调动学生的情绪,吸引学生的学习兴趣。在进行古诗文教学时,针对学生难以理解的概念,尤其是我们现代已经消失匿迹的物品,可以通过图片展示;学生生活在物资富足的年代,很难了解古代先贤为求功名挑灯苦读的艰辛,教师便可以播放相应视频,将学生带入艰苦时期。例如,在学习《伯牙鼓琴》时,多数学生没有听过《高山流水》,很难理解乐曲背后巍巍如泰山、汤汤若流水的气势,教师便可以播放相应音乐……多媒体资源是时代发展的产物,教师应对教室内的多媒体设备进行合理运用,多多搜索网络上合适的教学资源,紧跟时代潮流更好地践行"德智融合"育人观念。

"德智融合"教育思想的终极目标是育人,语文教师全部工作的出发点和落脚点,是教学生做人。当语文教师带着这样的责任感和使命感进行教材解读的时候,必然会深入挖掘每一篇课文中的智育资源和德育资源；在进行教学设计的时候，也必然最大化地实现二者的融合。相信通过潜心挖掘文本背后的"智育"和"德育"价值，选取合适的教学方法，古诗文教学必定会绽放出更多花朵，学生学习古诗文、传承优秀文化的兴趣必定会与日俱增。

四、展望"德智融合"背景下的古诗文教学成果

于漪老师曾说："我们进行的是母语教学，语文和文化不是两个东西，而是一个整体。"古诗文是中国传统文化的结晶，是中国传统文化的文字载体。从传承文化、培育真人的角度探索古诗文教学的价值，是关注学生、以人为本的教学，是有生命的、可持续发展的语文教学。

作为一门实践性、综合性的学科，"德智融合"背景下的语文学科应该有更宽广的视野和胸怀。综合性强调语文课要上得立体化，使知识、能力、思想品德融为一体，发挥多功能的作用；实践性则强调语文学习不能脱离生活实际，在实践中生智，在实践中育德。

从某种角度看，目前正在推行的"二十四字核心价值观"与儒家所主张的"修身、治国、齐家、平天下"有着不少相通之处。古诗文所蕴含的传统优秀文化包括物质、精神和制度文化等方方面面，这些文化对当今世界仍极富启示意义。建立学生对优秀传统文化的自信，是古诗文教学的职责，更是"德智融合"的使命。

参考文献：

[1] 樊怡平. 初中语文教学中的传统文化教育——以初中古诗文教学为例 [J]. 语文教学通讯·D刊（学术刊），2012（10）：16-17.

[2] 李百艳. 呼唤语文魅力的回归（上）[J]. 未来教育家，2017（08）：39-41.

[3] 吴荣永. 浅析初中语文传统文化教育——以初中古诗文教学为例 [J]. 教育教学论坛，2013（40）：88-89.

[4] 于漪，黄音. 穿行于基础教育森林——教育实践沉思对话录 [M]. 上海：华东师范大学出版社，2019.

"德智融合"从课堂的"讲"到课后的"做"
——古诗文作业设计的实践研究

上海市建平实验中学　戴　熙

摘　要：古诗文是语文教学中的重要组成部分，为了进一步加深学生的理解，本文结合"德智融合"的思想对古诗文的作业设计进行思考。文章从诗歌作业设计的创作比较、多角度演绎与学科融合三个角度展开，探讨德育和智育并行的方式，希望能给读者一些启发。

关键词："德智融合"　古诗文　作业设计

近年来，教育已渐渐摆脱传统的"唯分数论"，对学生人文情怀和审美情趣的培养被越来越多的教师接受并在课堂上实践。这一进步使教育回归初心，真正关注到人的全面发展，有助于学生完整人格的塑造，在用智性保障学生未来的生存和发展的基础上，又用德性为他们的未来奠基。课堂上的改变已卓有成效，但立足于学习的各个阶段，课内的学习时间是有限的，课后的巩固及成效同样值得我们去关注。正如习近平同志在十九届六中全会的重要讲话中强调的那样，"将'五育并举'要求落实在各科课堂教学之中、渗透在校园生活各环节、延伸到学生发展各方面"。"德智"学习不止于课堂，课后学习也是另一重要阵地。

立足语文教学，古诗文的阅读在整个初中阶段占了很大比重，其重要程度不言而喻。其中更涵盖了不同的体裁和多样化的题材，被选入教材的诗文作品有着鲜明的时代精神，虽年代久远，但其中的感情仍然可以在当下获得共鸣，其韵味自然绵延不尽。古诗文的课堂研究已不胜枚举，而在课后如何巩固并延续其人文教育的影响力很大程度上与教师的作业布置息息相关。因此本文主要聚焦古诗文的作业设计，将"德智融合"思想融入其中，探究具体的实操方案。

一、以诗解诗，引起情感共鸣

根据大部分教师的教学计划，一堂诗词课的容量一般是一至二首古诗，教师在课堂上引导学生对这些诗作进行字斟句酌的详尽分析，最终让学生产生情感共鸣。但情感上的收获往往是缓慢的、长期的，一节课的时间，一首诗的内容带来的冲击力和影响力的持续时间是有限的。为了进一步延伸课堂教学的影响力，延长学生的情感体验，教师在课后就需要拓展更多的诗词。其中又分为两类，一类是由教师提供诗词，进行比较阅读，一类是学生自主创作诗词，在创作中对诗词主旨又有更深的理解。

（一）在诗词的比较阅读中感悟灵魂

教师在课后可以提供更多的诗词材料，这些诗词往往与讲授内容有一定的联系，可以是内容、写作手法、时代背景、作者的联系，也可以是思想感情和主题的类似。具体任务可以多样化，比如让学生在阅读过程中自行归纳其中的联系，也可以分析两者异同点及原因。到了高年级，主题和思想品德一致的诗词可以深挖，让学生去探究背后的原因及那个年代的人们都有怎样的做法，再联系当代，思考当下的普通人和诗人有没有相同之处。在诗词与诗词的比较中，在古代与现代的时空穿梭中，让学生对高尚的精神品质的传承和美好生活的体验有全新的感悟。比如在讲授《浪淘沙》一诗时，可以将之与清朝诗人宋琬的《渡黄河》相比较。两首诗都描写了黄河风高浪急的特点，但具体的描写方法却不一样，可以让学生结合具体诗句做详尽分析。此外，两首诗的写作意图有所区别，前者表现诗人的豪情豁达，后者突出现实环境的险恶，可以让学生在课后搜集相应的时代背景，再对诗句进行赏析。

（二）在诗词的自主创作中显露灵魂

很多诗词场景宏大，但往往只选择几个意象进行细致描摹，留给读者大面积的想象空间。学生在课堂上已经学习了该诗在写法上的特点，而课后正是把所学化为所用之时，教师可以让学生仿照诗词进行再创作，根据学生不同的年龄阶段和学习基础提出不同的要求。比如，对于预备年级的学生而言，仅要求他们有自己的想法，能发现新的意象，创作的诗词表述清晰，语句连贯，符合基本的字数、句数的要求即可。而到了初二初三阶段，除了以上标准，还可以在结构上提出更高的要求，比如注意诗词是否符合律诗或绝句的韵律，语音的平仄是否前后匹配，诗词的意象选择有没有代表性等。此外，还可以让学生结合时代特点创作诗词，与古人进行对话，或是在前诗的基础上结合自己的生活所感，点燃新的思维火花。这一项作业不仅是对课堂内容的巩固，更重要的是发挥学生主观能动性，把所学化为所用，提高学生的文学素养和对生活主题的深刻思考，促使学生对世界有更细致的观察，对当今社会有更深入的思考。

二、 诗词演绎，拓宽想象空间

初中阶段的孩子们，尤其是预备年级，表现欲很强，喜欢把同学和教师的关注视为荣誉，作为教师，恰恰可以利用这一点设计"演绎诗歌"的课后作业。演绎古诗词不仅能加深学生对古诗的理解，更能培养学生的合作意识和统筹能力，也势必能够让学生感受到诗词中厚重的历史文化韵味，增强他们对民族文化的认同感和自豪感，为日后对传统文化的自觉传承打下基础。

（一）诗词诵读品情感

2017年，中共中央办公厅、国务院办公厅印发《关于实施中华优秀传统文化传承发展工程的意见》，提出"推进各级各类学校开展中华经典诵读行动"。诵读已经越来越受到重视，这不仅是政策文件的要求，更因为它是提高学生情感感受能力和审美能力的重要途径之一。在完成古诗词的学习后，学生对于诗歌的理解相较之前已经上了一级台阶，此时就可以让学生再次诵读文本。这次的诵读和预习时的朗读应该是有区别的，要求已经不只停留在读准字音和明确停顿上了，诗中感情色彩的体现成为诵读的重点，怎么读才能显出前后对比，才能表达诗人言有尽而意无穷的韵味都值得思考。因为是课后作业，时间更为充裕，因此诵读形式的设计可以更为多样，男女生诵读，独诵和齐诵，一句诗的反复读，甚至可以鼓励学生用平仄的调子吟唱古诗词，更好地感受诗词里的精神和思想。

教师作为影响学生的直接因素，应当发挥榜样作用，适当参与到学生的诗词诵读活动中。若作为领诵，教师可以带动诵读气氛，若作为指导，可以统筹诵读安排，这样的师生合作对学生而言有了学习和模仿的目标，而教师也能通过和同学们的思维碰撞对文本有新的解读。对整体来说，能够进一步增进师生间的感情，增强班级凝聚力。

（二）诗词短剧阅古今

很多古诗带有一定的叙事性，适合改编成短剧。表演前，学生需要对古诗词进行再创作，联系当时的时代背景和人物个性，补充诗词中没有的台词和场景，同时也要兼顾原诗中的内容表达，在尊重原诗的基础上进行改编。表演时学生要想象人物对话和语气，添上应有的人物动作和神态，保证故事的完整性，最后再以小组合作的方式进行呈现，让每一位学生都有话可说，有事可做。根据古诗词内容的多少，剧情长度可以进行调整。比如《回乡偶书》主要描写了诗人久别还乡之后的见闻，课本选择了其中一首，学生可以根据实际需要放大一个场景或补充组诗中的其他场景。而对于

《木兰诗》这种长文，就可以进行一定程度的删减，挑选战争的前中后的一个片段来出演，或是全班同学分为几组分别进行呈现，这些都可以根据实际情况进行调整。这种半开放式的课后作业不仅能检验学生对文本的掌握程度，而且能让学生更有代入感，更能理解人物的选择，对于人物的精神品质有更深的感触，同时也更注重学生语文综合能力的培养，智育和德育齐头并进。

三、学科融合，跨界实践作业

语文学科具有"工具性"和"人文性"高度统一的学科特点，这也就意味着它所涵盖的内容往往与其他学科有交集，这样的交集更能帮助学生在发现问题和解决问题的时候扩大思维面，选择更灵活、更多样化的角度切入。于永正老师说："对学科内各知识点之间的综合运用，还包括运用学科与学科之间的综合知识来解决实际问题。"作业就是锻炼学生解决问题的能力的重要手段。特级教师于漪老师也曾组织过"中小学语文学科育人功能纵向横向衔接的实践研究"的课题研究，探索中小学语文学科与相关学科的德育共通规律，体现学科跨界的德育合力。而在针对古诗文进行作业设计的时候，笔者选择了以下三种联系较为紧密的学科：美术、道德与法治和历史学科。

（一）语文与美育的融合

古诗往往短小精悍，用有限的字数拼凑起宏大的图景，在课堂上，教师常带领学生用诗一般的语言进行画面的重构，帮助学生理解诗意。而到了课后，时间更为充裕，就可以让学生用画笔描摹诗中的场景。这类作业适用于所有学习水平的学生，对于基础较弱的同学，绘画可以检验他们对古诗文的理解程度，同时帮助他们通过视觉记忆缩短背诵时间；对于基础较好的同学，对他们的作业要求已不再是照本宣科，绘画中更多体现的是自己对诗歌的理解，是在进行自己的再创造，通过这份作业，他们能进一步感受古诗的意境，理解诗词主旨。在这一过程中，学生对美的鉴赏力也在潜移默化地提高，语文在此时不仅仅是智育的抓手，更成了德育和美育的突破口。比如在学习《迢迢牵牛星》一诗时，就可以让学生描绘牛郎织女相念而不得见的场景：会有织布机吗？要画银河吗？他们会不会见面？是怎样的场景？这些都可以作为开放性问题让学生思考。当然，也要避免过分强调画面的美观却忽视内容的情况，不能本末倒置。

（二）语文与道法的融合

语文学科和道德与法治学科有天然的学科共融性，但是两者侧重点是不同的。当把两者结合起来设计作业的时候，一定要注意主次的区分。在课堂上我们强调由诗悟情，在作业中我们就要结合生活实际，因情悟理，因理明事。比如在学完《十一月四日风雨大作》等具有爱国色彩的古诗词后，可以让学生结合道法课上所学，谈谈在当今社会，作为一名初中生我们可以以怎样的方式表达我们的爱国之情，你还知道哪些人是我们学习的榜样等。这时候的品德教育和思想教育不是空洞的，它是有抓手和依托的，是在潜移默化的任务化学习中逐渐积累的。

（三）语文与历史的融合

古诗词都有着鲜明的时代背景，本身就是时代的产物，其中有很大一部分是咏史怀古诗，表现了诗人对当下或先前历史的咏叹，因此了解历史知识有助于古诗词的深度理解，对诗人表达的思想感情也更有更深刻的体会。在课堂上，教师在教学时往往已经出示过相关的背景知识介绍，而在课后，可以让学生搜集更多的历史资料，深挖作者写作的细节，理解为什么会出现这种情况，除此以外还可能有哪些现象，进一步补充拓展诗歌内容，丰富诗歌画面。比如《石灰吟》一诗表现了作者于谦不怕自我牺牲，保持忠诚清白的良好品质，课后可以让学生探究于谦的一生是不是真如他诗中所展现的那般有着铮铮铁骨，而与他同一时代的其他人又有着怎样的表现。通过这些探究，让学生在课后也能对作者有新的解读，也定会震撼于作者的高贵人格，同时学生自身对"德"的感悟也在寻找资料、总结分析的过程中得到丰富。

教育的内容不只是书本上的文化知识，教育的过程也不是仅靠课堂时间就能完成的，课后作业恰好就可以成为融合书本知识和综合能力的抓手。在关注古诗词作业布置的时候，如果能够选用本文所提及的几种创意性的作业设计，相信在一定程度上能将语文学科的四种核心素养融为一体，把"教书"和"育人"融为一体，切实落实立德树人的刚性责任，真正提高教育的质量和品位，对学生"德智融合"的发展起到实质性的帮助。

参考文献：

[1] 于永正. 个性化作业设计经验 [M]. 北京：教育科学出版社，2007：12.

[2] 王杨. 中华优秀传统文化下青少年经典诵读能力培养 [J]. 青年者，2020（23）：105-106.

"德智融合"框架下的初中语文课堂美育探究

上海市建平实验地杰中学　张　雪

摘　要："德智融合"框架下，美育是实现德育和智育的重要途径。初中语文教师可以通过"挖掘美育价值""创设审美情境""调动审美感知""启发审美想象""激发审美情感"等策略，将美育真正落实到课堂之中，全面培养学生的审美感受力、审美鉴赏力和审美创造力。

关键词："德智融合"　初中语文　美育

初中阶段的语文教学应注重语文综合素质的培养，而审美能力就是语文综合素质的重要组成部分。美育的主要任务就在于提高审美主体的审美素养。

蔡元培曾说："美育者，与智育相辅而行，以图德育之完成者也。"一系列的美育手段都是为了最终达到启智和育德的目标，正所谓以美启智、以美育德。比如，透过丁香结的神韵了解作者从丁香结中悟出的人生意义。又如，学生置身《月光曲》的创作情境，切身体会聆听乐曲的美妙感觉，在脑海中自然生发出联想和想象，再将音乐的波动与艺术家的情感波动相联系，体会故事中所蕴含的悲天悯人的人性光辉。所以，美育是实现德育和智育的有效途径。

有人仅将美育看成艺术教育，忽视了其深刻的人文性。语文课堂在灌输语言文字知识的同时，还应承担起培养学生审美鉴赏力、审美创造力的任务。语文教学的过程就是一个发现美、感受美、创造美的过程，美的感染和探索应贯彻课堂始终。因此，在初中阶段，语文教师要重视教材文本审美因素的存在，充分开发美育资源，全面提升学生的审美能力。

在"德智融合"理念的指导下，初中语文教师应通过设计一些言语实践活动，将美育真正落实到课堂之中，这在一定程度上有助于培养学生的审美感受力、审美鉴赏力和审美创造力。下面基于普遍的审美心理过程探讨打造语文美育课堂的策略。

一、挖掘美育价值，加深文本解读

无论体裁如何，教材中的任何一篇文本都具有其特定的美育价值。散文具有语言美；诗歌含情，具有情感美，言有尽而意无穷，体现意境美；而议论文的论证过程能够展现结构美。

课前，教师需要与文本充分对话，找到恰当的美育范本，挖掘其中的美育因素，并在教学目标中凸显出来。比如，《丁香结》这篇散文，由丁香花这一景物展开联想，字字句句透露着女性对美的敏感，以细腻的笔触刻画了娇媚、鲜润、纯洁的丁香花形象。基于文本特点，可以设置"通过朗读，品味优美而富有哲理的语言"这一教学目标，引导学生重点感悟散文的语言美。类似还有老舍先生的《草原》，其以清新的语言记叙了初入草原的所见、所闻、所感，应设置"朗读课文，感受草原的自然景物之美和风俗人情之美"的教学目标。

而就小说来说，人物形象所具有的美感值得深入挖掘。《狼牙山五壮士》一文中，人物称呼从"战士"变为"壮士"，背后隐藏着人物形象和作者情感的变化。"五位壮士屹立在狼牙山顶峰"中"屹立"一词值得揣摩，"壮"在人与山之间滑动，雄壮险峻的狼牙山是战士们保家卫国的悲壮舞台，五位英雄的壮举也为孤耸的狼牙山蒙上了一层壮烈色彩。再加上这篇文章以山喻人、以人衬山，人物形象的美学意义就值得重点解读。

二、 创设审美情境，促进审美体验

创设审美情境，即帮助学生快速进入审美过程，营造具有美感的课堂氛围。课堂教学正式开始之前，可以用一些引子进行导入。比如，《月光曲》授课之前可以使用诗歌《春江花月夜》进行导入，这样可以借古诗幽雅的意境营造出课堂的美感和氛围。为了让学生理解月亮的逐渐升高、大海的汹涌澎湃与人物心情的逐渐激荡有关，也可以引用古人描写月亮的诗句，如"我寄愁心与明月"，让学生在脑海中有一个铺垫，即"月亮"这一意象多表作者内心的愁绪。

此外，使用富有美感的教学语言也是一条有效途径。解读文本时切忌使用粗糙和生硬的语言，要做到"以美话美"。两个"美"，前者是优美的教学语言，后者是文本自身所具有的美感。诗一般的教学语言能与文字的美学意境实现契合，使课堂始终洋溢着美学气息，保持文本内外始终如一的美感。在教学过程中，可以适当地在传统教学语言的基础之上做一些改变。

比如，在《月光曲》的教学中，第一环节是让学生复述课文内容。传统的提问方式无非是"请你概述故事情节"，抑或是"请你用自己的话说一说这个故事"，这样就会显得生硬，似乎与悠远神秘的"传说"氛围不符。这时可以尝试摒弃传统的问答模式,转变为师生共叙故事的形式来推进教学。教师用讲故事的口吻娓娓道来:"德国音乐家贝多芬在两百多年前创作了《月光曲》,这首曲子传说是这样谱成的。一个幽静的夜晚,贝多芬在莱茵河畔的一个小镇上散步,走着走着……",紧接着示意一位同学将故事讲下去。这样的师生合作模式既做到了指向性明确,也能很快将学生带入"传说"的情境当中。有了"传说"的气氛,学生便容易将注意力集中在"传说"的特点上,即真实性欠缺,想象内容多,于是学生会自然关注第九段想象画面的描写手法和感官互通的表达效果。

三、调动审美感知,描绘艺术形象

美是通过直观形象进行感知的。引导学生感知直观形象,有助于培养学生的审美感受力。表达特定的形象内容时,书面文字只是其中一种形式。除此之外,音乐、绘画、朗读等都可以成为有效的表达方式。所以,通过各类艺术形式的融通,师生可以在与不同艺术形式的对话中,共同挖掘文本的美学价值。

其中,绘画可以使艺术形象可视化,相对于文字,更能突出直觉形象,让学生对文本内容有更加直观的感受。在语文课堂教学中,教师往往会设计语言运用活动,比如展开仿写、续写、想象描写。不过,不是每一个学生都能通过文字准确表达心中所感、所想,所以教师要融入多种艺术表达形式,让每个学生都能找到适合自己的脚手架,发挥所长,实现以美启智。

《小站》一文描绘了北方山区一个小火车站环境优美、春意盎然的景象。为了促进学生对于小站"景美"的理解,在预习作业中,就可以让学生把书里写的"小站"画出来。喷泉、杏花、蜜蜂,在色彩斑斓的画卷中足见盎然生机。学生通过绘画可以获得有关"小站"整体形象的独特经验,再将这一形象与"小站"之"小"相联系,便能促进有关这一形象因何而生的思考。学生在课堂上再阅读文本、配合图画,之后在教师的引导下发现小站"人美"的文化内涵,向勤劳真诚、热爱生活的工作人员致敬,达到以美育德的目标。

四、启发审美想象,培养鉴赏能力

美育课堂可以通过启发学生基于文本的联想和想象,进一步培养审美鉴赏能力。比如,散文和诗歌中常含有丰富的意象,并通过意象的组合、变化创造特定的意境。因此,意境的表达有赖于意象的联动,意象之间如何组合、互动,除了文本提供的信息辅助判断之外,只能依靠读者的想象了。这一点上,教师必须设置任务,予以启发。

在古诗讲授中，教师可以让学生把眼前所看到的景象说出来。在"说"的过程中，学生会自觉基于文本内容进行二次加工。像诗歌，在极短的篇章里包蕴极其复杂的思想内容，"人家在何许，云外一声鸡"，字面提供的信息太少，但有限的字面又蕴藏着作者观云闻鸡的闲适心情。"柴门闻犬吠，风雪夜归人"，作者隔墙听音，归人为谁、犬如何吠，都没有明确交代，引人产生无限遐思。要想充分理解作者的所见、所闻、所思、所想，学生必须充分利用诗歌言有尽而意无穷的创作特点，基于有限的篇幅进行想象和扩充。

在表达的过程中，为了尽量贴合原文，学生会寻找景物的关键特征。比如学生要用自己的话准确展现《宿建德江》中所绘之景，就必须抓住舟"移"、野"旷"、天"低树"、月"近人"等关键特征。但这远远不够，"野旷"如何与"天低树"的景象相组合，需要学生想象力和创造力的参与。此过程就是学生进行审美鉴赏与创造的过程。

五、 激发审美情感，促进多样表达

朗读是一种非常重要的悟情手段。朗读能通过声音传递情感，并在读与听、听与被听的循环中生出情感的激荡。一种方式是配乐朗读。音乐是一种听觉输入，是情感表达的另一种方式。音乐可以为课堂创造特定的情境，学生在音乐氛围的带动下，自然而然进入已铺设好的情境之中。受这种情绪和氛围的感染，学生更易体会文字中所蕴含的相同情感，进而产生更为准确的表达。

也可以采用演读的方式。演读是借助体态进行的有感情的表演性朗读。声音搭配动作，更能使情感迸发。这样的朗读可以由学生自行设计，让学生参与营造美感的过程，以使表演更加自然。在教授《夏天里的成长》一课时，就设置了这样的教学环节，学生的设计大大超出了教师的预设。当读到"不过夏天的长是飞快的长，跳跃的长，活生生的看得见的长"一句时，学生依次设计"两臂快速扑动呈小鸟飞翔状""全身向上跳跃"和"手持放大镜看"三种动作，朗读更加有趣、富有动感。当读到"邻家的小猫小狗小鸡小鸭"时，会有几位同学配合发出这几种小动物的叫声，使得声音的表达更加生动。读《夏天里的成长》，应当从活泼的文字中体悟生活美和自然美，而演读就是恰当的媒介，学生通过声音和体态的释放将夏天里万物生长的活力和姿态展现得恰如其分。

鼓励学生即景生情，大胆创作诗文也是一种更高级的表达。语文课堂的学习过程更多的是一种知识的输入过程，要想真正完成语言知识到语文能力的转化，还要输入与输出相结合才行。讲授《月光曲》第九段写景散文部分时，学生在音乐的感染下，都将自己代入盲姑娘兄妹的角色，沉浸在无比优美的意境之中。此时，教师便可以借机让学生拿起笔写一首小诗。诗歌相对于散文来说，形式更加凝练，意蕴更为丰富，是一种更为充分的情感意志表达形式。课堂上的即兴诗歌创作无所谓平仄、粘连，也不必讲究格式，哪怕只把眼前浮现的事物用简单的动词串联在一起，也是一首佳作。这可以充分鼓励学生将课堂输入转化为输出，激起他们语文学习和创作的兴趣。

语言具有人文性，作者所想皆藏于文字之中。美育在语文课堂的实施是要基于文本解读，启发审美想象，在想象中迸发情感，再加以充分表达。所以，初中语文散文的美育教学应当在传统与创新的融合之中寻求一定突破。既要在形式上加以创新，也要与智育和德育接轨，以美启智，以美育德。

参考文献：

高平叔. 蔡元培美育论集 [M]. 长沙：湖南教育出版社，1987.

情动辞发，意在笔下
——浅思初中作文教学的"德智融合"策略

上海市建平实验张江中学　朱子蕙

摘　要：初中学生习作往往在情感与表达、审美与立意之间难以统一，而在教学中也存在着阅读与写作、课堂与生活的割裂，这使得初中作文课堂更加需要思考德与智的融合。要真正在作文教学中做到以人为本，必须要让作文与生活相融合，同时要求教师在多元对话中走入学生的生活。为落实于漪老师以文育人的教学观，我们还要注重将阅读和写作相结合，真正关注学生的生命体验和情感表达，让课堂充满有"情"有"意"的对话，让学生表达真知与真情。

关键词：德智融合　作文教学　以文育人

于漪老师曾经在采访时中提出：中学生作文当中存在着严重的"缺钙"现象。这种缺钙不仅是立意的狭隘，也展现出青年学生抱负与追求的匮乏，这使得我们不得不反思初中语文作文教学中的"德"与"智"是否真正融合。课改至今，"教文育人"的教育思想已深入文本阅读的课堂，但在作文教学中仍缺乏深入思考与实践。

初中学生习作往往在情感与表达、审美与立意之间难以统一，尤其缺少"对自然、社会和人生，有自己的独特感受和真切体验"，而在教学中也存在着阅读与写作、课堂与生活的割裂，因此更加需要深入学生生命体验、"德智融合"的作文课堂。于漪老师说："教育是给孩子的心灵滴灌知性与德性。知性是孩子生存和发展的本领，德性是其做人的底线和涵养，二者在课堂上是一而二、二而一的，不是外加的、分离的。"当下的作文教学中，教师并不缺少教学资源和方法，也设立了情感和价值观目标，但如何运用融合统一依然是当下的考题，需要实践与探索。

一、以人为本，作文与生活相融合

"人的生命发展规律在影响教育价值的因素中，有一个规律是属于核心与灵魂地位的，那就是人的主动性，它是人的素质的核心，是一个人的'脊梁骨'，没有它的支持，人是无法'站立'的。"只有当我们足够关注写作的生命体时，我们才能引导学生写出有"脊梁骨"的作品。因此作文课堂有必要回溯到生命的本源，去关注学生的精神世界和生命体验，真正做到以人为本。这不仅要求教师立足于学生学情设计教学，还包括指导学生观察生活，融合生活，表达生活，同时需要教师从命题到训练，都始终以平等的视角关注学生的情感世界和思维表达。

这些要求从作文命题时就已开始。命题对学生的写作构思起着重要的导向作用，并影响着学生能否深入生活进行思考，能否确立积极向上的写作思路和人生观。

有时教师给出的作文题，看上去不乏审题难度，但却与学生的实际生活、个人感受存在距离。看上去是难题考倒了学生，实际上却是无效的作文练习。比如"我爱语文"的主题，就明显不如"一次语文活动"，后者让学生可以在讨论会、演讲会、朗诵会、辩论会，或者春游、社会调查、语文游戏和演课本剧等活动中体验生活，形成更丰富的感受，也更下笔有物。

同时，教师还应引导学生打破课堂与生活之间的壁垒。当题目的已知条件较少，题意空泛时，可以引导学生适当添加生活中的因素来显露题旨。比如将题目"生活"添加元素组成"热爱生活""有意义的生活""初三的生活""生活中的选择"等，进一步训练学生思维的广阔性与灵活性。在本次作文修改课前，笔者就在初三班级中以小组对话的方式与学生讨论了关于"感动"的相关命题：一个小组的学生提出"我的学习生活中缺少感动的事情，更写不出立意"，而另一小组的学生则建议将题目增改为"生活中的感动"。在课后思考作业中，学生们更是提出了"被遗忘的感动""真假感动"等颇有思维质量的命题。结合学生的思考，我们最终形成了修改后的命题"生活中的微感动"。

通过与学生之间的对话，拉近与学生生活的距离，作文训练生成了更多维的立意空间。学生们对于价值观的主动思考，在课堂中得到充分展现。从中也体现出作文教学中的"德智融合"，是学生主体性的必然要求，只有通过课堂内外的多种活动和渠道，深入学生、以人为本，才能将教文和育人自然融合。

二、以文育人，阅读与写作相融合

当我们讨论学生作文的"缺钙"时，常认为原因是当代学生缺乏社会活动和榜样。其实阅读也同样能够"补钙"，"文以载道""以文寄情"的传统和写作的基本方法并没有因时代变迁和追求创新而改变。"写作文时需要灵感，这也是很多学生都缺乏的，其实他们真正缺乏的不是灵感，而是丰富的生活经历。"而初中语文教材中不仅有生活百态与古今故事，更涵盖了亲子之爱、朋友之谊、家国之思，亦有是非、美丑、善恶的判断，有孟子"富贵不能淫"的操守，也有范仲淹"不以物喜，不以己悲"的豁达，有老人与海不可战胜的精神，也有契诃夫对变革的向往。如果我们抛开教材谈论写作课堂中的"德"与"智"，无疑是舍本逐末。

而在课堂中如果只重视解读文本，或是以简单仿写、扩写作为读写结合的环节，也是不够的。当我们教读朱自清的《春》时，除了需要积累描写春的好词好句外，还需要走进作者的内心世界。教《紫藤萝瀑布》时也不能只对景物的细腻描绘进行赏析和模仿，而忽视让学生从"小我"上升到对"大我"的立意思考。

教材文本不仅蕴藏着精神养分，更为我们学习写作提供了范例。如《邓稼先》用朴实的语言展现了邓先生的一生，家国情怀的立意感人至深。不妨结合生活时事，比如各类新闻，让学生进行联想如何构思这种深远立意的作文。

以一堂目标为"多角度观察生活，表达出作者的独特感受、真切体验"的作文修改课为例，笔者在课堂中请学生在学过的课文中寻找相应的例子。这个问题打开了学生的思路，一名男生在回答时举了四篇课文的例子，可谓深有感触。他不仅提到了《背影》中父子间"淡淡的哀愁"与内敛的情感，也说到《散步》中"生命的感触"与祖孙三代的温情。他对课文的回忆代替了教师的归纳与灌输，引发了其他学生的举一反三。在多个班级中，这一环节都出现了精彩的学生发言，阅读与反思的力量充分展现出来。通过复习课文、与文本对话，学生自主搭建了从生活到思考的桥梁。

因此，作文教学离不开以文育人，正如刘勰在《文心雕龙》中说："夫缀文者情动而辞发，观文者披文以入情，沿波讨源，虽幽必显。"无独有偶，于漪老师提出的"德智融合"也是源于文本，从文本中挖掘情感内涵，结合学生的真情实感，才能下笔成文。要想让学生真正地学习"人生之道"，达到"意深则舒怀以命笔。情动于中，不能自已"，教师在作文教学中应坚持以教材文本为根，根据教学目标和学生发展，不断进行资源的开发与利用，使其成为素材的源泉，立意的根基，更成为写好作文的动力。

三、 以爱滴灌，营造多元对话氛围

作文课堂中的对话也是多元的。对话学过的课文，也是在与教材中的人文与科学精神对话。于漪老师说："对学生能不能满腔热情满腔爱，实际是教师对教育价值能否深刻领悟与不断净化感情的问题。"初中作文教学是一个需要长时间积累实践的过程，在此过程中，尤其不能打击学生的创作积极性，这对教师来说不仅需要方法，也需要爱心和耐心的滴灌。只有尊重学生的创造思路，采用多元对话评价形式，才能让作文课堂成为学生们实践探索、提升创新的起点。

在课堂中首先要激起学生的兴趣。比如于漪老师的作文课中，就有提前找习作者朗读作品进行录音，在课堂上播放出来后让学生一起点评的方式，在提高学生注意力的同时，也给学生对话提供了平台。在作文修改课中，还可以组织开展丰富多元的小组活动，创设有效情境，激发学生创作的兴趣，在课堂和写作练习中不断丰富学生的实践经历和情感体验，才能达成"动之以情、晓之以理、导之以行"的德育活动目标。

不仅如此，教学过程中还应注意引导学生主动抒写情感。对有写作顾虑的学生，可以先要求上交提纲，对主题进行梳理，给出建议再进行写作。在评价时，也不应只有分数或等级的简单评定，而应寻找与学生文字中的共鸣点，以评语和建议的形式鼓励学生进行表达。遇到好的片段，尽量在课堂上予以表扬分享，而需要修改的部分，则可以课后交流，以及鼓励学生在小组活动中讨论。在与学生课后交流中，不少学生表示作文课中最难忘的并不仅仅是进步被表扬，还有与老师、同学之间产生的共鸣。情感是相通的，只有我们和学生不断心灵沟通，才能让"老师看不懂我的感受"变成"我愿意表达独特的感受"。

当学生能够表达抒发情感时，教师还要充分尊重学生的创造性，不轻易修改学生习作原有的选材，而是发掘其中的亮点和可修改之处，多留少改，给予学生自我学习提升的空间。在课堂中，需要教师进一步整理学生的习作，以多种形式呈现和比较。当笔者在课堂中展现学生习作所写的主要事件和书写感受的相关段落时，学生已能够通过品读文本，发现选材和立意之间的问题。而当学生在表达感受遇到困难时，则可以呈现更多片段如细节描写等，借助自主学习单和小组任务，帮助学生从细节入手，表达不同的感受。

陀思妥耶夫斯基曾说："在那些漫漫的长夜里，我沉湎于兴奋的希望和幻想以及对创作的热爱之中；我同我的想象，同亲手塑造的人物共同生活着，好像他们是我的亲人，是实际活着的人；我热爱他们，与他们同欢乐，共悲愁，有时甚至为我的心地单纯的主人公洒下最真诚的眼泪。"只有教师以爱滴灌，学生才能在这样的课堂中学会用爱创作，热爱写作。

在作文教学中，作文能力无法直接从外部灌输，而是在教师指导下，通过学生反复的写作实践逐步获得的，这使得教学成为一种不断滴灌生命琼浆的过程。因此，要使学生的作文有情感和立意，教学中更需要注重德与智的相互融合。

在学生写作之前，需要激发学生抒发情感的动机，打开"情感"的阀门，使其情动而辞发，而非功利性的为完成作业而被动写作。这需要教师更加以学生为本，以学生的生活为源头，在课堂中创设情境。同时，也要引导学生打开教材的宝库，在阅读中不断融合写作，在理解与共鸣中表达感受。学生完成写作实践后，还要组织课堂的活动，如个人展示和小组分享，推动学生之间的互评互改，并抓住教学契机在课中和课下适当点拨，使学生找到抒发心声的路径，并将自主修改也作为写作实践的重要组分部分，从"敢写"走到"能写"，再到"会写"。当我们真正将目光聚焦于学生的生命体验和"情动辞发"时，也就主动拉近了师生对话的距离。让课堂在有"情"有"意"的对话中发生，书写学生的真知与真情。

参考文献：

[1] 中华人民共和国教育部. 义务教育语文课程标准（2011年版）[M]. 北京：北京师范大学出版社，2012.

[2] 林格. 教育是没有用的[M]. 北京：北京大学出版社，2009.

[3] 吴柏研. 基于新课标的初中生作文新问题探究[D]. 哈尔滨：哈尔滨师范大学，2013.

[4] 陀思妥耶夫斯基. 被侮辱与被损害的（古典文艺理论译丛第11期）[M]. 北京：作家出版社，1958.

以德育人，以智慧人
——"双减"背景下语文学科"德智融合"的思考

上海市建平实验张江中学　江婧婧

摘　要：本文立足于教育改革中"双减"背景下，针对语文学科在小初衔接阶段对"德智融合"进行了一些思考。根据小初衔接阶段学生的心理发展特点，结合语文学科中"德智融合"的要求，笔者考虑从提升课堂教学水平和作业设计质量两方面落实"德智融合"。

关键词：语文学科　"德智融合"　"双减"　小初衔接

一、"立德树人"与"双减"政策的关系

习近平总书记曾在全国教育大会上指出要努力构建德智体美劳全面培养的教育体系，形成更高水平的人才培养体系。要将"立德树人"贯穿教育始终，一切教育中的体系都要围绕"立德树人"来设计，教师的"教"和学生的"学"也要紧扣此目标。

《国家中长期教育改革和发展规划纲要（2010—2020年）》提出了坚持德育为先、能力为重、全面发展的推进思路。关于如何贯彻落实基础教育"立德树人"，上海市中小学课程教材二期改革提出以课程育人，上海市中小学"课程德育"的研究与实践历经13年，结合时代特征和上海特色，将以爱国主义为核心的民族精神教育、社会主义核心价值观教育、中华优秀传统文化教育与各类各门课程深度融合，整个过程历经三个阶段，从关注课程德育，探索"以德塑魂"到挖掘学科特质，彰显"德智融合"，最后是注重纵贯横通并体现"知行合一"。（谭轶斌、叶伟良等，2018）

为了达到"立德树人"的教育目标，形成相应的教育体系，为国家人才培养扫清障碍，2021年1月至4月，教育部相继颁布了关于加强中小学生作业、睡眠、手机、读物、体质等"五项管理"文件。2021年7月，中共中央办公厅、国务院办公厅印发《关于进一步减轻义务教育阶段学生作业负担和校外培训负担的意见》，正式启动"双

减"工作。"双减"的核心就是切实减轻学生不合理的学业负担，促进提升课堂教学质量，增强新时代教育全面育人整体效能。"双减政策"为语文学科进行"德智融合"提供了教学的前提，也设定了高阶教学目标。

二、小初衔接中"德智融合"的思考

上海义务教育实行"五四学制"，六年级学生要从小学进入初中学习，学校管理、教师教学方法和学习方法都与小学不同，再加上四年以后将要面临的初中学业水平考试，初中的学业评价标准侧重点不同，学习节奏加快，学生的学业压力比小学增加许多，在面对新环境的同时，其自身从学龄期向青春期过渡，在心理上也产生相应变化。因此学生可能产生学习适应不良的问题，导致自我效能感降低，学习动力不足，学生的变化和成长为教师的智育提出挑战。同时，根据皮亚杰的道德发展阶段理论，学生在10-12岁道德判断是由他律道德判断阶段转为自律道德判断阶段，儿童的道德判断受主观价值标准所支配，即外在的道德标准内化于己。六年级是这个过渡阶段的关键期，此时学生的价值判断标准还未完全成形，可塑性极强，因此这一阶段是学生形成正确的人生观、世界观和价值观的关键阶段，德育在这一阶段对学生影响深远，至关重要。

从家庭环境来说，如今家长家校合作意识较强，在家校联系上也较为积极，家长普遍关心孩子。在"双减"政策的影响下，有部分家长会产生可以将孩子完全交给学校的错觉，父母与孩子的交流不够密切，让孩子放任自流，忽视家庭德育。还有一部分家长考虑到虽然已颁布"双减"政策，但是考试仍然是衡量孩子学习状态和升学的唯一标杆，因此这部分家长最关心的还是孩子的成绩，孩子步入初中后，学业压力陡增，家长容易在孩子的学业上产生焦虑感。在逐渐转变教育观念的过程中，家长仍然容易忽视德育，陷入重智轻德的教育观念误区。

三、语文学科"德智融合"的要求

《语文课程标准》指出，语文课程的基本特点就是工具性和人文性的统一。于漪老师提出，要将语文学科智育为核心，转变为融合情感、态度、价值观的教育，做到真正的教书育人和立德树人。教师要站在培养完整的人的高度，从有利于学生学的角度出发，做到教文与育人的高度融合，实现语文教育的综合效应。

六年级的学生正处于小初衔接的关键阶段，如果此时重智轻德，仅强调课堂教学传授知识技能的价值，忽视语文学科的育人价值，对学生价值观、人生观和世界观的塑造产生消极影响，造成语文教学"失魂落魄"的状况，难以达成教书育人的目标。而道德并没有自己专属的独立实存领域和感性空间，它作为一种个体的心灵状态和生活智慧必须要依附于特定、具体的实践活动才能显示并得到锻炼和培养。在语文教学中，教师要紧密结合文本内容，将做人做事的道理融入文字和实践中，使学生能够将教师所传递的信息内化到自己的认知结构中，引导学生培养爱国主义精神、学习中华民族优良传统，形成积极的情感、态度、价值观，更好地认识世界、认识人生、认识自我。

在小初衔接的过渡阶段，教师应高度重视语文的立德树人功能，提升"教文育人"的意识，在注重知识学习和"形式学习"的基础上，培养学生思想素质、道德情操和文化素养，实现德智融合。

四、语文学科"德智融合"的策略

（一）提升课堂教学水平

在"双减"的背景下，教师更要把握好课堂40分钟，切实上好每一堂课，教好每一个学生，做到"四个坚守"，即坚守课堂教学主阵地、坚守学生主体地位、坚守课程标准的教学导向、坚守课程育人根本任务，提升课堂水平。

2017年9月启用的统编版语文教材，注重传承和弘扬中华民族语言文化，塑造民族精神品格，融入社会主义核心价值观和良好的思想道德风尚。如六年级上册编入了六首讲读古诗和四首课外阅读古诗，还有两篇文言文，并且在"日积月累"板块中安排了古诗名句、谚语和文言文故事，大力弘扬中华民族语言文化，激发学生热爱民族语言和中华传统文化的情感。再如《狼牙山五壮士》《灯光》和《金色的鱼钩》等课文，让学生从语言文字中了解到先烈们的英雄事迹，从字里行间体会到革命精神，激发其为民族而奋斗的信念。还有第五单元中《夏天里的成长》和《盼》等课文让学生学会观察身边的人和事，发现生活中的美，热爱生活。六年级上册名著阅读为《童年》，整本书阅读延伸课堂内容，让学生能够从高尔基的笔触中看到黑暗里的光亮，体会艰苦中的甘甜，引领良好的思想道德风尚。因此教师要用好教材，大力钻研教材，做到如于漪老师所说的"从自己读懂、读通、读透教材到使学生读懂、读通、读透教材"，学会其中所蕴含的知识，领悟教材中潜藏的精神。

在小初衔接的过渡期，学生更需要适应新的环境、同学、教师、教学内容、教学方法以及教学评价，学生在小学时对教师依赖性较强，自主学习能力较弱，因此教师在课堂上要重视学习方法的引导，让学生逐步适应中学的课堂。教师要充分挖掘教材中的内涵，依托教材传让学生具备听、说、读、写、思的能力。于漪老师在《语文课堂教学改革漫谈》（2001）中总结了"立体化和多功能"课堂的五个要点：一为出发点，教师要以学生的"学"为出发点，启发和引导学生"学"；二为联系网，教师要设计网络式教学，形成教师与学生、学生与学生、学生与教师的辐射型联系；三为节奏，教学环节和活动要清晰灵敏，达到训练学生思维能力、反应能力和表达能力的目的；四是容量，教师要使课堂能够在教材的基础上更加立体丰厚；五是时代活水，要缩短学生与教材的距离，引入时代活水，使学生感受时代的脉搏。于漪老师立足课堂，提出以上五点要点，让学生在有限的40分钟内，在智力和能力上获得发展，实现学生的德智融合。同时教师要考虑到学生的年龄和心理，注重优化教学过程，在小初衔接阶段，做到重视差异化教学和个别化指导，开展基于情境、问题导向的启发式、互动式、探究式教学，引导学生开展研究型、项目化、合作式学习，培养学生自主学习能力，提升学习效率。

（二）提升作业设计质量

德智融合体现在课堂也应体现在课后，六年级在上海虽然属于初中，但是在"双减"政策中与小学作业要求一致，书面作业平均完成时间不能超过60分钟，以保障学生的休息和全面发展的时间。作业是课堂教学的延伸和拓展，是检测学生学习成果和提高教学质量的关键。在此背景下，教师亟须提升作业设计质量，首先要突出育人功能，坚持立德树人，发展素质教学，培养学生学科核心素养，达成德智融合的目的。语文作业的设计可以单元为整体，作业设计要贯穿整个单元教学过程，立足于该单元的整体教学目标和内容，将单元内单篇作业统筹起来，形成单元作业，以此作业设计方法提升学生的思维水平，提升语文能力，形成核心素养，达成德智融合。

针对六年级学生的心理特征，作业设计首先要注重与小学作业的关联性，前期作业布置主要以培养学习习惯和学习方法为主，作业布置要清晰有条理，让学生在初中阶段的初期养成良好的学习习惯，有一个好的开始，如注重日常的背诵和默写。其次，要注重作业的基础性，符合课程标准和教学进度，让作业成为巩固课堂内容的重要环节。同时，还要注重趣味性，六年级学生心智不太成熟，学习内驱力不足，自主学习能力不强，教师要从趣引入，以趣激智，使作业有趣有意义。如在学《盼》时，布置学生画出蕾蕾的心情变化图，并标注相应的事件和心情，将文字更加立体丰富地展现出来，使阅读更加有趣。还要注重实践性，使学生在做中学，通过实践将抽象的知识内化到自身的认知结构中，通过课后实践活动和探究活动，引导学生走向社会、走进生活，让学生亲身体会世间百态，潜移默化地提高学生的道德水平。如在学习《竹节人》时，让学生制作竹节人说明书，包括制作工具、材料和方法，以及玩法介绍，并鼓励学生自己做竹节人，与家里长辈一起玩竹节人，体会课文中的童趣，除此以外还可以让学生走进生活，采访家里的长辈他们儿时的玩具，体会不同时代的童趣，并在班上进行介绍。另外，要尊重学生的个体性和差异性，布置分层作业，杜绝机械性、惩罚性、重复性的低效作业。

五、小结

国家教育政策导向为切实减轻学生不合理的学业负担，促进提升课堂教学质量，增强新时代教育全面育人整体效能。在"双减"的背景下，学校和教师以及社会各界都处于改变和调整阶段，而刚从小学升入初中的六年级学生，也处于人生一个重要的转折点，其心理波动和所面临的情境也是前所未有的。语文学科作为母语学科，是人文性和工具性的统一，语文教育承担着智育和德育重任，语文教学在相关背景和学生发展的关键阶段是至关重要的。

参考文献：

[1] 曹瑞，孟四清，麦清. 中学生德育环境状况的基本判断与建议——基于2011年全国中学生德育环境状况的调查与分析 [J]. 思想理论教育，2012，No. 340（22）：29-34. DOI：10.16075/j.cnki.cn31-1220/g4.2012.22.015.

[2] 国家中长期教育改革和发展规划纲要（2010—2020年）[M]. 北京：人民出版社，2017：7.

[3] 谭轶斌，叶伟良，金京泽，邹一斌，於以传."课程德育"系统回应如何育人的世纪之问 [J]. 上海课程教学研究，2018（10）：67-71.

[4] 于漪. 语文课堂教学改革漫谈 [M]. 于漪文集：第二卷. 济南：山东教育出版社，2001.

第四章　对话课例研究

基于学习质量提升的初中生课堂笔记行为观测研究

上海市建平实验中学　弓新丹

摘　要：初中生课堂笔记行为样态丰富，学生在笔记态度、笔记形式、注意分配、整理使用等方面的意识和能力不尽相同，引导学生养成良好习惯、形成有效策略、生成高阶思维是提高学习效率、提升学习质量的重要手段。本文结合课堂笔记捕捉学生各个阶段的学习痕迹，关注学生在课堂笔记行为上的基础、变化与生成，以期在课例观察、分析与研究的基础上提出有效的改进建议，更好地发挥笔记的生成效果，提升学习质量。

关键词：课堂观察　课堂参与　课堂笔记行为　课例研究

一、研究缘起

安桂清教授曾经说道："以学为中心"是当代学校整体变革的基点，也是我国教学研究和教学改革实现重心转移的迫切需求，"以学为中心"的价值诉求更是国际课例研究的发展趋势。"以学为中心"的课例研究引导我们聚焦于真实课堂中学生的学习，并就教学实践中的问题展开合作性研究。在此基础上，聚焦怎样的问题和主题来展开观察与研究，是我们进行课例研究首先要明晰的。

2020年11月6日，上海市建平实验中学"对话课例"精修坊第一次观课研讨活动在未来教室举行，林燕钰老师和预备（1）班的学生为我们呈现了一堂精彩的语文课——《在柏林》。在这次现场活动中，我们第一次走进课例研修的现场，第一次化身观察员的角色，贴近、深入到各个学习小组中，对小组学生展开了近距离观察。首次观察的过程中，我个人是很手忙脚乱的，感觉要看、要记的东西特别多，也会无意识地着眼于教师的教授而遗落学生的一些表现。观察中我注意到，在小组讨论的过程中，个别同学参与和表达的积极性很高，敢于同大家分享自己的观点；也有部分同学忙于记录板书和课件，忽略了与同伴的交流与对话。11月12日，课例组成员带着初步的观察工具，再次走进林燕钰老师在预备（1）班执教的《桥》一课。在首次观课与研讨的基础上，我选择了"初中生课堂笔记行为"作为观察角度，着重关注小组学生的学习过程，从他们的学习痕迹——课堂笔记出发，对这些同学的课堂学习展开观察、分析与研究。

课堂笔记是学生在课内学习的书面记录，是一种学生边听取教师讲授边记载信息的重要学习手段。在学生的学习过程中，记笔记是一个由感知转化为联想、分析、综合，再转化为文字或言语表达的思维过程，也是初中生与学科对话、与知识对话、与自我对话的内化过程。笔者在课堂观察的过程中发现，初中生课堂笔记行为样态丰富，学生在笔记态度、笔记形式、注意分配、整理使用等方面的意识和能力不尽相同。改进课堂教学、提升学习质量需要对这些要素进行全面、综合的观测、分析与研究。

二、课堂观察

《桥》是一篇微型小说，记叙了一位村支部书记在洪水到来时，沉着镇静地指挥村民撤离，最后把生的希望留给别人、把死的危险留给自己的感人故事，为读者展现了共产党人坚强不屈的精神，也呈现了主人公"老汉"的临危不乱和家国情怀。林老师从生活情景导入，纠正字词读音、阅读经典段落、品析环境描写，学生在开放的学习空间中与文本对话、与教师对话、与同伴对话，一步步对小说主旨和题目内涵有了更为深入的认识和解读。这堂课上，我观察的5人小组从左侧开始依次是小汪同学、小张同学、小江同学、小殷同学和小倪同学。基于初步思考的研究主题，我从以下三方面对小组成员进行了观察：

1. 倾听意识

小汪同学的倾听意识比较强，在我的观察小组中，他是唯一一个会主动旁批别组精彩发言的同学。他在课本上对字音、释义和情节的转变点做了很多详细的标记和圈画，还记录了教师的板书和小结。

2. 记录习惯

小张同学的记录习惯良好，有一套自己的笔记标注方式。他课本上的笔记层次丰富，会用多种线条和符号进行标记，并旁批自己在小组讨论中的想法；同时，他在专门的笔记本上对教师的讲解和小结做了重点记录，也会写下自己对村支书"老汉"这一人物形象的具体思考。

小江同学课本上的笔记美观工整，她用彩色荧光笔进行了细致的分类圈画，对小说的写作方式、修辞手法和情感变化也做了重点的标注，清晰明了。小殷同学与小江同学相似，课堂笔记认真，记录习惯良好，但几乎不参与小组讨论和课堂发言，都是沉默的倾听者。

3. 输出能力

小倪同学课本上的笔记非常少，只记录了两个字音和一个写作手法；她在课堂上专注于思考和举手发表自己的观点，输出的愿力和能力很强。在课后的小访谈中，我进一步了解到她对于课堂笔记的态度——认为过多的笔记会影响自己在课上的思考速度，因此很少做记录，更热衷于表达。

笔者从对预备（1）班学习小组的两次课堂观察中发现：大部分同学在笔记态度和形式方面是非常积极的，但在注意分配和整理使用方面有所不足。多数同学不能很好地处理动手笔记和动脑思考之间的关系，尤其在注意力分配上难以协调；此外，在对笔记的整理使用方面，许多同学更依赖于教师的板书内容和提醒书写，在复习阶段也不能很好地再次利用自己的笔记。

同时，外显的知识记录与内隐的思维建构需要同步看待。课堂笔记的多与少、规整与零落不能作为衡量学习效率的唯一标准，学生在笔记基础上的生成和输出也是学习质量的一部分。一方面，像小倪这样很少做笔记的孩子，她的学习质量就一定不高吗？笔者从课堂观察和课后对师生的访谈中发现，小倪的语文成绩非常好，她在课堂上思维敏捷，发言也是高质量的。另一方面，像小江、小殷这样沉默的倾听者，他们笔记认真、行为规范，但几乎是游离在课堂的公共话语体系之外的，我们能否关注到这一类同学的学习痕迹和参与方式？

三、外显与内隐：正视多样态的课堂参与

表达不仅仅是口头的言说，还包括书面的传递。凯瑟琳·舒尔茨在研究中提道："发言和沉默最好都被理解为一种投入和参与的形式，孩子们应该获得更多机会来进行口头和书面的表达。"是的，我们往往把课堂参与定义为口头回答或积极互动，并且要符合教师制定的某种课堂常规话语模式。但总有一些学生，他们默默地对一个问题或回答表示赞同，给别人创造发表观点的机会，抑或是慎重地做些简短的笔记，我们能否认可这样的幽微时刻，把它们也视作一种课堂参与？

在我们的课堂上，都有像小倪同学那样"积极的发声者"，也有更多像小江同学、小殷同学那样"沉默的倾听者"。他们就像墙壁上的小花，安稳地隐匿在自己的角落里。作为教师，我们要正视和关注多样态的课堂参与，包括任何言语或非言语的参与形式——说出来的、写出来的、画出来的、演出来的……每个学生都有自己参与课堂的方式和频道，真正的学习不止发生在喧嚣中，也蕴藏在聆听和沉默里。

2021年3月25日和3月30日,"对话课例"精修坊的成员们走进丁凤老师的课堂——《匆匆》。这是一篇经典散文,朱自清先生采用多种方法描摹了时间的特质,刻画了时间的踪迹,表达了丰富的情感。丁老师引导学生在各种"读"中把握课文的语言形式和情感脉络。在"演读"这一核心环节中,各组同学都可以选择自己喜欢的段落组合演读,也有机会点评别组的表现。融入了个性体验和创意设计的演读组,时而倾听、时而讨论、时而笔记的点评组,每个小组、每位同学都浸润到这篇课文的情与景中。这些或外显、或内隐的幽微时刻,让我们看到更多孩子参与对话课堂的可能性。

四、关注笔记行为,提升学习质量

"以学为中心"的课例研究的实质,是学情分析与教学过程的整合。学生学情的发展关系到教师教学的设计、实施与改进。在复杂、多变的学情下,如何在课前、课中、课后进行有效的学情检测与分析呢?我们需要在科学的观察工具的支撑下,捕捉各个阶段的学习痕迹,聚焦学生的学习起点、学习状态和学习结果,关注学生的基础、变化与生成,对其学习过程进行实证的、动态的、持续的跟进与分析,以期提出有效的改进建议,更好地发挥笔记的生成效果,提升学习质量。

(一)课堂笔记行为观测

2021年3月,在《匆匆》开课前,"对话课例"精修坊的备课组同仁们倾力开发了关于本课教学内容的前后测问卷,其中包含了排序、匹配、判断、表格、简答等多样态的题型。而后,我们在起始课的预备(12)班和改进课的预备(16)班都进行了问卷的测试、回收、统计与分析,前测问卷呈现出学生课前的困惑所在,后测问卷反馈出学生课后的掌握程度。在此,笔者梳理了3月30日所观察的小组学生的前后测答题情况、课堂笔记内容和课后访谈实录,以期呈现本组学生学习情况的变化。

表1 《匆匆》改进课观察记录

	2021.03.30《匆匆》改进课·预备（16）班		
	前测问卷		后测问卷
小组学生	1. 按正确的顺序排列下列句子，并分析作者的思路。 2-4-7-1-6-8-3-5 2. 下列有关《匆匆》的叙述，不正确的选项是 __B__ 。 3. 仿照示列，任选一段填写表格。 4. 在自读课文时你有什么困惑？请写下1-2个问题，可以从作品内容主题、感情变化、写作手法等方面思考提问。 例：为什么作者会认为自己过着游丝一般的生活？	课堂笔记	1. 细读文章，你认为文章中各部分的内容所表达的主要情感是什么？请将匹配的选项填入括号中。 C-A-E-D-B 2. 填写表格，看看所填内容能否比自己前测问卷的表述更丰富、更深入、更细致。 3. 还记得课前的困惑吗？学习课文后你的困惑解决了吗？如果解决了，请将你的旧困惑和新思考写下来；如果没有解决，请写下仍旧有问题的地方。 4. 本节课你在与文本、老师和同伴的对话中，有哪些收获？请你记录下来吧。

表2 《匆匆》改进课所观察小组学生情况记录

小组学生	前测问卷答案	课堂笔记	后测问卷答案
A. 小吴	1. 2-4-7-1-6-8-3-5（作者思路：时间流逝得很快，而自己无法留住时间。） 2. B 3. 第3自然段：对时光逝去而无法挽回的无奈和对时间流逝的痛惜。 4. 为什么作者认为自己没有留下存在过的痕迹？		1. A-C-E-D-B 2. 第3自然段：表达作者对时间流逝的无奈和对时间不可控制的茫然。 3. 旧问新思：为什么作者认为自己没有留下存在过的痕迹？（因为作者认为自己没有做出什么大的作为，赤裸裸地出生，什么也带不走。） 4. 了解了朱自清先生对于时间的思考，读懂了他对时间流逝的无奈，但也受到朱自清先生的启示，知道了要珍惜时间的道理，对时间有新的认知。
B. 小朱	1. 2-4-7-1-6-8-3-5（作者思路：作者表现对自己没有作为的自责，又表达了他对时间流逝的感慨。） 2. B 3. 第3自然段：对时间飞逝的无奈与感慨。 4. 为什么他觉得自己只有徘徊和匆匆？为什么他觉得时间过得很快呢？		1. E-A-C-D-B 2. 第3自然段：无奈、茫然、焦灼。 3. 为什么第一段中作者不写时间而先写景物？（作者用排比的手法，以自然界中景物的荣枯反衬出时间的流逝，更深地表达了作者的困惑和执着。） 4. 听了两组同学的朗读，我对作者想要表达的情感有了更深的了解，并对文本内容更加熟悉，引发了我对时间飞快流逝的思考。

续表

小组学生	前测问卷答案	课堂笔记	后测问卷答案
C. 小夏	1. 2-4-7-1-3-8-6-5（作者思路：递进关系，作者后一句话会反复出现前一句话关键词。） 2. B 3. 第4自然段：借着时间的流逝快，写了自己没什么作为，很自责。 4. 为什么作者会认为人生是白白走一遭呢？		1. C-A-E-D-B 2. 第3自然段：作者对时间流逝茫然、焦急和遗憾。 3. 为什么作者会认为人生是白白走一遭呢？（这是作者的设问，前一句问问题，这一句反问回答，作者的意思是"我不愿白白走一遭"。） 4. 作者的思想情感变化很大，由一开始的焦急、困惑、无奈到后来积极、不甘的情感。
D. 小瑶	1. 3-2-4-7-1-6-8-5（作者思路：作者想通过描写逝去的日子和自问自答来表达自己的情感。） 2. D 3. 第4自然段：对时光逝去的无奈。 4. 为什么作者会觉得时间一去不复返？		1. C-A-B-D-E 2. 第3自然段：表达了作者对时间流逝、人生短暂的无奈、痛惜。 3. 为什么作者会觉得时间一去不复返？（作者认为时间一去不复返是因为八千多日子已逝去，表达他对时间的珍惜，和对来到世界的困惑。） 4. 作者从描写时间的角度来表现时间的珍贵，体现时间难以把握、不受制约，引起读者深思。

小组学生	前测问卷答案	课堂笔记	后测问卷答案
E. 小潘	1. 2-4-7-1-6-8-3-5（作者思路：作者先发出疑问，再自己回答，问题一个比一个语气强烈，引发读者的思考。） 2. B 3. 第3自然段：对时光流逝的无奈心情。 4. 为什么作者会认为自己没有留下什么痕迹呢？		1. A-C-D-E-B 2. 第3自然段：对时间一去不复返的无奈与痛苦。 3. 为什么作者会觉得自己没做什么？（因为作者在八千多的日子中虚度光阴，这是他对自己不珍惜时间的自责，与自己不想没有作为的不甘。） 4. 我了解到在第4段中作者用了四个连问，表达出自己对自己虚度光阴的自责与不甘没有作为的积极心态，最后一句和文章开头呼应，更强调了自己的疑惑。
F. 小唐	1. 2-4-7-1-6-8-3-5（作者思路：以一问一答的方式表达了自己对时间的不解。） 2. B 3. 第4自然段：对时间逝去的无奈与不解。 4. 为什么作者认为自己没留着什么痕迹？		1. A-E-C-D-B 2. 第1自然段：十分困惑、执着、不解。 3. 为什么作者要写"你聪明的"而不是"聪明的你"呢？ 4. 本课让我们知道了要珍惜时间，要为世界做贡献，要留下痕迹，不要浪费时间。
G. 小马	1. 7-8-1-6-2-3-4-5（作者思路：先问后答。） 2. B 3. 空。 4. 作者为什么认为他要赤裸裸地回去？		1. A-E-C-D-B 2. 第1自然段：困惑。 3. 为什么作者写"你聪明的"，不写"聪明的你"呢？ 4. 我们要珍惜时间。

上述图表为 3 月 30 日《匆匆》前后测问卷的题目及部分答案，以及笔者课堂观察的小组学生 A 至 G 的答题情况，在此结合课堂笔记的观察和课后访谈的实录加以分析：

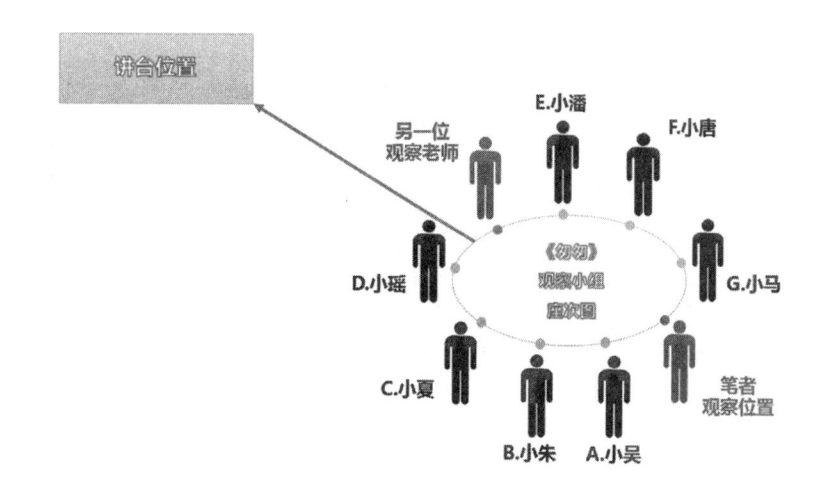

图 1　观察小组座次示意图

1. 前测问卷数据

第一题为排序题，要求为文中的 8 个句子排序并分析作者的思路。A、B、E、F 四位同学的 8 个句子排序完全正确，C 同学排对前后 5 句，D、G 两位同学排对最后 1 句；在作者思路的分析上，7 位同学的方向不尽相同，有对时间流逝和作者情感的捕捉，也有对句式和行文方式的关注。

第二题为判断题，在关于《匆匆》的 4 个选项中找出不正确的叙述。A、B、C、E、F、G 六位同学都选出了不正确选项，D 同学选择错误。

第三题为表格题，仿照示例，任选文中的一段填写、完成表格。A、B、E 三位同学选择了第 3 自然段，C、D、F 三位同学选择了第 4 自然段，他们都写到了作者对时间流逝的无奈、感慨、痛惜、不解等心情；G 同学空题未答。

第四题为简答题，写出自己在自读课文时感到困惑的问题，可以从作品的内容主题、感情变化、写作手法等方面思考提问。A、E、F 的疑惑都是关于"为什么作者认为自己没有留下痕迹？"B、D 的疑惑是关于"为什么作者觉得时间过得很快，一去不复返？"F、G 的疑惑是关于"为什么作者认为自己没留着什么痕迹，要赤裸裸地回去？"可以看出，观察小组的学生课前的疑惑点都集中在文章的内容和作者的情感上，没有关于写作手法的思考和提问。

2. 课堂笔记内容

A 同学在课本上做了三种颜色的笔记，黑色笔标记段落、断句和部分语句，红色笔标注了一些"时间"的特性和写作手法（拟人、反衬、排比、反问），蓝色笔记录了教师对部分问题的解答和小结的表述，如"不甘无为，要在无痕的时间里留下永恒的价值"等。

B同学在课本上用黑色笔标记了段落、断句和对"演读"的一些设计，并标注了老课上讲到的一些关于课文的情感、句式、写作手法（排比、拟人、比喻、反问）、词语解释等内容，另外，用绿色荧光笔圈画了许多作者描述"时间"的语句。

C同学的课本上做了四种颜色的笔记，铅笔的部分标记了一些断句和长句，黑色笔标记了段落、写作手法（排比、拟人、设问、反问）、教师完整的板书和一个问题"作者是怎样写时间的？"绿色笔标注了"时间"的特性，红色笔记录了作者情感从"茫然——不甘无为——积极"的变化。

D同学单独用黑笔来完成课堂笔记，除了对段落、词义、语句、写作手法（排比、拟人、比喻）的标记外，在空白处将作者情感的变化和"时间"的特性做了完整的记录和整理，标注了第5自然段的"进一步追问"和"呼应"，以及作者最后"不甘无为——积极"的情感。

E同学在课本上做了两种颜色的笔记，黑色笔标记了段落、断句和部分语句，红色笔圈画了描述"时间"逝去的一些词语，记录了写作手法（拟人、比喻）和"时间"的特性，还标记了作者对时间一去不复返的"追问、感叹和不甘无为"。

F同学的课本上做了四种颜色的笔记，铅笔画出了一些描写"时间"的句子，黑色笔标注了段落、字词，以及运用比喻、拟人手法的两个句子和自己对它们的理解，红色笔和蓝色笔都标记的是课堂上总结出的关于"时间"的特性，以及作者"执着的追问"和"不甘无为"。

G同学也是单独用黑笔来完成课堂笔记，标注了段落和写作手法（拟人），圈画了描述"时间"的语句，并标记了作者的一些情感变化"困惑——无奈——焦急——不甘无为"。

3. 后测问卷数据

第一题为匹配题，要求学生在细读文章后，为文中各部分的内容选择相应表达的主要情感。C同学的5个选项全部匹配正确，A、B、F、G四位同学匹配正确的是后面2—3个选项，D同学匹配正确的是前中段的3个选项。

第二题为表格题，填写表格，看看所填内容能否比自己前测问卷的表述更丰富、更深入、更细致。A、B、C、D、E五位同学都选择了第3自然段，写到了作者对时间流逝、不可控制的无奈、痛惜、茫然、焦灼。在前测问卷的基础上，更多同学感受到了作者的茫然和焦灼的情绪。F、G两位同学选择了第1自然段，写到了作者对时间的困惑、执着、不解。

第三题为简答题，想想学完课文后你的困惑解决了吗。（如果解决了，将旧困惑和新思考写下来；如果没有解决，写下仍旧有问题的地方。）A、B、C、D、E五位同学都写下了旧困惑和新思考；F、G两位同学都没有延续旧问题，写下了同样的新问题"为什么作者写'你聪明的'，不写'聪明的你'呢?"

4. 课后访谈实录

《匆匆》课后，笔者对观察小组的两位同学进行了简要的访谈："在课前、课中和课后，你通常采用的笔记形式有哪些？"

B. 小朱

课前：结合教材全解进行预习，彩色记号笔做圈画，黑色笔划分段落和断句。

课中：标注老师和同学课上讲的一些关于课文的情感、句式、手法、词语解释等内容。

课后：课堂上没懂的去向老师提问，当天回家看笔记复习；考前结合复习资料再补充笔记。

C. 小夏

课前：为课文划分段落、圈画好句，结合教参标记一些自己觉得重要的知识点。

课中：用不同颜色的笔在课文中标记PPT上的重点和老师的板书。

课后：把笔记作为复习资料，考前会背诵。

从以上数据和实录中可以发现：

（1）前测问卷中，观察小组的学生都提出了自己的困惑，但并未标记、体现在课堂笔记上，没有带着个性化的问题展开有针对性的课堂学习。

（2）课堂笔记中，观察小组的学生笔记态度比较端正和积极，基本都能做到提前标注好段落、字词和语句；大部分同学对比喻、拟人、排比等修辞手法的掌握比较好，能够找到文章中相应的语句并做好标注。在文章内容的学习上，同学们几乎都能捕捉到作者对时间飞逝的困惑、迷茫和不甘无为，并记录在相应的语句旁；在作者情感的体悟上，对深层含义和情感变化的把握不够全面，很多同学的感知停留在遗憾、惋惜、不甘等层面，只有少数同学觉察到文章最后传递出的积极情感和态度。

（3）后测问卷中，部分同学针对自己前测的困惑和课堂的学习展开了新的思考。以C同学为例：她在前测问卷中提出的困惑是"为什么作者会认为人生是白白走一遭呢?"后测中答道："这是作者的设问，前一句问问题，这一句反问回答，作者的意思是我不愿白白走一遭。"笔记中，她在这一问句旁批注了作者情感从"茫然——不甘无为——积极"的变化；她的后测问卷匹配题——文章中各部分的内容所表达的主要情感，五段内容对应的情感都匹配正确，这些学习痕迹很好地证实了其问题解决的程度。

（4）课后访谈中，被访谈的两位同学都形成了自己能够熟练应用的笔记策略，能够自主完成好课前预习、课中学习和课后复习。结合表格中的前后测数据也可以看出，B 同学的前测排序题和判断题全部正确，C 同学的后测匹配题完全正确。

（二）课堂笔记行为优化

在高强度、多科目的学习生活中，许多同学都是"当堂看、当堂练"，"学一课、过一课"，机械地听课、完成作业，没有养成良好的预习、学习、复习习惯，没有形成有效益的学习方法，这些都直接影响其学习成绩和学习质量。

国外学者 Kiewra 提出，笔记具有"编码、外部储藏、编码加外部储藏"三种功能。笔者认为，在影响学习成绩和学习质量的多元因素中，课堂笔记行为是非常重要的一环。正确处理好听课、记录与思考之间的关系，能够帮助学生提高学习效率、提升学习质量。那么，如何通过改进课堂笔记行为，提升学习质量呢？前后测又该如何助力于此呢？学生立场的习惯和方法、教师立场的引导和调控都十分重要。

1. 从学生立场出发

认知教育心理学家奥苏贝尔在"有意义的学习"理论中提出了三个条件：学习新内容的心向、相关的知识基础、积极的应用。课堂笔记的过程是学生自我控制的学习过程，学生自身的心向、基础和应用能力都会影响这一过程实施的效率和效果。从前面的课例观察与研究中可以发现，部分同学已经形成了自己能够熟练应用的笔记策略。做好课堂笔记，可以助力学习者梳理知识要点和难点，激活新旧知识之间的内在联系，促进积极思维，提升学习效率。

（1）良好的习惯：课前要做好预习，预习既是熟悉新知识的过程，也是检测疑难点的过程。课上要重视倾听、抓住重点、理清思路，及时捕捉课堂上稍纵即逝的思想火花；还要注意筛选，基于预习的情况，从自己的认知基础出发，积极整合新知识。

（2）有效的方法：首先，课上记什么？要带着问题去学习，在常规的记板书（知识纲要）、记释义（字词理解）基础上，还要记疑惑（疑难待解）、记补充（主旨思路）、记新观点（思维碰撞）。其次，课上怎么记？可以采用灵活的笔记形式，建立自己的笔记策略，笔记简明化、层次化、符号化，在有限的课堂时间努力实现听、记、思之间的效率最大化。

（3）适时的复习：课后要定期复盘，及时整理当堂笔记，尚有疑难的地方主动向教师请教；考前联动复习，加深对新旧知识之间的理解和贯通，形成自己的知识体系。

2. 从教师立场出发

教师对知识结构的把握、教学环节的推进、课堂氛围的渲染也会影响到学生课堂笔记的效率和学习的质量。基于此，我们应该如何帮助学生发挥笔记的生成效果，实现有意义的、创造性的学习？

（1）清晰的结构：教师要熟悉教材内容，在准备教学的过程中抓住重点、剥开难点，教学设计结构清晰、层层递进。

（2）合适的难度：教师应着眼于学生的"最近发展区"，把握新旧知识之间的联系和梯度，为学生提供难度适中的挑战，调动学生学习的积极性，发挥其潜能。以《匆匆》的课例研修为例，授课教师可以在课前细致梳理前测问卷的结果，更为全面地了解学情，从而针对学生课前预习中的困惑，动态调整这个班级、这一堂课的教学设计和重难点。

（3）恰当的流速：教师要有意识地控制讲课速度、信息密度以及语言、语音、语调等因素，为学生做笔记创设良好的课堂生态。此外，重视每节课最后的归纳总结，通过放慢语速、加强语气，结合板书和手势，适当重复、强调重难点，可以帮助学生提炼重点、巩固知识、加深理解。

课堂笔记行为关联着学生的倾听意识、记录习惯和输出能力，教师引导学生养成良好习惯、形成有效策略、生成高阶思维是提高学习效率、提升学习质量的重要手段。当这些要素都得到稳定的发展时，高质量的课堂学习就在发生。

参考文献：

[1] 安桂清. 以学为中心的课例研究 [J]. 教师教育研究，2013（3）：73-74.

[2] 王云秀. 课堂笔记现状的研究 [J]. 昆明大学学报，2006（1）：71-73.

[3] 郭媛，朱刚琴. 论课堂笔记及其生成作用 [J]. 辽宁师专学报（社会科学版），2006（5）：89.

[4] [美] 凯瑟琳·舒尔茨. 课堂参与：沉默与喧哗 [M]. 丁道勇，译. 上海：华东师范大学出版社，2018.

[5] 安桂清. 课例研究 [M]. 上海：华东师范大学出版社，2018.

[6] 胡进. 关于记笔记策略等研究综述 [J]. 心理学动态，2001（1）：48-50.

设计核心问题驱动　构建"立体多维课堂"
——以执教回忆性散文《背影》为例

上海市建平实验中学　韩丽晶

早在1994年，于漪老师就发表了《语文教学应以语言和思维训练为核心》一文，明确指出：在现代社会从事语文教学，当然不能采用嚼烂了知识喂给学生的陈腐办法，要学生死记硬背，不能用"零售"的办法把"散装"的字、词、句、篇送给学生，把思维方面应有的锻炼"转嫁"到记忆上，思维训练和语言训练应该放在同等重要的位置。

由于历史机缘和人为选择，我国中小学语文教学的主导文类一直是散文。应在散文的对话教学中，着眼于独特的"这一篇"，设计"立体多维无恒"的课堂：抓住"这一篇"的个性，以语言和思维训练为核心，构建熔知识传授、能力培养、智力发展、思想情操陶冶于一炉的"立体化"课堂，带领学生在"生生互动、师生互动"的网状脑力劳动空间中思考、交流、创造，多方面地培养学生，追求"教文育人"的"德智融合"效应。

笔者以执教回忆性叙事散文的力作《背影》为例，谈谈个人的浅见和探索。

《背影》是朱自清先生写于1925年10月的一篇回忆性散文。文章深刻地表现了父亲的爱子之心和作者的念父之情。"背影"是全文描写的焦点，也是叙事的线索，作者对不同情境下父亲的"背影"作了笔墨酣畅的细致描写。无论是记人、叙事、抒情，都十分平实，语言淳朴自然，毫无矫揉造作之处，却打动了几代读者的心。

我在教授本课时，注重引导学生通过核心问题驱动，训练学生思维能力；关注散文"有我"特征，品味语言独特魅力；构建"立体多维课堂"，实现"德智有机融合"。

一、设计核心问题驱动，训练学生思维能力

语文学科的核心素养主要包括"语言的建构与运用""思维的发展与提升""审美

的鉴赏与创造""文化的传承与理解"四个方面。其中"思维的发展与提升"是核心，指学生在语文学习过程中，通过语言运用获得的直觉思维、形象思维、逻辑思维、创造思维的发展，以及思维的深刻性、敏捷性、灵活性、批判性和创造性等思维品质的提升。

《背影》整节课围绕"三填定语"的核心任务驱动——"这是一个＿＿＿＿＿的背影"，把第一个教学目标放在引导学生细读文本，通过不同角度在"背影"前填写定语的思维训练，并运用前后勾连解读文本的方法，培养训练学生，提升思维的广度和深度。

教学环节如下：

（一）学生眼中的背影

1. 分工读，边读边圈画、批注，思考这是一个＿＿＿＿＿的背影(板书)

2. 自由地把你心中的定语写到黑板上。

3. 挑选定语的提示要求：

（1）你认为哪个定语超出你预计，你没想到，可以向那位同学提问，请他来解释一下。

（2）你觉得哪个定语正确？说说你的想法（用自己的语言来解释）。

交流其中的几个，对文中内容进行个性化解释。

（3）不妥当的打叉。

（4）妥当的词语归类（定语的归类）。

把第一类的定语找出来（从父亲这个角度来形容背影的词语）

学生（第一次）写一句完整的话。

屏显：这是一个＿＿＿＿＿的背影。把定语有序地排列进去。

同学交流，哪位同学写得最好，好在哪里？

（回到文中找依据，为什么这个句子写得好，为什么这个定语排得好？因为他观照到了……信息，从而他概括为——外在形象如……内在动机为……）

预设意图就是在阅读理解后，用自己的语言对文章内容进行个性化的解释，使之变成一个学习活动。黑板上那么多词，哪个词离"背影"最近呢？核心词是"背影"，最重要的负载情感内涵的词语离它最近。定语的排列，又训练了学生递进理解的逻辑思维。可示例：

这是一个人。

对话：走向德智融合

这是一个男人。

这是一个严肃的男人。

这是一个年轻而严肃的男人。

这是一个身处在危难时刻，仍然保持冷静的严肃的男人。

引导同学尽可能准确多样地把内涵说出。

学生学习后仿写到了很多：

这是一个老人的背影。

这是一个年迈的老人蹒跚的背影。

这是一个年迈的老人艰难地攀爬月台的蹒跚的背影。

这是一个年迈的老人艰难地攀爬月台为儿子买橘子的蹒跚的背影。

这是一个父亲不顾年迈要为坐等在车厢里的"我"艰难地攀爬月台买橘子的蹒跚的背影。

这一环节里，学生眼中的背影其第一类是外在形象，它还有两层：第一层是静态的，就是他衣着的背影。第二层是动态的，就是他整个攀爬姿态的背影。

追问：父亲的背影还是怎样的一个背影？提示其第二类是内在动机。

这不仅是外在形象的背影，还是一个爱子心切的父亲的背影。爱子心切这一点仅从第6自然段里还看不出来。还要看到第5自然段里怎么帮"我"拣位子。再返回去看他越过铁轨，爬上对面的月台，其行为动机一定是出于对儿子的关爱，联系上下文意，做到前后勾连。

（二）"我"心中的背影

板书"我"挑选定语，把第二类的定语找出来。

父亲的背影在"我"的叙述当中，跟"我"有什么关系呢？联系全文，体会"我"的情感。

这是一个让"我"流泪的背影。请你在此基础上再增加定语的内涵，观照全文，找出三重叙述。

学生（第二次）写一句话，这是一个＿＿＿＿＿＿＿的背影。

这是一个让"我"流泪的背影。（那时）

这是一个让"我"两次流泪的背影。（那时）

这是一个多年之后仍然让"我"流泪的背影。（看信时和写文章时）

同学交流，哪位同学写得最好，好在哪里？

（三）"我"眼中的背影

挑选定语，把第三类的定语找出来。（家庭背景爱子心切）

学生（第三次）写一句话，这是一个_____的背影。

同学交流，小组选择哪位同学写得最好，好在哪里？

这是一个父亲经历了丧母之痛、失业之愁（万事缠身）（2—3），爱子心切却得不到儿子理解（4—5）的背影。

以上的三次语言训练都要求学生通读文章，提取信息，解释信息，前后勾连。学生读文章，找信息，再用他的语言来阐释这个背影，训练语言表达和思维。然后是既见树木，又见森林。要前后联系，要增加定语的个数，内涵随着数量增加而丰富。

二、关注散文"有我"特征，品味语言独特魅力

散文最显著的特征是"有我"。阅读散文，不仅要知道作者所写的人、事、景、物，更要通过这些人、事、景、物，触摸作者的心眼、心肠、心境、心灵、心怀，触摸作者的情思，体认作者对社会、对人生的思量和感悟。

散文教学的目标，是通过体味散文精准的语言表达，体认与分享作者丰富、细腻、独特的人生感受。品味语言，简言之，就是学生看不出好的地方，教师要指给他看，学生感受不深的地方，教师要解释给他听，并让他们产生深度感受。对语文阅读教学而言，品味语言，重点是词法和句法，对篇章的理解必须要通过具体的字、词、句的解读来落实。

学生会误以为本文的主旨只在赞美伟大的父爱而忽视"我"的情感变化和心路历程，教师应引导学生理清文章的行文思路，分析人物情感的变化。

所以我把第二个教学目标定为领会"背影"的丰富意蕴，体会作者情感变化历程。

读懂散文的本质，就是读懂"我"的情感。这里面的"我"，其实是三个"我"。第一个"我"是当时那个跟父亲有交集的"我"。第二个"我"是读信的"我"。第三个"我"是写文章时的"我"。后两者都是学生特别容易忽视的。为什么看到父亲的背影会流泪？要结合全文的多次流泪理解"背影"的丰富意蕴。

这一环节的设计意图是引导学生站在多个"我"的视角关注文本。引导学生学会前后勾连深入解读文本，观照全文，体会人物情感变化。

探寻"我"心中的背影时，发现黑板上的定语只有一个跟"我"有关的，我马上

提示，散文一定是写"我"眼中的人、事、物、景，板书"我"，父亲的背影在"我"的叙述当中，跟"我"又有什么直接关系呢？请联系全文来看。

要引导学生关注到流泪的时间段是不一样的。买橘子是一个很小的事情，怎么会让"我"流泪呢？怎么会让"我"多次流泪呢？怎么会让"我"在多年之后还要再流泪呢？要抓住流泪这个点，这是情感的喷发，读散文就要读出情感。

进行第二次语言训练，学生写话，这是一个_____的背影。在交流过程中，小程同学注意到了有几个时间段的流泪。这个"我"一个是那个时候的"我"，一个是这个时候的"我"，从哪里关注到的？第6自然段。"近几年来"这个时间点，让同学圈一圈。

经过点拨，学生就开始写了：

这是一个让"我"流下了感动的泪水的背影。

这是一个让"我"两次流下感动的泪水的背影。

这是一个让"我"永远难忘的背影。

这是一个让"我"多年之后再想起来仍然会流下感动的泪水的背影。

这几句话就是三重叙述，三个"我"有了，也观照全文，情感也出来了。

在交流中，教师的点拨就是：这句话写得很好，他不仅看到第6自然段直接对背影的描写，还联系到了第5自然段当中叙述父亲为"我"找座位的这个事情。从而他概括为一心想着儿子、关心儿子，不让儿子操劳、……的艰难地爬月台的背影。

内涵逐层递增，做到了前后勾连。

以上对"我"情感前后变化的认识，都是在品味语言中得来的。散文是美文，语言的品析很重要。不能仅在内容上面打转。以往上课的时候我做过一个PPT对比，就是刻画背影时词语改写和原文的对比，那个确实是有一点语言训练，但是这个训练学生基本上是把交流重点放到内容上去了，没有把重点放到语言训练的体系上，就显得单薄了很多。

三、构建"立体多维课堂"，实现"德智有机融合"

于漪老师认为，在语文课堂教学实践中要做到"德智融合"，最重要的是要做到润物细无声。智育不等于育分，德育也不能贴标签。真正做好"德智融合"，关键要找准契合点。因此我们必须在备课上下足功夫。正如于漪老师说的"当崇高的使命感和对教材的深刻理解紧密相碰，在学生心中弹奏的时候，教学艺术的明灯就在课堂里高高升起"。

《背影》的教学中，笔者注重从"知识的传授、能力的培养、智力的发展、思想感情的熏陶"四个维度设计课堂，创设多元对话情境，构建师生之间、生生之间的多向型联系。

《背影》是一篇家喻户晓的名篇，作者以质朴的语言和真挚的情感演绎了中华传统美德的内涵：亲情、孝道与感恩。

新课标中指出："语文课程丰富的人文内涵对学生的精神领域影响是深广的，学生对语文材料的反应往往是多元的。因此，应该重视语文的熏陶感染作用，注重教学内容的价值取向，同时也应尊重学生在学习过程中的独特体验。"

同学们把自己找到的词语填在黑板上是独特体验。交流黑板上的定语，找出哪一个定语超出了预计，一位同学没想到的，可以向另一位同学提问，请他来解释一下，同伴间互相学习，这也是独特体验。在交流的过程当中，可以让同学小组选择哪一个同学写得最好，好在哪里。马上回到课本里面去，为什么这个句子写得好，为什么这个定语排得好？因为他观照到了……信息。从而他概括为……一心想着儿子、关心儿子，不让儿子操劳……的艰难爬月台的背影，内涵越来越多，适时指导学生学习通过思维训练前后勾连解读文本的方法。学生学会这种方法，这还是独特体验。

"我觉得他的定语不对，我说说我的想法"，这又是求异思维的训练。

这些都是生生之间的多向型联系，有助于学生能力的培养。

于漪老师在《穿行于基础教育森林：教育实践沉思对话录》中曾提到，学生之间的差异同样可使教学有声有色。教学必须面向全体学生，使不同语文水平的学生都有获得感，都在原有的基础上有明显进步。班级教学给不同层次学生之间提供了互助合作、扬长补短、互相激励、切磋琢磨的极好机会，可小组合作，可整班合作，形成求知的良好氛围。

黑板上一堆定语，就其中的几个做交流。这个活动的背后就是阅读理解之后，用自己的语言来解释。从出考题这个角度，从学习水平来讲，就是 B 级水平。对文章当中的内容进行个性化的解释，读文章后说说这是一个什么样的背影。他用的词就是他的理解，它就变成了 B 水平的一个学习活动，这又使得智力得到发展。

提问，"第 6 自然段已经把背影都写完了，文章的重点已完成。为什么还写前面那些内容？"这就是要引导学生关注反差，关注"我"眼中的父亲的背影。体会略写部分与主体"背影"之间的关系，理清文章的行文思路。

因为是难点，所以需要学生一开始要自读一下，圈一圈，画一画，想一想，前面几段内容，跟第 6 自然段的背影有什么关系？

"我"眼中的父亲的背影就一定要涉及"我"所看到的跟父亲有关的事情。"我"只在第6自然段那一刹那看到父亲的背影,而"我"在整篇文章当中跟父亲的接触却不仅仅是这一刹那的事情。说明只有这时"我"在观察父亲,因此表达方式用描写。

而前面发生了那么多事情,"我"回家奔丧了……"我"是能见到父亲的,可是"我"不知道父亲是什么样,"我"对父亲没有一点描写,"我"连他穿的什么袍子都没有注意到。在他帮我买橘子之前"我"就没有去观察,这是一个什么样的人,出于什么样的动机来给我买橘子,留下这样一个背影,都是在叙述。

文本解读继续前后勾连。再勾连到,"我"回家奔丧,"我"失去的是祖母,"我"父亲失去的是母亲,实际上悲痛的程度上肯定是父亲丧母之痛更大。而"我"没有去安慰父亲,父亲反过来是安慰"我""天无绝人之路"。父亲作为这个家里的顶梁柱,内外交困。在这个情况下,他还要那么细致地帮"我"做很多的事情。

而"我"当时只注意到了什么呢?"我"簌簌地流下眼泪来,父亲反而劝我,然后到车站跟脚夫讲价钱时,"我"暗笑他的"迂",这就是当时的"我"。"我……那时真是太聪明了!"这又是现在的"我"的反思——"我"前面太忽视父亲,"我"什么都没有看到。

进行第三次语言训练,学生写话,这是一个_____的背影。还是通过补充定语的方式,来把前面几段的内容和背影的关联找到。定语越加越丰富也就越能够理解,前面交代那么多,都是在讲父亲陷入了人生各种困境……在这么多人生的灾难袭来的时候,已经进入一个中年男人人生最困顿的时候了,还能够给儿子做那么细小的事情。没有前面那几段父亲遭遇的困难,后面作者能流泪吗?

要让学生体会到,前面交代那么多,就是把这个背影变成一个最大的、最薄弱的情感的喷射口。

PPT 出示:

这是一个自己经历了丧母之痛,经历了……却得不到儿子理解的父亲的背影。

这是一个自己万事缠身,仍然一心想着给儿子买橘子,照顾好儿子的背影。

这是一个曾经让儿子感觉很迂,结果用买橘子……从而榨出儿子内心的惭愧和感恩的背影。

鲁迅先生在《我们现在怎样做父亲》一文中说,中国的"圣人之徒""以为父对于子,有绝对的权力和威严;若是老子说话,当然无所不可,儿子有话,却在未说之前早已错了"。这集中表达了"五四"一代人对于父辈的不满,"五四"是个反传统的年代,是个"打死父亲"的年代,"五四"文学的父亲形象都是负面的;而《背影》

不同，它生逢其时，在一个特殊的语境下获得了非凡的成功。在中国现代文学作品里，它第一次重点刻画了一位正面的父亲形象。在"满街走着坏爸爸"的情况下，这一个像妈妈一样的"好爸爸"一下子激起了无数读者的共鸣。中国居然还有这样的父亲，跟其他文学作品中的父亲完全不同，他那么细心，那么温柔，能挠到我们读者最温柔的那个情感线上去。

要引导学生体察到，父亲写信是出于想念、求和、示弱，"我"读信时，内心对父亲充满了同情、怜悯、感激，"我"写本文时，两个"自然"又写出"我"对父亲的深深理解。懂，永远比爱更难。这是作者的写作意图，也是对学生进行思想感情熏陶的最好反思契机。

教授本课时，有了核心问题的驱动，在传授知识的同时，使学生思维能力得到了训练，智力有了发展，思想感情得到了熏陶。构建这样的"立体多维课堂"，也在一定程度上实现了"德智有机融合"。

参考文献：

[1] 王荣华，王平. 于漪教育教学思想概要［M］. 上海：上海教育出版社，2021.

[2] 董少校. 红烛于漪［M］. 上海：上海交通大学出版社，2020.

[3] 上海市教师学研究会. 燃灯——于漪"德智融合"语文教育思想与新教材实施［M］. 上海：上海教育出版社，2020.

[4] 于漪，黄音. 穿行于基础教育森林：教育实践沉思对话录［M］. 上海：华东师范大学出版社，2020.

语文教学中"德智融合"路径分析
——以《浪淘沙（其一）》为例

上海市建平实验中学　何歆敏

在初中语文的课堂教学中如何实现智育与德育的自然融合，这是教师需要思考的重点问题。于漪老师提出教育要"教文育人"，就是遵循适度、量力、持续、针对的原则，将知识积累和人格教育这两项工作统筹起来，做好语文的"工具性"，落实教育的"人文性"。

一、文本德智意蕴挖掘

刘禹锡是一位在贬谪中成长起来的诗人。他出身于江南基层官吏家，自幼习儒家经典。公元793年，21岁的他初次科举就进士及第，任太子校书，为太子侍读王叔文赏识。永贞元年即公元805年，王叔文变法失败后，被贬为朗州司马的刘禹锡行至江陵又被改派至朗州。公元814年，刘禹锡被召回京都，却因《玄都观桃花》再次外调连州，丁忧后辗转于夔州、和州，度过了"二十三年弃置身"的外任生涯。

刘禹锡用豪迈的笔触在《浪淘沙》中寄寓了丰富的人生体悟和思考。首先，这首绝句中包含了多重对应关系，如河与沙、浪与风、淘金人和牵牛织女、黄河与银河，组建出一个含蓄蕴藉、意味深刻的哲理世界。其中有对黄河磅礴气势的真实写照，也有刘禹锡对人生的感慨。其次，诗境神奇，意味深长。虽然借用了典故，但是刘禹锡将象征爱情的"牛郎织女"故事改写为"牵牛织女"的田园理想，展露了诗人的仁爱之心，承载了诗人的乐观精神、爱民情怀。最后，韵律和谐，朗朗上口。从诗歌史看，统编版初中语文教材中共选了三篇作品勾勒刘禹锡动荡的人生，分别为：《浪淘沙（其一）》《陋室铭》《酬乐天扬州初逢席上见赠》。以《浪淘沙（其一）》开篇，提纲挈领地勾勒了一个从容豁达、豪迈浪漫的"诗豪"形象。从体例上看，《浪淘沙》本是唐代教坊曲，调名见于崔令钦《教坊记》，"原属南方水边民歌"。刘禹锡在书写爱情理想外，将市井民情、游子之思、迁客之感、世事之变囊括其中，拓展了民歌的情感内容，化俗为雅。可见，《浪淘沙（其一）》不仅言简意赅、音韵和谐、意境深远，对于刚进入中学的学生来说，也是构建诗歌史的有效抓手、感悟文雅之变的切实范例。

语文教学要"熔知识传授、能力培养、智力发展和思想情操陶冶于一炉"。《浪淘沙（其一）》的教学，是一次追寻古典的声韵之旅，是一次感悟黄河的审美训练，是一场品读诗情的精神历练：做好朗读示范，运用多种朗读形式，如小组读、指名读、男女组合读，掌握七言绝句的音韵规律，做到以声传情，复兴诵读文化、再现古人风貌；感悟黄河形象时，必须抓住景物，积极调动、结合学生自身经验，发挥想象将"曲""沙""浪""风""天""银河""家"等意象组建为一幅完整的画面，在含蓄蕴藉的语言之中品悟黄河的气势磅礴、神奇静谧；结合刘禹锡的生平经历，运用知人论世的方法，从"九曲"和"万里沙"中读出诗人的坎坷，"浪淘风簸""天涯"之中读出他的漂泊，"直上"里看到他的勇气、积极乐观，"同到"中读出刘禹锡对民众的关怀。深入感悟音韵之美、意境之美、品德之美，达到唤醒学生、提升品格的德育目的。

二、"德智融合"教学设计

（一）现状分析

结合现有的课例材料，《浪淘沙（其一）》一诗的教学主要有以下问题：

1."德"的挖掘不够

在品读主旨环节，学生可以通过"同到牵牛织女家"一句，得出刘禹锡对田园生活的向往，但在为何"向往"这一问题上呈现出概念化的倾向，不求甚解。

2."德""智"分离

诗歌解读，一要读出诗意，二要读出诗情，三要读懂诗人。《浪淘沙》是情景交融的名篇，倘若做不到知人论世，那一定无法缘景明情。为此，教学必须将作者生平、时代背景和诗句中意象的解读相结合，创设情境，发挥想象，引导学生深刻理解"牵牛织女"的内涵，梳理地上黄河与天上银河的"连接点"，以此感悟作者的超凡创造。

（二）目标期待

《浪淘沙（其一）》一诗中凝结了刘禹锡的豁达情怀、济世理想。在浩荡的黄河中，诗人以河与沙、浪与风映射泥沙俱下、风雨飘摇的现实世界，黄河的漂泊和诗人的游宦互证，独有一种坚毅。咀嚼"直上"，在黄河的浩荡之中读出刘禹锡的勇敢、豪迈，扣住"同到"，在私人化的田园理想之外读出刘禹锡"济世安民"的家国情怀。

（三）课程资源

要完整地呈现刘禹锡的精神面相，可以梳理生平，在《浪淘沙（其一）》之外补充不同时期的创作，理解其"情"其"志"的内涵。

流放闲居期间，心怀大志、一心报国的刘禹锡著书自遣。遵从"惟变所适"的进化观，刘禹锡始终坚持"宽猛迭用"、因地制宜，将取信于民视为"政之先"，将执法公正作为"政之本"，将百姓检举监督当作"政之助"。公元815年初，刘禹锡奉召回京。次年，刘禹锡见玄都观中桃花盛放、游人如织，借"看花诸君子"讽刺趋炎附势、攀高结贵之徒，作《元和十年自朗州召至京戏赠看花诸君子》。因有影射，刘禹锡被贬为播州刺史，幸有裴度及柳宗元等人游说，改派至连州。身居闲职的刘禹锡虽满怀愤懑，在《连州刺史厅壁记》中却细致勾勒了连州地区人文历史与自然地理，力行"功利存乎人民"的誓言。《吏隐亭述》中有他"不以利禄萦心"的初心，《插田歌》更是他对民众的同情、对腐败的痛斥。公元819年，刘禹锡因母丧，归居洛阳，期满后被授为夔州刺史。任职期间，他向朝廷建议将祭奠之资用于办学，重教育、求务实。公元824年，刘禹锡初任和州，在旱灾面前，他事必躬亲，走访视察，要求减税赈灾，其间作《陋室铭》表志抒怀。大和元年，刘禹锡在京城任东都尚书，不久后任主客郎中，以《再游玄都观》畅诉幽情。会昌二年，刘禹锡在洛阳病逝，享年71岁。

刘禹锡以民为重、以国为家，身体力行着儒家"用世"的担当精神，执着于"仁义"。恰如《学阮公体三首》所言："昔贤多使气，忧国不谋身。目览千载事，心交上古人。"在《浪淘沙（其一）》的解析中，我们可以适当补充《秋词》《再游玄都观》《酬乐天扬州初逢席上见赠》，领悟其"江山风物之所荡，往往指事成歌诗"的入世情怀，"曾向空门学坐禅，如今万事尽忘筌。眼前名利同春梦，醉里风情敌少年"的豁达淡然。

（四）实践策略

基于以上思考，我们确定了以下教学内容和方法。

1. 教学内容

（1）朗读：品悟诗句，做到以声传情，实现抑扬顿挫。（2）理解：启发思考，引导讨论，推敲"直上""同到"，把握诗人的豪迈气概。（3）感悟：感受黄河之美，理解刘禹锡的豪迈气概和济世情怀。三者融合，相辅相成。

2. 教学方法

（1）朗读法。于漪老师认为："诵读是感受文字魅力、文化魅力的一种有效方法。"教学中教师要运用集体读、小组读、单人诵读的方法，帮助学生通过声音传达自己的感受，借助声音理解诗意。（2）问答法。通过设疑、质疑，以问促读、以辩带悟，引导学生理解诗歌的遣词造句后的深意。（3）情境感悟法。根据诗句，想象画面创设情境，借助生平，用语言补充情境，使学生进一步体会黄河的奔腾气势、刘禹锡的民间关怀。

遵从"以学定教"思想，此次教学以朗读为基本方法，以讨论为学习方式，以审美体验、价值判断为核心目的，尊重学生主体地位，强化自主感悟，给学生充足的思考、讨论时间，尊重其个性体验，相机引导同学们注意诗句中遗留的"空白点"。学生在其中不仅可以自由表达、感受诗的意境，还接受了美的熏陶、思维训练，有效地体现了语文学习的四个核心素养。

（五）案例设计

1. 情境导入，启发思维

在导入阶段，教师用浪花的声音打开学生的听觉想象，从"是什么"方面说说自己的感受。顺势勾连孟浩然在《宿建德江》中的日暮之愁、《长征》中的巧夺金沙江背后的乐观精神，让同学们谈谈自己的联想。以"仁者乐山，智者乐水"，启发同学们跟随刘禹锡的脚步，一起听听大浪淘沙的声音，看看《浪淘沙》背后的"思索"。

2. 品读诗句，感悟形象

以填空形式，引导学生思考：《浪淘沙（其一）》中，我感悟到了黄河的_____，认识了_____的刘禹锡。

在此阶段，教师要做好阅读提示，启发学生思考：（1）圈画出景物，推敲黄河的特点。（2）运用了情境感悟法，提示学生：当你伫立在这样磅礴的黄河边，你会想什么？学生发挥想象、畅所欲言后，顺势勾连三、四句，品悟出"直上"之中的浩荡气势，带领学生领悟诗人奇幻的想象。（3）品悟"田园理想"时，为了将爱情主题从中分离，可以让同学们进行角色扮演，想象刘禹锡来到牵牛织女家的场景，对比"牛郎织女""牵牛织女"两词，明确主旨。

3. 精读诗歌，走进诗人

为了不囿陷于诗句，做到知人论世、缘事明情，在精读部分教师可以补充刘禹锡的生平材料，并修正任务：结合刘禹锡的生平，从《浪淘沙（其一）》中，我感悟到了黄河的_____，认识了_____的刘禹锡。

伫立于黄河边，刘禹锡思绪万千，因为此刻的刘禹锡生活在这样一个时代：

唐朝，自安史之乱后，气势顿衰，宦官专权，藩镇割据，民不聊生。

永贞元年（805年），他和柳宗元等参加了王叔文集团反对宦官和藩镇势力的活动，政治斗争失败后他先被贬为连州刺史，行至江陵再贬为朗州（现湖南常德）司马。

814年，刘禹锡被召回京都，又因游玄都观写诗讽刺保守派，被外派做连州（现广东清远市）刺史，后又陆续任夔州、和州刺史。

通过补充刘禹锡的生平材料，进一步感受诗人在黄河身上所投射的自我情绪：命运多舛的苦难、流落天涯的孤独、逆流而上的勇敢。在探讨"如今直上银河去，同到牵牛织女家"两句时，由于难度较高，教师可以设置小组讨论，思考"如今直上银河去，同到牵牛织女家"中"直上"是谁、"同到"是指谁与谁同到。围绕"直"字进行拓展，举一反三，对比"大漠孤烟直，长河落日圆""飞流直下三千尺，疑是银河落九天"等与本诗的不同。如此教学，学生对黄河的印象就会经历由单薄到丰满、由单一到全面的变化。"直"字的甲骨文是会意字，表示眼睛直视标杆，本义是直视，后由不弯曲又引申为品行端正。"直"不单是黄河雄伟壮观的体现，同时更是诗人不甘消极、直面人生的写照。为了多角度印证，教师还可以搜集并出示刘禹锡在被贬期间写的另一些诗，如《秋词》《再游玄都观》《酬乐天扬州初逢席上见赠》《浪淘沙（其八）》等。经过讨论，学生可得出刘禹锡的志向是要救万民于水火，让老百姓也过上"稳定、幸福"的生活。由此得出《浪淘沙（其一）》中潜藏的情感：对人生的感慨、对民众的关怀，以此与"先天下之忧而忧，后天下之乐而乐"的范仲淹、"安得广厦千万间，大庇天下寒士俱欢颜"的杜甫呼应，使学生进一步领悟儒家济世安民的崇高理想。教师从文学史的角度引导学生深度学习后，学生对刘禹锡其人和该诗的写作意图有了立体的认知与敬佩之意。

在此过程中，教师要做到：（1）朗读和品悟结合：提醒同学通过重音、节奏的处理，展示黄河，做到一悟一读，力求实现读准、读境、读情三者的统一。（2）形象感悟和技巧讲解结合。在特点梳理阶段，顺势讲解：修辞手法，如夸张、想象、用典；写作手法，动静结合；写作顺序，从上到下、俯视到仰视、现实到想象。（3）一悟一总结，做好语言表达、知识巩固。在领悟黄河、感悟诗人、理解诗境中重点培养了学生以下四种能力：（1）概括能力，直观感受到抽象概括。（2）审美能力，调动想象，感悟诗境。（3）思辨能力。简单堆砌材料到选择梳理材料；回顾神话，比较感悟，体会诗意；追问探究，知人论世。（4）朗读能力，掌握绝句的声韵节奏规律，以声传情。

4. 作业设计

作业设计要以智育为基础，以德育为目的，做好知识巩固、情感陶冶工作。（1）丰富作业形式。可以引导学生在品读诗句、感悟诗情后，以课本剧、书法、绘画等形式重新再现刘禹锡的《浪淘沙（其一）》。表演时丰富脚本、增设场景、加上动作，展示诗人济世安民的高尚情怀；设计书画时，要展示、观摩毛泽东的《玄都观桃花》、洪厚甜的《再游玄都观》等书法，品味浓与淡间的志气和柔情，增强艺术修养，增进审美感悟。（2）以学助思。请学生结合《浪淘沙（其一）》和补充的诗作，重新思考刘禹锡在诗中深藏的哲理思考、家国情怀。（3）以写促学。请同学们以"第一人称"视角，将《浪淘沙（其一）》这首诗改写为一篇散文，充分发挥并训练同学们的想象力、组织力、表达力，在诗句领悟、人物品读外，强化语言输出、精神建设，实现精神对话。（4）以悟带思。请同学结合电视剧《大浪淘沙》谈谈"浪淘沙"在当代的精神内涵。

三、实践反思

经过研读课例、反复试课，本人在语文教学的德智融合的路径上有以下几点收获。

（一）智中融德，德中显智

恰如于漪老师所言："我们进行的是母语教学，语文和文化不是两个东西，而是一个整体。"语文课，不能简化为识字课、翻译课，语文教学要承担起文化传承的神圣使命。在古典诗文中，探寻文化的印记、文明的基因，在教学中化知识为文化，将文化内化为文明，做好灵魂启迪、精神挖掘工作。

（二）以史为纲，藉时为镜，德智并行

语文教学，不能囿于文本、更不能囿于时代。刘禹锡的济世情怀，是可贵的。但是电视剧《大浪淘沙》已经承接了刘禹锡所开拓的"牵牛织女"理想，以革命故事对其进行了全新的阐释和解读。教师在教学时，必须结合现实，展开文本与生活的对话，深入挖掘文本的时代内涵，以此实现古典文本的现代化、德育目标的当代化。

（三）立足生活，实践体验

"教文育人"要"目中有人"，德育要心中有民族、有世界、有时代。精神的锤炼，是自我的洗涤，更是实践的锻造。教学不仅要站稳脚跟，立足讲台，还要带领学

生走进生活，运用学科知识，展示自我风采、彰显时代风貌。只有穿越历史，走进生活，德智融合的硕果才是"实实在在"的硕果。

参考文献：

[1] 任中敏. 唐声诗·下 [M]. 张之为，戴伟华，校理. 南京：凤凰出版社，2013：317.

"德智融合"视域下的初中革命题材阅读教学研究
——以《金色的鱼钩》教学为例

上海市建平实验中学　谢佳佳

　　文化是民族的血脉，是人民的精神家园。当今世界，各国之间综合国力竞争日益激烈，培养德才兼备的高素质人才、提升中华文化软实力已经成为时代发展的现实诉求，成为全面深化课程改革和社会主义现代化建设的现实需要。自党的十八大以来，习近平总书记多次指出：坚定中国特色社会主义道路自信、理论自信、制度自信，说到底是要坚定文化自信，文化自信是更基本、更深层、更持久的力量。因此，文化传承事业是实现中华民族伟大复兴进程中一项重要又迫切的工作。

一、研究缘由

　　习近平总书记曾说：不忘初心，牢记使命，要始终记住我们的身份是共产党员，也是革命人，一定要有革命精神。革命文化蕴含着丰富的革命精神和厚重的历史文化内涵，它既植根于中华优秀传统文化，又成为社会主义先进文化发展的直接来源。在当前新的社会转型时期，革命文化依旧是激励中国人民矢志不渝、开拓进取的强大精神支柱，也是我们建立文化自信的一个重要的精神资源。因此，我们需要弘扬革命文化精神，加强革命文化资源保护，使其在新时代焕发勃勃生机。

　　义务教育阶段语文教科书涵盖大量以革命人物事迹为素材的选文，是语文课程的重要组成部分，也是学校人文教育中最重要的载体，对继承中华民族优秀革命传统、弘扬中华文化传统、培养有中国心的现代文明人具有不可替代的意义。这些选文或展现了不同革命时期革命先辈们为新中国的成立、建设和发展事业做出的杰出贡献，如狼牙山五壮士、《金色的鱼钩》中的老班长、《灯光》中的郝副营长，无不彰显着革命先辈们的高尚品格和高贵精神，选文正是借助一个个鲜明的英雄个体形态，讴歌了革命先辈在抗日战争时期和解放战争时期不畏牺牲、英勇抗战的革命斗争精神；或反映出一种崇高的理想追求和拼搏开拓精神，如《回延安》《沁园春·雪》《祖国啊，我亲爱的祖国》《黄河颂》《灯笼》和《新闻两则》《太空一日》等。

通过这些文化内容，学生可以依托具体的事件感受中华民族曲折的革命历程和先辈们英勇无畏的革命精神，丰富自身精神世界，进一步深化革命文化的育人目标。

二、革命题材文章的教学实践思考

党的十八大将"立德树人"作为教育的根本任务，要求充分发挥课程在人才培养中的核心作用，提升综合育人水平。本节以《金色的鱼钩》教学为例，反思革命类文章在教学中存在的重教轻学现象，并提出适切的教学策略，以期促进"德智融合"的有效落实。

（一）设计核心问题，启发思考

《金色的鱼钩》是统编版六年级教材上册第四单元第16课。本文刻画了一个舍己为人、精神崇高的老班长形象。在此之前，学生已学习了《桥》《穷人》两篇小说，同时，学生在第二单元重温了革命岁月，比较容易理解长征中的英雄事迹。这些都为过渡到本文的学习起着铺垫作用。

学习本文，可以进一步锻炼学生梳理小说主要情节、感知人物形象的能力。本文运用多种描写方法，学生可以从对老班长的不同描写中，看到老班长的内心世界，体会到老班长的崇高精神品质，从而对老班长由衷地崇敬，对无数革命先烈无限地怀念，激起对来之不易的幸福生活无比珍惜之情。

阅读教学即学生、教师、编者、文本之间的对话。在教学中，我将"为何说鱼钩是金色的？""鱼钩和老班长之间有怎样的关系？"设置为本节课的核心问题，教学环节定为：朗读、回顾长征中的英雄事迹——根据时间词梳理本篇小说的情节——合作探究，寻找文中的矛盾反常之处——品读老班长"奄奄一息让鱼汤"这段文字，感受老班长的情感内蕴与精神品质——理解文章标题"金色的鱼钩"的深刻意义。本课中，我还指导学生关注文章易被忽略之处，如：老班长"身份"的矛盾反常、"我"的情感和认识变化过程。本课的教学环节由易到难符合学生的认知规律，教学思路清晰流畅，课堂效果较好。

此外，我在本课教学中充分发挥了文本的资源优势，尊重学生的主体地位。根据六年级学生的年龄特点，运用多种教学策略，促进学生自主、合作学习，如：导入时播放本学期第二单元学过的《七律·长征》温故知新；小组合作朗读、品析"老班长硬嚼草根、鱼骨头"和"奄奄一息让鱼汤"片段的语言；创设"我是小小讲解员"情境；播放央视公益广告《金色的鱼钩》来引导学生体会文本与画面的联系；把文本放到新时期、新形势下进行观照和研究。在课堂上，为学生营造出一种读的氛围，让学生在朗读、品读中加深对老班长形象的理解和体验，感知描写人物的方法，从而提高他们阅读小说的能力。

本课的教学难点是：文中存在一些看似相互冲突、与正常情况不同之处，对于学生来说可能难以理解甚至被忽视，然而这些矛盾反常的地方却处处体现出老班长舍己为人的高贵品质、忠于党和革命的崇高精神。学生在此基础上可以进一步感悟"鱼钩为什么是金色的"，进而唤起激励情感共鸣，拥有"红色"品质。

上课是一门遗憾的艺术，我在课上一些有待改进的不足之处：六年级学生年龄尚小，且距离革命年代久远，对革命题材难以引起共鸣，在寻找矛盾反常、朗读相关语段来深入理解老班长的伟大情怀时，教师引导花了较长的时间，经过教师点拨，学生能够体会到老班长的高尚品质。可是，之后教师引导学生有感情朗读时，学生短时间内难以消除畏难情绪和对革命题材的刻板印象。这时，教师考虑已经快要下课只能缩减朗读时间，直接总结、回顾了本课的学习过程与思考路径。

课后，通过作业反馈可知，大部分的学生通过本课学习都能够深入理解课文的主旨。在课堂上，好多学生来不及担任"我是小小讲解员"并分享自己的收获与思考。

通过本节课的教学，我意识到今后要注意各个教学环节时间的把控，增加课堂朗读时间，注意发挥学生的主体作用，引导学生用心对话文本，用情感悟革命题材文本的人文内涵。

（二）选择适切的教学策略

语文的教学要落在语言文字上。多给学生一些读书的时间、多给学生一些独立思考的时间、多给学生一些讨论交流的时间、多给学生一些表述的时间。只有尊重学生，课堂才会有所生成。像《金色的鱼钩》这样的课文，要想在教学中实现以智启智、以情动情、以心映心的目标，激发学生的课堂情感体验，教师在讲授的时候需要抓住一个恰当的切入点，来自然地把课文情节串联起来。如在精读语言的教学环节，教师可以采用分角色朗读的形式，进行圈画、品析和朗读活动，保障每一个学生在语文课堂中的学习参与、学习经历以及学习体验，以此唤起激励学生的情感共鸣，从而拥有"红色"品质。

此外，学过《金色的鱼钩》，我们还可以将老班长精神延伸到当前的社会现象，与时代相联系：2020年初以来华夏大地阴云笼罩，全国人民都卷入一场抗击新冠肺炎疫情的残酷战役。无数医护人员奔赴疫区，从死神手中抢救生命，无数科研工作者争分夺秒，研发疫苗研制新药。他们身上迸发出来的职业信念和奉献精神不就是老班长精神的延续吗？不管时代如何发展，老班长精神永远不会过时，社会的发展永远需要这样大写的"人"。

1. 创设对话情境

创设适当的情境进行对话教学能有效激发学生的情感，这种教学方法能激发其言语表达、提升其思维发展，从而提高课堂的有效性。教学中，我们以"鱼钩为什么是金色的？"为主线问题，创设对话情境，利用与课文相关的各个素材开展对话教学，达成学习的目标。

2. 共享思维成果

师生对话、生生对话是途径，而我们最终要实现的目标和目的则是要建立学生与文本之间的对话，也就是最终要让学生学会自己独立地理解文本内容，理解作者的思想感情、语言风格，把握价值取向，享受阅读等。因此，我们让小组合作探究找到老班长的身份，梳理"我"对老班长精神的认识和变化过程。

3. 深度理解

阅读能促使人性提升和能力发展、推动人的全面发展。读者在阅读时，要透过语言现象，看到文本的内核，包括主旨、意图、情感。本文中"金色的鱼钩"的深刻内涵是教学的核心问题，通过本篇课文的学习，学生理解"金色的鱼钩"象征着老班长的崇高革命精神，从而受到情感熏陶、激发爱国主义情怀、书写新时代的精神史诗。

4. 利用多种体验，感受革命情感

增强学生对于革命文化的情感认同，一方面是在课文之中，以情感态度价值观的方式进行情感教育；另一方面就是开展一些卓有成效的第二课堂活动，丰富学生的情感体验。针对革命传统文化这一主题，本节设计了以下实践活动。

（1）知识竞赛

知识竞赛的设计思路是通过比赛的方式，增强竞争感，帮助学生在短时期内掌握较多的革命知识。知识竞赛首先需要精选知识范围，竞赛中的试题大部分来自题库，另设置一些拓展试题。

（2）朗诵比赛

"朗诵作为有声语言表达艺术，其核心是将视觉信息转化为听觉信息，融合朗诵者自身情感完善恰切传达作品的思想感情。"教材之中汇编了很多革命传统教育类的诗歌，在课堂教学中教师已经对如何朗诵这些诗歌进行讲解，所以开展朗诵比赛对于

学生来说难度不大。朗诵比赛的开展，首先篇目要符合革命情感教学主题，其次，朗读的形式要多样化。

（3）班会活动

班会是课堂教学的有效延伸，良好的班会组织可以帮助学生解决现阶段的主要问题，提升班级凝聚力。国家对于弘扬传统文化越发重视，学校也要积极响应，开展"革命文化在我心"等主题的班会活动。在班会活动之中，要将学生放在首位，注重学生的体验性，教师可以设计真实的情境、播放相应的影片，或者设计一个讨论主题，例如"有人在烈士陵园嬉戏打闹"这样来自生活的主题，请同学们谈谈自身的认识和看法。

（4）利用革命史料资源

上海拥有众多红色历史足迹，这座城市的根脉里流淌着红色基因。中小学教学要善于利用上海红色文化丰富的教育资源和精神内涵，让学生去实地探索，如开展"寻访红色足迹"活动，组织学生实地探访老红军故居和革命历史博物馆等校外红色资源和阵地，打造红色教育"实景课堂"。学生在实践之中可以锻炼资料收集能力、小组合作能力，还可以在活动中领悟红军战士的坚强意志，自觉传承红色基因。

三、结语

于漪老师说，"教文育人"目标是建立在"目中有人"的教育理念上，建立在时代的要求和教师的使命意识之上，建立在语文教学培养目标的整体性之上的。

革命传统教育课文有着普通课文的共性，也有作为红色文化的特殊性。需要教师用心对话文本、用情感悟人文内涵，这样才能打动学生心灵。在教学的过程中，我们要让学生了解历史、懂得历史、尊重历史，把革命年代的优秀品质植入我们每个人的心中，并让它发扬光大，这不仅是"德智融合"的要求，也是国家的要求、时代的要求。

参考文献：

[1] 习近平. 在哲学社会科学工作座谈会上的讲话 [N]. 人民日报，2016-05-19（2）.

[2] 鞠鹏. 习近平在学习贯彻党的十九大精神研讨班开班式上发表重要讲话 [J]. 社会主义论坛，2018（02）.

[3] 白纯. 革命文化是文化自信的重要资源 [N]. 中国社会科学报, 2017-02-09 (6).

[4] 王本华. 强化核心素养创新语文教科书编写理念——统编义务教育语文教科书的主要特色 [J]. 教学实践与研究, 2017 (02): 8-12.

[5] 段青学. 基于"言、象、意"三层次分析的朗诵艺术探究 [J]. 戏剧之家, 2021, (06): 193-194.

践行"德智融合",走向诗和远方
——以《假如生活欺骗了你》为例的"德智融合"探索

上海市建平实验地杰中学　夏　英

摘　要：本文阐述了"德智融合"的背景,分析现代诗歌的教育价值,以《假如生活欺骗了你》为例,在文本选择、目标设立、策略运用三方面进行"德智融合"教学探索。

关键词：现代诗歌　"德智融合"探索　《假如生活欺骗了你》

一、"德智融合"的背景研究

语文教育的目的是什么？从知识技能的学习,到情感价值的培育,语文教育随着国家发展和认识深入也在不断转变中。如果把语文课堂依旧简单地等同于识字学文,或者把语文课堂作为考试分数提升的途径,那么如何能满足时代的需求,培养出"有中国自信、中国自尊、能放眼世界、为世界和平做贡献、能真正屹立于世界民族之林的一颗中国心的现代文明人"？

语文教育的目的,是促使人灵魂转向,实现人生境界的提升。但是想要达到这个目的,并非可以一蹴而就。教育的力量,显现在日常课堂的点滴,与学生相处的分秒。语言的工具性、内容的文学性、思想的人文性,都注定了语文学科的教学不能偏向于任何一方,必须兼而有之、包容并蓄。每一个学生都会有缺点,但是每个灵魂都是世上独一无二的存在,是有血有肉、有悲有喜的人。而教育者的眼界和格局不应止步于考试和分数,尊重他们,就像看到曾经稚嫩的自己,真正在心底树立育"人"的观念。

"语文教学要注重学生的'德智融合',培养学生的理论结合实践综合能力",从2014年开始,于漪老师所开展的"中小学语文学科育人功能纵向衔接横向贯通的实践研究"一直在路上。学习的最终目的,始终是关注人的发展,而人的发展,必定立足于思维的提升和精神的成长,注重知识传授过程中对于每一个"人"的培养,这是于漪老师的教育坚持，也应当成为我们的教育理念。统编本教材的改版也正是多维度地对加强学生能力的培养，作为教师需要站位更高、眼界更广，以活动和兴趣驱动语文学习的积极性，全面提高学生的语文素养。

二、 现代诗歌教学的价值使命

作为四大文学体裁之一的诗歌，一定是初中语文教学的重要内容。统编本教材的改版，也的确在古诗方面增加了量，显现了对中华传统文化传承的极度重视。但是现代诗歌却处在一个极为尴尬的境地，内容说少不少说多也不多，教学可教可不教，学生读不太懂也不是很有兴趣。因此现代诗歌这一块，是初中语文教学的盲点，缺少深入的研究。

从现代诗歌的篇目来看，也占据着不少的比例。初中语文（7至9年级）现代诗歌篇目统计如下：

表1 统编初中语文教材现代诗歌篇目统计

7年级上册	7《散文诗二首》 （《金色花》泰戈尔、《荷叶·母亲》冰心） 20《天上的街市》郭沫若
7年级下册	5《黄河颂》光未然 19《外国诗二首》 （《假如生活欺骗了你》普希金、《未选择的路》弗罗斯特）
8年级下册	2《回延安》贺敬之
9年级上册	1《沁园春·雪》毛泽东 2《周总理，你在哪里》柯岩 3《我爱这土地》艾青 4《乡愁》余光中 5《你是人间的四月天》林徽因 6《我看》穆旦
9年级下册	1《祖国啊，我亲爱的祖国》舒婷 2《梅岭三章》陈毅 3《短诗五首》 （《月夜》沈尹默、《萧红墓畔口占》戴望舒、《断章》卞之琳、《风雨吟》芦荻、《统一》聂鲁达） 4《海燕》高尔基

现代诗歌是人类精神文明的结晶，也是初中语文教学的重要内容，不是可有可无的。现代诗歌是古诗的延续，它打破了传统诗歌格律的束缚，显示出诗歌的现代追求。学生学习现代诗歌，不仅是看到诗歌语言本身，更多的是体味它的意境、内涵和诗人显现的人文精神。感受现代诗歌的魅力，恰恰是"德智融合"所倡导的教育方向。

如果教师也像学生一样既不重视也读不懂现代诗歌，那只能永远无法打开解读的大门，更加找不到"德智融合"的最佳切入点。正如于漪老师所言："教师要对所教学科的个性特征深入研究，准确把握，然后对某个章节、某个内容反复推敲，找到知识传承与思想情操熏陶感染的最佳结合点，进行无缝焊接。"诗人对想要表达的情感与思想，往往铺垫在了现代诗歌字里行间，从头到尾。只有整体把握，再从幽微处设疑，连贯全篇，打开学生的思路，看到现代诗歌写作过程中诗人精心设计的每一步，才能深入体会到最终的情感与思考，达到"德智融合"的教学目标。肩负起教书育人的责任，把初中现代诗歌课堂上得"有魂有魄"，也应当是教育者不懈的追求。

三、现代诗歌教学的"德智融合"探索

1. 践行"德智融合"，选择合适诗歌

在诗歌内容的选择上，前文所罗列的初中语文（7至9年级）现代诗歌篇目统计表已经给出了明确的范围。这些篇目，基本都能符合"德智融合"的教育目的，有对亲情的倾诉、有对美好的追求、有强烈的爱国之心、有对家乡的思念……人类最美好的情感尽在其间，现代诗歌的情感浓烈程度也并不比任何文体逊色。

特别是充满生活积极向上力量的《假如生活欺骗了你》，作为"俄罗斯诗歌太阳"普希金的经典名篇，激励了一代又一代的人勇往直前、永不放弃，成为我们的人生座右铭。虽然从创作背景来看，生活的确是欺骗了普希金，面临流放、幽禁、孤独、寂寞、苦闷、抑郁伴随了他始终，但是诗人借以诗歌所表达的对生活的执着热爱、对理想坚定的追求和对未来光明正义必胜的信念，使得诗歌流传久远。

人生的路上总会面临挫折坎坷，如何处理这些，也将是学生学习之路和人生道路上的必经历程。通过本诗，可以教会他们以积极的姿态面向未知的生活。而对诗歌的品析，不是空洞的说教，是"润物细无声"的"德智融合"，是一种学生更易于接受的学习方式。

2. 践行"德智融合"，设立教学目标

面对不同形式和情感的现代诗歌，在教学目标的设计上，也应当依诗而定，运用不同教学手法，以达到学生对现代诗歌不同语言形式的探究，自然而然地生发出对诗

对话：走向德智融合

歌文本情感价值的体悟。

在现代诗歌的教学上，语言形式永远是最佳切入点。正如于漪老师的教导："最是小处促人思，从'小'处入手——小到一个词、一个句式、一个被忽略的描写，在具体的语言形式中引领学生揭开文本的深厚内涵促使学生的思维品质发展和提升。"对于现代诗歌来说，首先摆在面前的其实是语言的运用，语言形式中必然蕴含着诗歌的所有关键点，而解读语言应当成为打开文本核心的一把关键钥匙。从词语到句子，从句子到段落，从段落到谋篇布局，语言外在形式的特殊之处，就是极好的切入点。从语言的特殊用法上看到诗人的良苦用心，体会出他想要表达的意蕴。这种由表及里的解读方法，把语文的工具性和人文性有机地融会在一起，达到了"德智融合"的教育目的。

《假如生活欺骗了你》一诗，不像一般的现代诗歌运用一个或多个意象，通过意象的描绘来抒发情感。本诗恰恰并不运用任何意象，直接表述的形式有别于一般的现代诗歌。而且本诗虽然文字简单，但是亲切的劝告口吻中，直白不加修饰的文字中，传递着诗人真切的情感：平等、坦率、热烈、充满哲理。在教学目标的设计上，这些语言形式都是值得关注的。

3. 践行"德智融合"，采用有效策略

（1）通过比较阅读和小组讨论，体会语言形式的独特之处。

【案例回放1】

师：同学们，今天我们要来学习"俄罗斯文学之父"普希金的著名诗作《假如生活欺骗了你》。老师读完这个标题之后觉得很有意思，你对标题怎么理解呢？

生：生活怎么能欺骗人呢？是拟人。

生：所谓"生活欺骗了你"其实就是在人生路上遇到了挫折、困难。

生："假如"是一种假设的情境，不一定是真的。

生："假如"一定还有后续，会写这种情况下后面发生的事情。

师：你们都很有自己的看法。这里，老师找了汪国真的一首诗作。接下来，请同学们小组合作，先朗读这两首诗，然后进行对比讨论，把这两首诗作的异同点梳理出来。（出示PPT）

我微笑着走向生活

汪国真（1956—2015）

我微笑着走向生活，

无论生活以什么方式回敬我。

报我以平坦吗？

我是一条欢乐奔流的小河。

报我以崎岖吗？

我是一座大山庄严地思索。

报我以幸福吗？

我是一只凌空飞翔的燕子。

报我以不幸吗？

我是一根劲竹经得起千击万磨。

生活里不能没有笑声，

没有笑声的世界该是多么寂寞。

什么也改变不了我对生活的热爱，

我微笑着走向火热的生活！

（小组朗读、讨论中）

【案例阐释1】

如何感受到《假如生活欺骗了你》有别于其他现代诗歌的独特语言形式呢？比较阅读是一个好方法，通过对比，独特之处会更显、更易于学生发现。当然，比较诗作的挑选也是有讲究的，既能凸显双方的不同之处，又能有与之相同的思想情感，才有异同点，才有比较的价值，也才能于细微的语言之处设疑，深入情感探究。小组讨论的形式，也给学生极大的自由度，畅所欲言，群策群力，发挥每一个个体的能动性和创造力。

（2）通过知人论世，体悟诗人情感的生发。

【案例回放2】

师：先请同学们来说说这两首诗的相同点。

生：这两首诗都对生活充满了希望，都很乐观。

生：它们的语言都很简单清新，内容也不难理解。

师：我相信这几点是大家都认同的。其实，我更想看看你们找到了什么不同点！既然你们都认为内容不难理解，那我们就从内容的不同之处开始。哪个小组先来？

生：虽然它们都是乐观积极的诗作，但是《假如生活欺骗了你》假设了生活中不顺利的情况下，要充满希望，并且还讲到了困难过去之后回忆会很美好。而《我微笑着走向生活》是不论什么情况下，既有逆境也有顺境，都要积极乐观地生活。

师：很好！虽然主旨相同，但是呈现主旨的内容是不一样的。为什么会有这种区别呢？请关注一下这两位作家所处的时代。

生：我知道！这跟作者背景有关系，普希金处在俄国革命的时代，社会动荡，还有战争。汪国真处在新中国成立后，是比较平稳的年代，即使可能遇到挫折，也不会像普希金那样巨大。

师：预习很充分，思维很敏捷！我们一起来看看普希金这位伟大作家的生平简介。

（出示PPT）

普希金生平简介：

> 亚历山大·谢尔盖耶维奇·普希金，是俄罗斯伟大的民族诗人、小说家，出身于贵族家庭，一生倾向革命，与黑暗专制进行着不屈不挠的斗争。他的思想与诗作，引起沙皇俄国统治者的不满和仇恨，曾两度被流放，普希金始终不肯屈服，最终在沙皇政府的阴谋策划下与人决斗而死，年仅38岁。《假如生活欺骗了你》写于普希金被沙皇流放的日子里。

【案例阐释2】

"德"作为一个精神概念并不是独立于物外的，更不是空中楼阁，德育必须在可感可触的教育中，培养好每一个学生的国民素质。情感的生发，是有迹可循的，既有文字的"迹"，又有诗人经历的"迹"。从语言文字入手，结合生平背景，才能深入解读诗人当时的情感，并且生发认同感，甚至敬佩感，从而形成语文教学的社会主义核心价值导向作用，引领学生的精神发展。把"德智融合"点滴滋润进语文课堂的每一分每一秒，化作学生可吸收的养分，真正把教育指向人格的完善、人的综合素养。

（3）通过细微之处的品析，深入诗作情感的探究。

【案例回放3】

师：所以在这样的背景之下，普希金更关注面对挫折的心态，而汪国真则看得更全面。那么问题又来了，既然普希金的挫折是真实的，为什么他还要用"假如"？请同学们再次有感情地朗读两首诗作，对比并思考。

（学生朗读中）

生：因为普希金用的是"你"，是在对读者说，不是在说他自己。他不清楚读者有没有遇到过困境，所以用了"假如"。汪国真用的是"我"，表达的是他自己的情感，是说自己无论顺境逆境都要乐观面对生活。

师：分析得太棒了！你看到了人称上的差异，这种差异是因为作者的写作目的不一样，普希金是在劝告读者，汪国真是在表达自我。谁的境界更高？

生：普希金。他面对挫折不仅没有自怨自艾，还那么积极地劝慰读者，真诚又坚强。

师：是的！在你们面对考试失利哭泣悲伤的时候，想想出身贵族却投身革命的普希金面对生活的一次次磨难依旧乐观坚强，这是一种难能可贵的精神。人生不如意事十之八九，希望你们学习这种不被生活打败的坚韧乐观。

师：我还有一个小问题，你们喜欢老师劝告你们吗？

生齐：不喜欢！（笑）

师：你们喜欢普希金劝告你们吗？

生齐：喜欢！（笑）

师：为什么呢？

生：普希金比老师温柔，像是在劝告朋友。

师：所以，明明是被人厌烦的教条的劝告，在普希金的笔下，温柔和缓地沁入人心，带给人力量。我以后对你们也会温柔的。（笑）

师：同学们还找到什么不一样的地方吗？

生：虽然两首诗都很简单，但是普希金的更简单，他就是在劝告，什么手法都没用，而汪国真还用到了"小河、大山、燕子、劲竹"来代表他自己。

师：可以用我们本单元学过的手法来总结两者的区别吗？

生：普希金直抒胸臆，汪国真托物言志。

师：很好！通过两首诗的比较，我们发现这种方法帮助我们能够更清晰地把握诗歌的特点，同学们以后还可以运用在其他的文章学习中。最后，送给同学们老师改编的几句诗：

假如生活欺骗了你，
不要悲伤，不要心急！
去读一读普希金的诗作：
黑暗之途上，自有光明之花指引前行！

【案例阐释3】

"你"和"我"的区别，是普希金劝慰读者和汪国真表达自我的区别；劝慰读者和表达自我的区别，是写作目的和手法的区别；写作目的和手法的区别，是境界的高下；意象的使用与否，根据不同的诗作而定，都能有绝佳的效果。这些语言细节的品析，能使学生更充分地理解普希金的诗歌创作，洞悉诗人的情感、性格、品性，去感受隐藏在字里行间的坚强乐观，走进诗人的精神世界，找到自己的前行方向。

四、在实践中反思感悟

于漪老师反复呼吁教育要"以德育为核心，以实践能力、创新精神为重点"，要有自己的"教育自信"，"敬畏每个孩子的生命，用心倾听每个孩子的生命呼唤，充分激发每个生命个体的多元智能"。基础教育的价值，就是要教会学生在复杂多变的社会里能敏锐地感知、能准确地判断、有坚定的方向。而语文教育，又是在语言技能之外融合各种情感和价值最多最完美的学科，在课堂教学中除了技能之外，把目光也多投向"人"的因素，真正做到"德智融合"，才能真正提升做人的境界。

有诗才有远方，现代诗歌"德智融合"的教学，同样能提升初中学生的语言素养，培养他们的社会主义核心价值观，有重要的价值，不该只是初中语文教学的摆设，更应当成为"德智融合"实施的有效途径。

作为基层的语文教师，需要重视现代诗歌"德智融合"课堂的探索，真正激发出初中学生对现代诗歌的学习兴趣，发挥他们的自主和探究能力，从而为以后达成更好的"人的发展"和"创新力的诱导"打好最坚实的基础。

参考文献：

[1] 王荣华，王平. 于漪教育教学思想概要 [M]. 上海：上海教育出版社，2021：2，12.

[2] 熊靓. 初中语文课如何实现德智融合 [J]. 语文教学与研究·下，2021（06）：120.

[3] 于漪. 德智融合 相得益彰 [J]. 上海教育，2017年04月A刊：20.

[4] 上海市教师学研究会. 燃灯——于漪"德智融合"语文教育思想语新教材实施 [M]. 上海：上海教育出版社，2020：19，143，211，304，305.

[5] 义务教育教科书（五·四学制）七、八、九年级 [M]，北京：人民教育出版社，2019.

[6] 夏英. 黑暗之途开出光明之花 [J]. 语文学习, 2021 (9)：16.

[7] 汪国真. 汪国真诗精选 [M]. 海口：南海出版社, 2016：9.

[8] 教师教学用书语文七年级下册 [M]. 北京：人民教育出版社, 2019：243.

[9] 于漪全集：第1卷 [M]. 上海：上海教育出版社, 2018：105.

童话教学要以"德智融合"理念为指导

——以《皇帝的新装》教学为例

上海市建平实验张江中学　闫晶晶

摘　要：童话表面离奇、充满想象，实则是通过丰富的想象、夸张来反映现实，呼吁真善美。《皇帝的新装》超越了一般童话想象和道德教化的价值，揭示了人类一种普遍的心理现象：在权势面前，人们，包括那些位高权重的大人物，对显而易见的谎言都是随声附和的。因此，《皇帝的新装》在教学中应找到"德智融合"的抓手，从成人和孩子不同的表现来本质性地分析人性与社会性。从而引导学生，我们要做一个怎样的人。

关键词：童话教学　德智融合　人性

一、童话教学要关注情感内核

童话，儿童文学的一种体裁，通过丰富的想象、幻想和夸张等手法来编写适合儿童欣赏的故事。童话具有语言通俗生动，故事情节离奇曲折、引人入胜的特点。童话常采用拟人的手法，赋予鸟兽虫鱼花草树木等生命，使其拥有人的思想感情。而我们往往要看到，童话表面是曲折离奇的故事，实则是对现实生活、现实社会的反映，寄寓的是作者对于真善美的呼吁和期待。统编版初中语文教材中有一篇童话体裁的文章——《皇帝的新装》。本文恰恰是通过骗子欺骗皇帝、大臣，后来在游行时欺骗所有人，指出骗局的唯有小孩子一人而反映社会中人性的虚伪。有一些教师在教此文时仅仅关注到了骗子的虚伪与成人的被骗原因，忽视了唯一敢于揭穿骗局的是一个孩子，这背后反映了怎样的社会现实？孩子揭穿骗局，那是因为孩子还没有经过世俗的污染，不懂成人社会的虚荣心、不懂成人社会的虚伪掩饰、不懂成人社会的有所顾忌、不懂成人社会的上下级关系……《皇帝的新装》是一篇外国作品，在中国之所以有这样大的影响，其中一个原因就是这篇童话具有某种寓言的性质。它不仅仅是一个童话故事，而且超越了一般童话想象和道德教化的价值，揭示了人类一种普遍的心理现象：在权势面前，人们，包括那些位高权重的大人物，对显而易见的谎言都是随声附和的。

因此，《皇帝的新装》在教学中应找到"德智融合"的抓手，从成人和孩子不同的表现来本质性地分析人性与社会性。从而引导学生，我们要做一个怎样的人。

二、"德智融合"理念观照下的教学设计

基于本课的文本个性和体裁特点，这一课的教学目标定为：1. 感受童话的夸张和想象的艺术特点；2. 从细节描写感受人物心理与人物形象；3. 体会作者对成人世界虚伪的批判，对人性本真的呼吁。

随之而来的教学方法，一是诵读。于漪老师特别强调以情激情，美读感悟，并在《穿行于基础教育森林：教学实践沉思对话录》一书中特别举例说明阅读对于情感的感悟，诵读是感悟文字魅力、文化魅力的一种有效方法。诵读的关键是读懂、读好。因此，在人物的细节描写的相关阅读中，应把握好停顿、节奏、重音等的变化，读出人物的心理、展现人物形象。二是激疑、释义。本文看上去故事较好理解，实则学生难以一下子把握其本质内涵，需要引导学生发现问题，以问促读。三是讨论对话法。师生、生生在对话讨论中深入文本，发散思考文本内涵，达成交流共识：文中的皇帝、大臣等被骗都是考虑到自己的地位、权势、面子；群众被骗则是考虑到自己的面子；骗子行骗是出于金钱的考虑。以上都是成人社会的虚伪、贪婪的人性与社会性，而唯一指明真相的孩子则没有成人虚伪的束缚。

三、"德智融合"理念指导下的教学实录

师：安徒生的《皇帝的新装》相信大家都读过，但是你真的读懂作者所想要表达的东西了吗？安徒生被誉为世界儿童文学的太阳，台湾作家张晓风曾说："如果有人5岁了，还没有倾听过安徒生，那么他的童年少了一段温馨；如果有人15岁了，还没有阅读过安徒生，那么他的少年少了一道银灿；如果有人25岁了，还没有品读过安徒生，那么他的青年少了一片辉碧；如果有人35岁了，还没有了解过安徒生，那么他的壮年少了一种丰饶；如果有人45岁了，还没有思考过安徒生，那么他的中年少了一点沉郁；如果有人55岁了，还没有复习过安徒生，那么他的晚年少了一份悠远。"今天让我们走进《皇帝的新装》，来读读安徒生笔下的世界。

师：请概括本文故事情节。

生：许多年前，有一个皇帝，他聘请两个骗子为自己做了不存在的新衣服。皇帝

给了骗子报酬，先后派了两位大臣去查看衣服，两位官员都声称自己见到了衣服。皇帝亲自去看时也声称自己看到了衣服，并给了骗子官位和报酬。第二天，皇帝穿着不存在的衣服进行游行大典，一个小孩子指出了皇帝什么衣服也没穿，老百姓们也在议论，但皇帝坚持将游行大典继续下去。

师：让我们先从题目说起。先来看题目中的"新"。"新"的第一个意思是和"旧"相对的，未用的、新生的。"新"的其他意思：性质变得更好的，如推陈出新。你觉得这套衣服有更好的性质吗？

生：有。任何愚蠢得不可救药或者不称职的人都看不见这衣服。

师：看不见衣服就会变成什么样的人？

生：愚蠢得不可救药或不称职的人。

师：还有什么词要重读？

生：任何、都。

生齐读。

师：现在看题目中的"装"。这次同学们来解读。

生：穿着的衣服，如服装。假装、装模作样。

师：有人在装。咱们来看看谁在装？怎样装？为什么装？请在文中圈画。

生1：骗子在装。

师：谈谈让你印象最深的骗子的装。

生1：他们摆出一架织布机，装作正在工作的样子。

师：这是什么描写？

生1：动作描写。

生2：他们自称是织工……于是他们就把这些色彩和稀有的花纹描述了一遍……他们急迫地请求发给他们生丝和金子，在空织布机上忙忙碌碌。明明没有布，却加以描述。

师：刚才两位同学找到的文字详细地描绘了骗子的动作，通过动作我们体会到骗子太会装了。请同学们看第24段，在盛典前，骗子是怎么做的？

生3：整夜都没睡，点起16支以上的蜡烛。

师：如此大张旗鼓，是为了什么而装？

生4：为了金钱。

师：还有谁在装？

生5：老大臣。他没有看到布，却夸布的花纹。

师：这是对老大臣的什么描写？

生5：语言描写。

师：通过语言描写展现了老大臣的装，还通过什么描写？

生6：老大臣注意地听着，以便回到皇上那要背下来。通过动作描写老大臣的装。

生7：老大臣的心理：难道我是愚蠢的吗？……难道我是不称职的吗？……

师：在这句中我们应重读哪些词表现人物心理？

生：难道，绝不能。

生齐读本句。

师：正是因为有了这样的想法，所以他才会说布料的美，所以才会从眼镜里看布的美。请一位同学来表演一下老大臣的仔细地看。（表演后）这是什么描写？

生：肖像。

师：有心理、动作、肖像、语言，都展现了老大臣的装。老大臣为什么要装？安徒生形容我们的老大臣是善良又诚实的老大臣，他为什么装呢？

生8：为了他的声誉。如果看不见就是愚蠢的、不称职的。

师：如果愚蠢、不称职，会怎样？

生7：会失去他的地位。

师：丢了地位、丢了权力，文中有内臣仆人、骑士等全都在装，官员们装是为了他们自己的地位、权力。还有谁在装？

生9：皇帝。

师：题目中有"皇帝"，咱们待会儿来看。还有谁在装？

生10：老百姓。"乖乖，皇帝的新装真是漂亮，他的裙摆是多么美丽，真合他的身材。"

师：他们为什么而装？

生10：害怕皇帝处置。（保命）

师：他们为了钱吗？为了权力地位吗？那是为了什么？

生7：谁也不愿意让人知道自己什么也看不见，因为这样就会显出自己不称职，或是太愚蠢。如果承认自己看不见，就是向所有人承认自己是愚蠢的。

师：每个人都认为自己不笨，都想看看谁是愚蠢的。因此一个人说了，所有人都在说，这是什么心理？（从众）

师：最后让我们来看看题目中的"皇帝"。这是一个怎样的皇帝？请你从文章的字里行间寻找。

对话：走向德智融合

生5：他既不关心他的军队，也不喜欢去看戏，也不喜欢乘着马车去游公园，除非是为了去炫耀一下他的新衣服。由此看出，他是一个爱慕虚荣的皇帝。

师：皇帝关心国家财政吗？关心军队吗？要艺术享受吗？要休闲娱乐吗？这一切不关心，安徒生是通过什么词告诉我们的？

生：关联词，既不……也不……

"这是怎么一回事呢？"皇帝心里想，"我什么也没有看见！这可骇人听闻了。难道我是一个愚蠢的人吗？难道我不够资格当皇帝吗？这可是最可怕的事情。"

师：这里哪些词要重读？

生：难道；怎么；这可是；不够。

师：皇帝此刻的反应和刚才谁的反应差不多？

生：老大臣。

师：皇帝此时开始心慌了，"我什么也没有看见！"这一感叹道出了皇帝的震惊。"难道我是愚蠢的吗？难道我不够资格当皇帝吗？"开始怀疑自己。但是一开始的时候，皇帝可不是这样。

生齐读："那真是理想的衣服！"皇帝心里想，"我穿了这样的衣服，就可以看出在我的王国里哪些人不称职；我就可以辨别出哪些是聪明人，哪些是傻子。是的，我要叫他们马上为我织出这样的布来。"

师：皇帝为什么这样想？

生8：因为皇帝坚信自己是称职的，是聪明的，想去看谁是傻子。

师：他对自己很自信，想去观察别人，想去掌控别人。这样的皇帝在看衣服前的心理描写，齐读："我倒很想知道衣料究竟织得怎样了。"皇帝想。不过，想起凡是愚蠢或不称职的人就看不见这布，心里的确感到不大自然。他相信自己是无须害怕的，但仍然觉得先派一个人去看看工作的进展情形比较妥当。他怎么了？

生：心虚了。

师：从哪些词读出他的心虚。

生10："不过"，心里开始打鼓。"的确不大自然"，很紧张。"相信自己是无须害怕"，在自我鼓励。

师：虽然如此，他最终仍旧不敢去，所以派其他人去。终至穿上衣服，齐读游行大典皇帝的表现。

皇帝有点儿发抖，因为他觉得百姓们所讲的话似乎是真的。不过他心里却这样想："我必须把这游行大典举行完毕。"因此他摆出一副更骄傲的神气。他的内臣们跟在他后面走，手中托着一条并不存在的后裙。

师：已经被揭穿了，皇帝是怎么做的？

生：继续游行，更骄傲了。

师：为什么？

生 12：他原来表现出来的是一种聪明的看得见布的样子，所以他必须继续摆出一副看得见衣服的样子。

师：如果看不见就说明他是不称职的、愚蠢的。他能愚蠢吗？（不能）他能不称职吗？（不能）这对于皇帝来说那就是灭顶之灾。按说皇帝高高在上，最不用装，可是这位皇帝却从头装到了尾，装得最彻底。所以皇帝是为了什么？

生：权力、地位。

师：上至皇帝，下至百姓，齐读：

城里所有的人都在谈论着这美丽的布料。每人都随声附和着，每人都有说不出的快乐。

"一点也不错！"所有的骑士都说。可是他们什么也看不见。

那些托后裙的内臣都把手在地上东摸西摸。

站在街上和窗子里的人都说："皇上的新装真是漂亮！"

全城的人都听说这织品有一种多么神奇的力量，所以大家也都渴望借这个机会测验一下：他们的邻人究竟有多么笨，或者有多么傻。

师：就像同学们刚才说的，不光皇帝想测验，就连老百姓都有如此复杂的内心。以上这些句子是有共同点的。

生 13：每个句子都有一个"都"字。

师：每个人都在装，各个阶层形形色色的人都在装，他们都很虚伪，这是社会的虚伪。有没有人不在装？

生：小孩。

师：咱们一起来看看写作背景。本文故事不是安徒生首创的，取材于一个西班牙的民间故事。（出示故事情节）这里面是谁不装？他为什么不装？

生 1：黑人，因为他不担心损失什么。

师：黑人是奴隶，没有遗产可继承，没有私利可图谋。那么安徒生为什么改成一个小孩子？你能否从文中找出一个词来形容这个孩子。

生：天真。

师：齐读有关"天真"的句子。

上帝哦，你听这个天真的声音。

师："天真"是什么意思？

生6：头脑太幼稚、简单。

师：这是谁想表达的？

生6：爸爸。天真还有心地单纯、纯真的意思。

师：这是谁想表达的？

生6：作者。

师：说到天真，王开岭说过一段话，（齐读）天真，这是我心目中对生命的最高审美了。那时候，我们以为天上的星星一定能数得清，于是便真的去数了；那时候，我们以为所有的梦想都会实现，于是便真的去梦了。童年所赐予我们的幸福、勇气、快乐、鼓舞和信心比任何时候都要多得多。

所以鲁迅在评价本文时说："不过须是孩子，才会照实地大声说出来。"

因为孩子才有：人性的本真。

请同学们谈谈，皇帝的新装对成人来说是一_____。

生7：皇帝的新装对成人来说是一张试卷。考验出成人的智慧与品德。这是一张测试人性的试卷。

生15：皇帝的新装对成人来说是一种诱惑。成人们为了金钱、地位、保命、从众等而被骗，都是没禁住诱惑。

生16：皇帝的新装对于成人来说是一面反映人性的镜子。能反映出人本性中的想法。

师：在童话的夸张、想象下照应的是人间现实、人的本性。

生17：皇帝的新装对于成人来说是一把揭开人性的钥匙。这场新装闹剧让成人看见了自己内心的虚伪。

师：皇帝的新装向我们展示了社会的虚伪和人的本真之间的矛盾。在座的你们又将何去何从？让我们再看张晓风的评价，希望我们也能读到悠远。同样的，我们再去读其他童话，同学们就明白了，童话不只是我们小时候看到的想象、夸张、幻想的美妙世界，童话更是反映现实生活的。

作业1：

拓展阅读：丰子恺《给我的孩子们》，（德国）凯斯特纳《开学致辞》。

作业2：

想象一下，同样的故事再出现，文中的孩子长大后会怎么样？请以"孩子长大了……"为开头,写一篇童话。

要求:

1. 请运用翔实生动的细节描写来写人物;

2. 请注意童话夸张、想象等特点;

3. 字数不少于 300 字。

设计意图:引导学生由本课题目入手,抓住"新"的双层意义,帮助学生更好地理解文本,体会童话的想象与夸张;感受作者精彩又精细的人物描写;理解人物形象;抓住典型人物皇帝,并且串联起各色人物,进一步感受成人世界的虚伪;引导学生明白童话是源于生活、高于生活的,是现实生活的照映。

四、 教学实践后的思考

《皇帝的新装》育人的核心要素是"感悟社会的虚伪与人性的本真之间的矛盾"。从语文学科综合性的特点出发,教学需要追求"多功能、立体化",以期实现"德智融合"。由童话故事的表面去探究深层本质,探究其社会意义、人性价值。读懂本文中的社会的虚伪和人性的本真之间的关系是学习的难点。学生理解了这个层面,就能帮助其树立正确的人生观、价值观。

参考文献:

[1] 孙绍振. 名作细读——微观分析个案研究 [M]. 上海:上海教育出版社,2009:204.

[2] 王君. 听王君讲经典名篇 [M]. 北京:人民出版社,2014.

第五章 不同学科拓展

由诗入史："德智融合"，感悟家国情怀
——对"王安石变法"的教学设计思考

上海市建平实验中学 王烨峰

摘 要：诗歌蕴含着丰富的历史信息，是学生认识历史的重要材料。通过对话教学的方式，不仅可以帮助学生学会认识历史的方式，更可以将诗人的精神品质转化为学生内在的精神力量，提升其人文素养。通过对"王安石变法"相关内容的学习，学生在对话学习和家国情怀的素养方面都得到了显著的提升，实现智育的同时，也落实了德育的目标。

关键词：历史 诗歌 对话 德育 智育

一、前言

历史是一个民族文明得以传承的重要载体，也是人类文化的重要组成部分。作为初中教育阶段的历史学科，承担起普及历史的基础性作用。钱穆先生曾说道："所谓对本国以往历史略有所知者，尤必附随有一种对其本国以往历史之温情与敬意。"因此，历史教育不仅要让学生掌握历史知识，拥有正确看待历史的方式方法，还要让学生对本民族历史产生认同感和自豪感，实现家国情怀这一核心素养的落地。这正是《义务教育历史课程标准（2011年版）》要求达到的三个维度："知识与能力""过程与方法""情感、态度与价值观"。通过这三者之间互相配合，相互促进，最终实现学生的全面发展。这一过程，也是实现学生的"德智融合"的过程。正如于漪老师所说：德育和智育不是"两张皮"，融合得好，互相促进；机械割裂，厚此薄彼或厚彼薄此，俱受损害。

那么，如何在历史学科上实现"德智融合"呢？这对历史教师提出了教学方法上的考验。著名哲学家科林伍德说过："历史事件乃是人类心灵活动的表现……历史学家研究历史事件时，则必须研究人们是怎么想的。"诗歌是作者因历史环境的影响而

进行的创作，成了我们走进历史人物心灵、认识历史发展的重要材料。笔者拟用诗歌证史的路径，从王安石的人生经历入手，展现其变法前后的情感脉络，在学会诗歌证史方法的同时，感悟王安石身上的家国情怀，实现学生的智育与德育的有效融合。

二、诗歌证史的可行性分析

（一）诗歌具有时代性与趣味性

杜甫被人称为"诗史"，说明他的诗歌充分反映着那个时代的历史变迁。明末清初著名思想家黄宗羲提出："今之称杜诗者以为诗史，亦信然矣。"陈寅恪先生更是创立了"以诗证史"的研究方法。这说明诗歌作为研究历史的材料，具备一定的可信度。究其原因，诗歌往往是诗人在特定的时间写成，表达诗人当时的情感，反映时代特征。王安石在不同时期的诗歌组合在一起，可以建构出王安石的情感变化、心路历程、人生轨迹，为学生塑造更为丰满的历史人物形象，展现更为完整的历史现场，了解历史的变与不变。所以说，诗歌所具有的历史信息，对后人来说是一份十分宝贵的历史研究材料。

曾有学者指出："诗歌的引用有利于历史课教学活动的开展，有利于激发学生的学习兴趣，有利于学生整体素质的培养。"由于诗歌相对简单易懂，不像文言文史料那般艰涩难懂，学生愿意将注意力停留在对诗歌的分析上。而诗歌所流露的情感色彩，以及形象的描绘，更加能够吸引学生的关注，自然而然地引发学生对于历史学习的兴趣，增强学生的课堂主体性，从而完成从知识的被动接受者向主动探索者转变。

（二）诗歌具有对话性

德国哲学家马丁·布伯提出"教育即对话"的观点，巴西教育家保罗·弗莱雷在《被压迫者教育学》深刻阐述了"对话教育"的重要性。如李百艳老师所说："师生在民主、尊重的氛围中，通过教师、学生、文本三者之间的相互对话……开发创造潜能，塑造独立人格，提升人生境界。"由此可见，在历史课堂上进行对话教学，成了提升课堂教学效果的关键之处。

诗歌通常是诗人诉说自身情感的载体，蕴含着诗人对个人经历、时代变迁的所见、所闻、所思、所想。因此，诗歌便成了触发课堂对话的重要文本。借助诗歌中透露的信息，学生得以与诗歌的创作者，以及背后的那个时代进行对话。从而对历史人物产生一种情感上的共鸣，形成更为深刻的认识。同时也对那段历史产生更为深入的了解，在了解的基础上，生成对历史的"温情与敬意"。对话本身就与历史人物站在相同的角度，去感受、思考历史事件的发生。这就可以避免以先入为主的观点去认识历史，从而实现对历史客观而理性的认识。

由诗歌所产生的对话教育，是历史教育的应有之义，是提升学生更为深入而准确认识历史，从而提升学生道德品质、落实家国情怀的重要方式。正如历史学家 E. H. 卡尔在《历史是什么》中写道："历史是历史学家与历史事实之间连续不断的、互为作用的过程，就是现在与过去之间永无休止的对话。"

三、 由诗入史：对话与德智的培育

（一）创设情境，对话历史

曾有教师指出："历史课堂中的诗歌首先要有史料价值，运用诗歌必须以真实的历史背景为基础。"王安石通过诗歌所表达的情感，与诗歌背后的时代背景息息相关。通过其他材料的引用，创设相应的时代背景，可以帮助学生了解并理解王安石，与王安石在情感上产生共鸣，认识并学习王安石身上的家国情怀。在具体的设问上，笔者希望学生能以对话的方式走进历史情境，站在历史现场，依据历史角度，实现对历史信息的主动挖掘，自发地产生对历史人物的"温情与敬意"。对话教学"是师生双方共同就问题、思想等进行平等的交流和分享。教师的作用更多地体现在如何引发学习、打开学习过程，启发引导学生深入思考、假设、求证，真正实现以学习为中心，让学生体验经历学习的过程"。在下文中，笔者将就如何利用诗歌进行对话教育做初步的说明。在第四部分，笔者将依据诗歌，并结合其他材料，让学生与历史来一场深入的对话。

（二）在对话中实现德育与智育

于漪老师认为，学科德育是关于"人"的培育。具体而言，是关于生命质量和如何做人的教育。诗歌所具有的对话性，可以帮助学生通过对话的手段，发掘诗人浓烈的思想情感、道德品质，实现上述的德育目标。王安石一生留下了诸多诗词，教师通过引导学生注意诗歌的成诗年代和历史背景，促使学生"沉浸"于王安石所处的时代，感受王安石的人生境况，站在王安石的角度去解读诗歌。这是实现对话中平等与共情的前提。笔者会引导学生阅读诗歌，帮助学生摘出其中关键字词，并给出其他历史材料，通过对话的形式，引导学生就这些材料，自发地去寻找答案从而认识历史。

因此，对话历史的过程便是实现智育和德育的过程。通过引导学生了解诗歌的成诗时间，站在历史的角度思考事物，从而掌握历史面貌的做法，是落实智育的表现之一，这可以帮助学生构建学习历史所需要的时空脉络，认识到事物发展的基本过程，这是重要的学史方法，也是认识当下社会经济、政治、文化等发展状况的重要手段。而通过与不同文本的对话、分析、思考，以及师生之间、生生之间的对话，不仅能提升学生搜集、比对、分析信息的能力，还能促进学生交流、沟通的素养，也是落实智育的表现之一。在这个过程当中，学生借助材料，实现深入历史场景，与历史人物展开对话，可以更为深刻感受到王安石坚韧不屈的人格品质，以及忧国忧民的家国情怀，这会促进学生思想道德、精神品质的建设，从而实现德育的落实。因此，智育与德育的实现在时间线上是同步的，而且两者无法割裂。失去了对话的方式，不利于学生对历史的了解和认识，进而无法对历史产生思想情感上的共鸣。而没有对历史产生共情，则没法实现对历史的真正认识。

四、由诗入史：培育家国情怀

王安石是北宋著名的文学家、政治家、改革家，为后世留下了诸多诗词作品。笔者选取了王安石三首诗歌，勾勒出王安石三个重要的人生节点。笔者首先将与诗歌相关的材料做一整理，再结合其他材料，主要以对话的方式，实现对学生德智方面的培育。由于王安石的一生与国家的发展息息相关，在本次教学中，德育部分主要涉及家国情怀的培育。培育学生的家国情怀，不仅是实现历史核心素养的途径，也是落实《义务教育历史课程标准（2011年版）》中加强学生对民族的认同感与自豪感的应有之义。

表1 王安石经历与成诗时间

时间	经历	诗文（引用）
1042—1045	淮南判官	《次韵子履远寄之作》
1069	参知政事	《元日》
1076	被罢相后	《梅花》

现将诗文引用内容摘录如下：

材料一：

次韵子履远寄之作

飘然逐客出都门，士论应悲玉石焚。

高位纷纷谁得志，穷途往往始能文。

材料二：

元 日

爆竹声中一岁除，春风送暖入屠苏。

千门万户曈曈日，总把新桃换旧符。

材料三：

梅 花

墙角数枝梅，凌寒独自开。

遥知不是雪，为有暗香来。

（一）从《次韵子履远寄之作》看王安石的思索

材料四：宋初军队只有 20 万，宋仁宗庆历元年兵员增加到 125 万人。

——黄天华《中国财政制度史》

材料五：天下六分之物，五分养兵。

——蔡襄《蔡忠襄公文集》

材料六：面对社会危机，他（范仲淹）……于庆历三年（1043 年）提出改革措施……范仲淹主持的这场改革，史称"庆历新政"。新政因反对派阻挠只实施了短短几个月。

——《中国历史》第二册

材料七：子履即陆经，是王安石的朋友，在围绕"庆历新政"而展开的激励政治斗争中，遭到保守派的打击，于庆历四年（1044 年）十二月贬谪袁州（治所在今江西宜春）。

——崔铭《王安石传》

材料八：内则不能无以社稷为忧，外则不能无惧于夷狄，天下之财力日益困穷。

——王安石《上仁宗皇帝言事书》（1059 年）

通过笔者的交代，学生已经了解王安石写下《次韵子履远寄之作》的时间点。然后让学生找出诗中表达诗人情感的关键词，思考"王安石为何会在此刻有如此心境？"接着笔者将给出材料六和材料七，让学生结合材料信息去思考。有了时间点、诗歌关键词的铺垫，学生已逐渐进入历史情境，站在历史的角度去思考问题。通过对材料的解读，会发现诗中的"子履"是王安石的好友陆经，而王安石的愤怒源自好友的被贬。笔者引导学生思考：王安石只是单纯地为朋友的遭遇而愤怒吗？学生通过诗歌中"高位纷纷谁得志"，再结合材料中的"庆历新政"，注意到王安石的愤怒可能还来自新政的遭遇。王安石是借对朋友的遭遇的愤怒，表达对改革即将失败的悲愤。这时，有学生提出:"王安石为何对改革失败这么愤怒?"笔者抓住这个关键问题,引导学生思考:王安石愤怒的实质究竟是什么?学生通过对其他材料的分析,反复比对前面的信息,会发现北宋当时在官员、军事、财政上面临问题,认识到王安石至少从"庆历新政"开始到1059年,都在关注着国家面临的问题,王安石的家国情怀呼之欲出。

在这个过程中,笔者以对话的方式,抓住学生的提问,又以问题引导学生,促发学生与文本的对话,在不断的信息搜寻、分析、结合中,学生深入认识到了王安石身上的精神品质和理想抱负,学会了学习的同时,也促进自身思想品质的升华。

(二)从《元日》看王安石的实践

材料九:(宋神宗继位)百年之积,惟存空簿。

——韩绛《奏报》

材料十: 1069年,宋神宗任用王安石主持变法。而王安石变法涉及经济、军事和教育领域。他们希望通过变法,摆脱统治危机,实现富国强兵。

——《中国历史》第二册

表2 王安石变法主要过程和内容

时间	内容
1069.7	均输法
1069.9	青苗法
1069.12	农田水利法
1070.12	保甲法
1071.2	改革科举
1071.10	募役法
1072.3	市易法
1072.5	保马法
1072.8	方田均税法

笔者参照之前的教学方式,引导学生了解诗歌的成诗时间,知道诗人寄托于诗歌的情感。笔者尝试围绕王安石情感的变化,以诗歌为基础,其他材料为依据,通过问答的形式,设计学生与王安石之间的对话。结合之前对于王安石的分析,他至少从1043年支持"庆历新政"开始,就在关注着国家与人民的事务。那一年,他是旁观者,为新政的失败而悲愤。一问王安石:"为何此时你的心境从悲愤变为喜悦与憧憬?"阅读材料,搜集信息,学生了解到在1069年,王安石成为参知政事,成为中央

副宰相。笔者再次引导："王安石只是因为当高官而喜悦吗？王安石在憧憬什么呢？"学生带着这些问题再度询问王安石，在诗歌和材料中，学生认识到王安石的憧憬是即将全面实施心中的理想抱负，希望通过改革迅速解决国家的问题，为国纾难，为民解忧。王安石的家国情怀得到了升华。

（三）从《梅花》看王安石的坚守

材料十一：中央积蓄的钱粟，"数十百万巨"，作为户部的经费，"可以支二十年之用"。

——《文献通考》

材料十二：保马法的实施使马匹数量和质量都得到了提升……将兵法在一定程度上改变了兵将分离的局面，战斗力有所增强。

——《选修·历史上重大改革回眸》

材料十三：春算秋计，展转日滋，贫者既尽，富者亦贫。

——《宋史·司马光传》

《梅花》是新法面临困境、王安石被罢相后所写，表达了王安石"孤独"却又"坚韧"的心境。根据笔者之前的设问，让学生通过对话王安石和文本去寻找答案，可知变法在达成目的的同时带来了新的问题，而恰恰是由于这些问题，导致新法面临失败，王安石被众多士大夫批判。在材料中，司马光给出的答案就是：不仅贫穷的人变得更穷了，连富裕的人都变穷了。王安石原本经世济民的变法，却严重损害了人民的利益。分析至此，学生就能够明白，王安石的孤独是因为新法和自己遭受的批判和抵制，而新法产生的问题也让他痛心和困惑。

基于上述分析，笔者提出问题："王安石在这当中发生了几次心情的转变？"学生答："三次。"笔者再次提问："这三次变化的原因是否相同呢？"这时，学生之间形成了不同的答案。笔者趁机引导学生以事实为依据，互相探讨，形成生生间的对话。最后，学生认识到，王安石心境变化的原因，从具体事情上看是不同的，但都和改革息息相关，而改革的目的是为了解决国家和人民面临的问题。因此，王安石其实一直都在关注国家的发展状况。在王安石的身上一直都体现着"先天下之忧而忧，后天下之乐而乐"的家国情怀。至此，学生不仅进一步掌握了从多角度认识事物，以综合的眼光看待事物的态度和方法，更深切体会到了王安石身上坚韧不拔，为国为民的精神品质。在智育的过程当中，实现了德育。

五、 余论

教育部颁布的《义务教育历史课程标准（2011年版）》将"家国情怀"作为历史学科教学的核心素养的一部分。笔者以诗歌为依据，结合其他材料，用对话的方式，以"王安石变法"为例进行教学，在落实"家国情怀"的同时，也促进学生在文化知识、思想品德、个人素养方面的提升，将德育和智育有机结合在了一起，两者相辅相成，互相促进，将德、智滴灌学生的内心，实现了学生德智的全面发展。

参考文献：

[1] 钱穆. 国史大纲 [M]. 北京：商务印书馆，2010.

[2] 科林伍德. 历史的观念 [M]. 北京：北京大学出版社，2010.

[3] 黄宗羲. 南雷文定：前集（卷一）[M]. 上海：世界书局出版社，2009.

[4] 陈吉海. 历史课程教学如何巧用古诗来提高教学效果 [J]. 中学教学参考，2009（03）.

[5] 李百艳. 教育：让人拥有对话世界的力量 [J]. 上海教师，2021（03）.

[6] E. H. 卡尔. 历史是什么 [M]. 北京：商务印书馆，1981.

[7] 刘智彬. 诗歌与初中历史"家国情怀"的培养 [J]. 中学历史教学参考，2021（12）.

"德智融合"在初中美术教学中的实践研究
——以八年级"原始彩陶"一课为例

上海市建平实验中学　弓新丹

摘　要：德育保证美育的正确方向，智育给美育以丰富充实的内容，美育则为德育和智育提供有感染力、吸引力的手段。把"德智融合"思想融入初中美术教学实践，可以实现德性、智性、审美共同成长的目的。本文以于漪老师的"德智融合"思想为引领，以八年级"原始彩陶"一课的教学实践为载体，在案例分析中探索初中美术教学实践中德育、智育、美育的融点和路径。

关键词："德智融合"　立德树人　德育　智育　美育

一、于漪老师的"德智融合"思想

作为"人民教育家""改革先锋"，于漪老师已从事教育工作七十余载。在多年的教育教学实践中，于漪老师坚持"立德树人"的教育理念，强调教书和育人的有机结合，在丰富知识储备、提升能力素养的同时培育道德情操、完善精神建设，以优秀的中华文化和民族精神滋养学生的心灵，使其明读书之理、明做人之理、明报效国家之理，从而培养出有中国心的现代文明人。她就像一支红烛，用激情和热爱为学子点燃心头的灯火，用生命和信仰为教育开辟前途的光亮；她始终冲在潮头，立志将自己有限的生命融入深爱的教育事业中，热情滚滚，初心不改。

"德智融合"思想的提出，是于漪老师在21世纪对"立德树人""教文育人"思想的发展和贯彻，也是她对这些理念在语文学科如何落地生根的探索和回答。于漪老师提出，教师要充分挖掘学科内在的育人价值，将其与知识传授能力的培养相融合，立体化施教，全方位育人，才能真正将"立德树人"落实到学科主渠道、课堂主阵地。学科德育工作需要在价值理念的引领下坚守学科本原，在学科中践行"德智融合"的前提是对学科智育内容的全面把握和德智融合点的准确定位。那么，如何做到全面把握,准确定位?这就要求教师在对学科的价值内核和知识体系的深入研究和反复实践中,努力探寻知识传授、能力培养、情感熏陶、德行浸润的关键连络点。

二、美术学科"德智融合"的必要性

古今中外,关于德育、智育、美育相结合的思想理论由来已久。西方的柏拉图、席勒,中国的孔子、蔡元培,都对美育在教育领域的积极作用有所阐发,他们希望将美育有机融合在德、智、礼、义、情的发展之中,以促进人的德性、智性、品性的形塑和完善。美育是审美教育,可以提升学生的审美能力和艺术素养;美育也是默会教育,能够影响学生的内涵气质和道德品质。美育与德育、智育相辅相成,相互促进,在美术学科中渗透、践行"德智融合"教育思想具有理论上的先进性和实践上的必要性。

(一)主体身心发展的需要

初中阶段是学生养成良好行为习惯、树立正确道德观念的重要时期,这一阶段的发展会深深影响到一个人的身心成长、兴趣爱好、行为准则、公序良俗乃至今后的人生方向。同时,初中生的身心发育尚不成熟,他们开始具有一定的自我意识,更容易接受那些新鲜、形象的事物。在教育领域中,美育即以形象性、生动性和感染性著称,学生能够在更为轻松、自由的状态下获得知识的增进、能力的提升、感官的愉悦、情感的陶冶。

(二)提高道德品质的需要

美育作为情感教育的主要途径之一,同德育有着不可分离的联系。卢梭曾在《爱弥尔》中讲道:"有了审美的能力,一个人的心灵就能在不知不觉中接受各种美的观念,并且最后接受同美的观念相联系的道德观念。"美育作为一种寓教于乐的教育活动,能够将道德教育蕴藏在生动的艺术形象和审美意象中,潜移默化地将相关的德育思想转化、传递给学习者,在审美愉悦中促进学习者道德品质的提升和美好心灵的形塑。

(三)教育面向未来的需要

21世纪以来,随着科学技术的飞速发展、人工智能全面普及、移动学习的多维转换,知识与技能的更新不断加速,信息的传播形态和接收方式都在不断改变。在信息加量加载、资源极其丰富、知识随处可得的现状下,学生的学习行为也突破了时间和空间的限制,开始变成一种"随时随地"的行为。因此,我们教育者更要立足当下、

◎ 对话：走向德智融合

面向未来，以培养"全面发展的人"为核心追求，指导学生将认识世界的镜头不断拓展和延伸，在德、智、美相融合的高阶课程中不断发展其思维构建、问题解决、实践创新、社会参与、审美延伸、文化理解等未来社会所必需的核心素养。

三、初中美术"德智融合"路径探索

德育保证美育的正确方向，智育给美育以丰富充实的内容，美育则为德育和智育提供有感染力、吸引力的手段。把"德智融合"思想融入初中美术教学实践，可以实现德性、智性、审美共同成长的目的。因此，笔者以于漪老师的"德智融合"思想为引领，以八年级"原始彩陶"一课的教学实践为载体，在案例分析中探索初中美术教学实践中德育、智育、美育的融点和路径。

在初中美术教学中，原始彩陶是一块丰饶的文化艺术土壤，历史悠久，形态多样，审美价值极高。但在教授的时候也面临着知识体量大、内容枯燥、学生不易共情等现实问题。因此，这节课主要聚焦于彩陶文化的认识和彩陶纹饰的表现，引导学生在探究学习中深入感受华夏文明之花初绽的魅力，在艺术创作中创意表现艺术与生活链接的合力，在多元体验中不断发展学习者感知、鉴赏、表现、创造美的能力。

（一）以美育德：文明的追溯与传承

生活是艺术的源泉，刀耕火种留下的陶器如同一面镜子，为我们映照出那个时代的文化精神与生活气息。陶是人类向文明迈出的第一步，祖先们从对器物的捏塑造型，到绘制各种各样的纹样，无不展示着创造的智慧。在他们的手中，水、火、土开始交织在一起，实现了质的变化。原始彩陶用途广泛，器型多样，地域特征鲜明，与当时人们生活中的礼仪、风俗、技术等密切相关，既具有丰富的实用功能，还具有较高的审美价值。中国原始彩陶纹饰精美，质朴生动，各具美感。作为人类文明的象征之一，它们一脉相承，连绵相续，构成了漫长的发展序列，反映了当时人们的社会生活、礼仪风俗、原始信仰和审美情趣，更印证了中华文明的悠久沉厚与灿烂辉煌。

（二）以德启智：知识的导引与探究

几千年前的彩陶艺术，蕴含了中国美学的基因密码。本课主要采用自主探究与集体共研相结合的学习方式，引导学生先与知识对话、与自我对话，在自主探究的过程中主动走近彩陶文化，亲近古老文明；而后与同伴对话、与教师对话，在集体共研的过程中进一步解析彩陶纹饰的图案类别与创作手法，创意表现彩陶艺术之美。

1. **自主探究**：学生结合课前学习任务单，介绍自主探究成果。

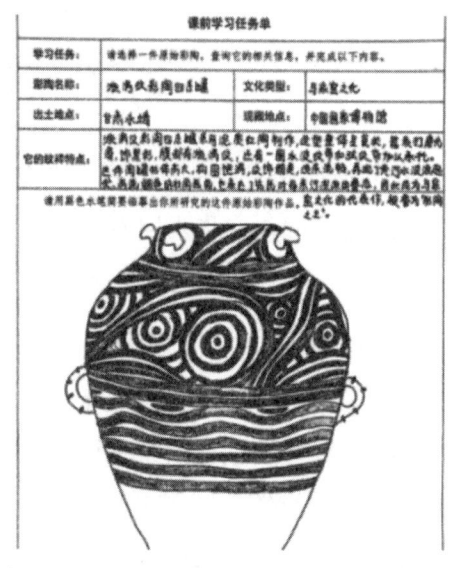

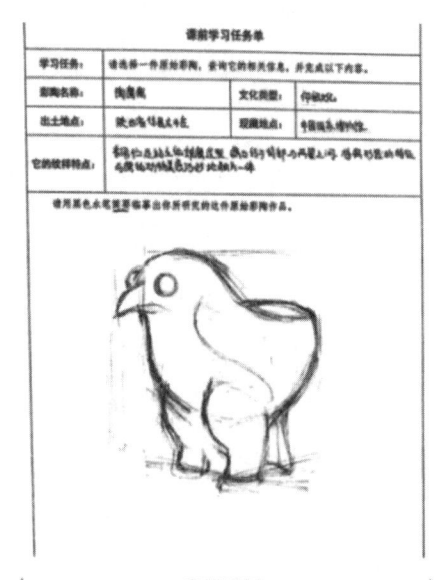

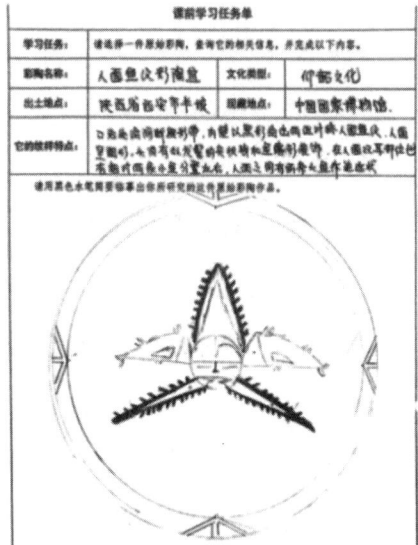

图1 八年级7班学生课前学习任务单

对话：走向德智融合

2. 集体共研：与同伴对话、与教师对话，在欣赏、思考、碰撞的过程中具体分析作品的图案类型与创作手法；小组代表发言，各组互相补充，深入感受原始彩陶艺术丰富的形式美感。

（1）观看视频：《鱼纹的演变》。思考"鱼纹是如何从我们熟悉的形象演变为视频中那些图案的？"在直观的拆解和生动的讲述中，历史的脚印一步步回溯，原始的鱼纹一点点复原在我们眼前。

（2）欣赏作品：《人面鱼纹盆》《旋纹尖底双耳瓶》《鹳鱼石斧彩陶缸》《菱格纹彩陶罐》。小组讨论并合作探究"彩陶纹饰的主要样式有哪些？"以上这些彩陶作品中，既有具象的写实纹饰，如动物纹、人面纹、植物纹等自然纹饰；又有抽象的图形纹饰，如方形、圆形、菱形、弧形、条形、三角形等几何纹饰。

（3）动态演示：一组几何纹饰的构成过程。进一步思考"这些纹饰的运用有什么规律？"可以看出，它们基本上是有规律、重复出现的，很多图案中都用到了对称的手法。当我们把立体的图形延展开，就会发现原始彩陶纹饰中更多的形式之美，这些基础图形的重复出现增强了形式美的表现力。无论是生动形象的动物纹，还是优美流畅的水波纹，都在有限的空间中呈现出了无限的视觉张力与艺术美感。

（三）以智生情：情意的发掘与融汇

黑格尔曾说："情致是艺术的真正中心和适当领域。"于漪老师也认为："上课，就是全身心投入，用生命歌唱。"课堂教学是一门学问，需要深入探索、反复研究，才能把握智性的规律，取得良好的效果。课堂教学也是一门艺术，需要用心设计、精心准备，才能激发师生的情感，涌动生命的力量。

1. 知识在创作中内化

在自主探究与集体共研中掌握彩陶纹饰的图案类别与创作手法，在设计与绘制中感受彩陶艺术的形式美感。

（1）**欣赏与感受**：彩陶艺术丰富多彩，除了以上这些传统样式外，还有多种文化类型与创意表现。我们可以看到，这些古希腊陶器上绘有装饰性花纹、人物故事和神话场景，形式多样，风格鲜明。现代陶器则加入了更多的生活元素，它们综合运用自然纹饰与几何纹饰，在现代工艺中很好地融合了原始彩陶的特点，质朴、生动又不失创意，设计感十足。

（2）**设计与表现**：同学们选取喜欢的纹饰，在剪贴好的彩陶器型上美化自己的彩陶作品，可以大胆设计、创意表现。

图 2　八年级 7 班学生彩陶作品设计图集锦（1）

对话：走向德智融合

图 3 八年级 7 班学生彩陶作品设计图集锦（2）

2. 情感在交互中链接

创作完成后，我们在班级里举办了一场"彩陶艺术展"，所有学生依次上台，用一分钟简介个人作品的设计理念和表现方法。在这个过程中，同学们的展示与演说让我十分惊喜，大家结合自己的创作从文明传递、时代传承、功能演变、纹饰创新等多元视角传达着自己的思考，极具丰富性和创造力。在群体创作与演说的火热氛围中，每个人都开始积极地展示创作成果，表达创作理念。古朴的音乐声中，我们静静聆听着同伴的讲述，同步感受着不同创作者的表现力，在发现中学习，在学习中交互，在交互中链接，让经典传承不止，让美生生不息。

四、思考与展望

在于漪老师看来，学科中的德智融合点不是外在附加的，它们深深地生长在教材中。教师要用心发掘、巧妙设计，将民族精神、道德良知、公序良俗、社会责任等价值观有意识地融入我们的教学，在学科"德智融合"的躬身践行中探索育人之道、滴灌生命之魂、深化改革之路。

在"原始彩陶"的教学实践中，我们共同走近彩陶文化、亲近古老文明，感受了华夏文明之花初绽的魅力，提升了视觉感知能力与创意表现能力，增强了对民族文化艺术的认同感和自豪感。有人说，原始彩陶是人类童年智慧之花，更是华夏文明之花。它们承载着先民们在混沌初开时对时空的理解和神灵的想象。今天，借着这些古朴美丽的史前礼物，我们似乎能窥探到人类文明在萌芽时期的点点星光。这样的美育过程，以直观、多元的审美活动为媒介，伴随着个性的心理活动和强烈的情感体验，最后逐步上升为知识、理性、道德、文化的吸收，充分调动了学习者在知识发展、道德实践、情感理解、文化传承上的自主性和积极性，使其成为自觉、自愿而非强制、强压下的行为，从而促进教育由教化向内化的转变。

教育是细水长流的事业，也是声名不彰的事业。作为一项教人成人的实践活动，它时刻演绎着生命与生命的对话，共建着生机盎然的图景。在这场盛大的相遇中，我们要像于漪老师那样心里始终装着学生，装着国计民生，装着立德树人的使命，不断以大仁、大爱、大智、大勇、大美等美好的情感熏陶、激励学生，让他们在向真、向善、向美的氛围中汲取精神文化的力量，点燃理想信念的灯火！

参考文献：

[1] 王荣华，王平. 于漪教育教学思想概要［M］. 上海：上海教育出版社，2021.

[2] 董少校. 红烛于漪 [M]. 上海：上海交通大学出版社，2020.

[3] 于漪，黄音. 穿行于基础教育森林：教育实践沉思对话录 [M]. 上海：华东师范大学出版社，2019.

[4] 卢梭. 爱弥尔 [M] 李平沤，译. 北京：商务印书馆，2019.

[5] 邓晓芒. 西方美学史纲 [M]. 武汉：武汉大学出版社，2008.

[6] 王志琴. 师者于漪 [J]. 中国新时代，2020（03）：90-95.

[7] 金薇. 德智融合让"立德树人"落地生根 [J]. 上海教育，2019，No. 1076（03）：5.

[8] 金薇. 有限课堂无限成长——于漪语文教育思想核心价值管窥 [J]. 语文学习，2019（03）：12-15.

[9] 钱初熹. 大数据时代美术教育的创新发展 [J]. 美育学刊，2016（01）：49-54.

[10] 余盛敏. 德育与美育融合的行动研究——以温州市第二实验中学的实践为例 [D]. 长春：东北师范大学，2009.

初中心理健康教育课如何实现"德智融合"

上海市建平实验中学 史 斐

摘 要：充分运用心理教育资源，培养学生正确的情感和价值观，全方位提升学生的综合素养，实现"德智融合"，已经受到社会各界的积极重视。如何在初中心理健康教育课中实现德育与智育的融合，一直是心理教师们关注的重点。本文首先从心理健康教育与德育、智育的关系进行了论述，然后从创建德育环境、提升教师综合素质和注重学生自我体验等方面进行了探讨。

关键词：初中生 心理健康教育 德智融合

立德树人是教育的根本任务。为推进大中小学德育一体化建设，自2005年起，上海市教委教研室积极探索，不断实践，始终坚持问题导向、目标导向及实践导向，引领全市中小学积极发挥各门课程的德育功能，开创了"课程德育"新格局。心理健康教育课自然也在积极探索如何在今后的教育工作和教学实践中将智育、德育和心理教育有机地结合起来，真正将素质教育方针落实到位。

一、心理健康教育与德育的联系和区别

（一）心理健康教育与德育的联系

心理健康教育是德育的重要基础。心理健康教育本着以学生为主体、育人为本的教育理念，在此教育理念引领下，教师从课堂的权威者、塑造者转变为教育活动的指导者、主导者。心理健康教育为德育注入了新的生命力，拓宽了原本以理论灌输、榜样示范、说服等为主的教育方法，并提供切实有效的实施途径，努力为学生建构良好的心理素质并为形成良好的道德品质搭建平台。

心理健康教育与德育的最终目标具有统一性。究其根本，学校教育培养人才的根本目标是：使学生全面发展，成为国家需要的人才。因此不管是学校德育还是心理健康教育都应该为这一最终目标而服务。其实学校开设的心理健康教育课、班主任工作、团体活动等一系列心理活动都与德育有着密切的关系，最终需要德育和心理健康教育

在"培养全面发展的学生"这一总体目标下有机地结合起来。

（二）心理健康教育与德育的区别

理论基础有区别。心理健康教育是以心理学、生理学、医学和教育学的相关理论作为其建设发展的主要理论依据。而思想品德教育（德育）则主要是以马列主义、毛泽东思想为主要依据。

具体目标有区别。具体而言就是心理健康教育的具体目标是让学生的身体和心理都得到健康发展，实现身心统一，从而能够非常好地适应和融入社会生活。而德育的具体目标则是在教育中将学生塑造和培养成具有高尚情操的人。

内容有区别。心理健康教育侧重学生的思维、情感、个性和人格的发展，期望通过提升学生的心理素质让其潜能得到充分发展。主要是在学生的人际关系、学习方法、社会适应及自我认识等方面进行有效教育。而德育则主要是为了让学生树立正确的人生观、世界观和价值观，并掌握社会所需求的思想观念和道德观念。

二、情境濡染，营造良好的德育环境

苏联教育家马卡连柯曾经这样说道："制度越明确，就越能形成内部的动力定型，这就是基础的技能和行为习惯的形成。"根据以上观点，为了切实有效地把德育潜移默化地渗透到中学生的学习和生活中，让德育的种子在心理健康教育课堂中润物细无声。应该制定相应的与中学心理课堂息息相关的道德标准和规范来严格要求学生。如，当有同学发言时，其他同学就不能说话或是做其他无关的事情了，一定要认真听同学回答的内容，做到尊重他人和认真倾听；当同学的回答与自己的意见不相同时，毫不顾忌地直接打断甚至顺势直接表明自己的想法，这样的做法在课堂上是不被允许的，恰当的做法应该是等该同学讲完之后再举手，老师允许之后才能够说明自己的看法，如是才能将问题更详细地讨论清楚，同时也有效地提升课堂效率。通过这样一系列行为，让每一个学生在心理课上学会自觉遵守集体的规则，从而形成团结友爱、尊师重友和互相帮助等良好的思想道德品质。

不仅如此，我们还会在课堂中通过情景模拟的方式，针对学生中存在的各种问题，让学生创作、表演，引领学生进入所创设的情境之中，构建了一种较为有效的"培养目标（问题）——情境——活动——增长道德能力"的"情境化德育模式"。在课堂中的德育情境化的教育方式，不仅增强了他们道德判断的能力，而且也提高了学生的道德素质，充分体现了德育的实效性。

三、 启智润德，提高教师综合素质

　　课堂教学是有组织、有计划、有系统、有目的的教育活动。在学校工作中占核心地位。可以预见，教师在其中的核心作用。作为初中阶段的心理教师，必须要有强烈的德育意识和德育责任感，因此在日常的课程设计中要充分强调学生的情感体验部分，从而引导学生系好人生的第一粒扣子，走上正确的道德轨道。除此之外，教师的榜样作用也至关重要。这就提示心理教师不仅要有超强的业务水平，同时自己也要有高水平的道德修养，这样才能真正做到言传身教。同时《新课程标准》也明确提出了"德育要渗透到教学内容中"这一要求。近年来，德育更是重视对学生的情感态度和价值观的培养，因此心理教师需要在充分认识到德育重要性的基础上，有目标、有计划地在心理健康教育课堂中进行德育渗透，用心备好每一节课，做好每一份课件，斟酌好每一句话，从而力求有效达到德育目标。在教学过程中，教师也要不断坚持与学生之间的互动，加强有效对话，帮助学生在自主学习和探索的过程中，共同发现问题，解决问题，努力培养学生的实践能力和创新精神。

四、 践行内化，引导学生自我体验

　　其实，我们所理解的德育本质上就是一种体验式学习，具体是知、情、意相互整合的一类学习。但对于当今的中学生来说，他们所接触到的更多的是理论研究，缺乏自我体验，导致德育和德行产生严重脱节。究其原因主要是现在的教育大多注重知识的传授，一定程度上忽视了学生的真实情感体验，所以我们作为心理教师应该要通过课堂教育，有意识地引导学生在现实生活中积极参与各类活动，进行情感体验，本着"从我做起，从身边做起，从小事做起"的原则，逐步形成良好的德育观念及良好的道德行为习惯。

　　班会活动在整个德育工作中起着至关重要的作用，也是德育工作中不可缺少的重要组成部分。它是由班集体组织的，针对班集体中出现的普遍问题进行有计划、有目标、有方法的引导。班会活动在活动前的准备工作中和活动过程中，都能够非常有效地使学生们的综合素质能力得到提高。不仅如此，通过丰富多彩的班级活动，学生们的情感生活也能够得到丰富，道德情操更能够得到潜移默化的影响。当然在"情境化"德育的实践研究过程中，在班会活动上更可以探索、创新出一种非常成功的"情境化"德育活动模式。例如：由故事情境班会延伸到生活情境实践。这样的模式能够更真实地引导学生在班会活动中将德育理念内化于心。

实际上在"德育融合"的实践过程中，德育实效性低这一问题其实是世界性的难题，造成这一难题的关键性原因是忽视德育和学生思想发展特点应具有"情境性"。但是我们相信，随着心理健康教育的不断发展，德育、智育的教育功能能够在满足青少年心理健康发展规律的前提下得到充分的发挥。

开展心理健康教育是社会发展、实施素质教育、思想品德教育课程改革、学生全面发展、个体心理发展的需要以及学生可持续性发展的需要。那么作为教师的我们，需要在今后的教育工作和教学实践过程中有意识地将智育、德育和心理教育三者有机地结合起来，并不断提高自己的思想和教学水平，真正将素质教育的方针落到实处，努力培养出全面发展的中学生。

参考文献：

[1] 韩福友.高中政治教学德智融合探索[J].课程教育研究，2016（35）：58-59.

[2] 董云苏.浅谈思想政治理论课体验式教学[J].读写算：教育教学研究，2014（13）.

[3] 杨怀甫.论和谐社会视角下高校心理健康教育模式的建构[J].教育与职业，2008（15）：3.

第三部分
读书感悟

第一章 师德修养与职业感悟

满腔热忱为事业，赤诚三心育英才
——阅读《红烛于漪》有感

上海市建平实验中学　周丽君

"一辈子做教师，一辈子学做教师"。这是于漪老师的职业选择，也是她坚守的生命姿态。阅读完《红烛于漪》，心潮澎湃，感慨万千。于漪老师"一辈子学做教师"的人生信条已深深镌刻在我的心坎里。我在心里无数次地默念和重温陶行知先生的箴言：一旦我们选择了教师职业，站上了三尺讲台，就必须抛弃一切杂念，捧出一颗心——这颗心要满怀热爱，热爱每一个学生，不论他们是优秀还是平凡；这颗心要勤恳踏实，拒绝浮躁，能经受住清苦贫穷的煎熬；这颗心要装得下真理，抛弃虚伪，摒弃懦弱。只有这样，我们才能够问心无愧地说，我完成了传道、授业、解惑的神圣使命！如何做一名合格的基础教育教师？《红烛于漪》带给我许多思考，下面结合从教30年的经历，谈谈自身对提升师德修养和职业素养的感悟。

一、精心塑人格，以身示范——修身养德

众所周知，在我们的社会里，人们对教师的期望值很高。人们常用"学高为师，德高为范"形容教师，其中的"德高"即意味着为人师者要具有高尚的德行，一身正气。教师在人们心目中是真、善、美的传播者，人类灵魂的塑造者，莘莘学子人生的导师和引路人。

在新世纪的教育中，教师的人格魅力是任何力量都不能替代的最灿烂阳光。教师的人格魅力是教师在教育活动中凭自身的修养引导学生学习的能力，是每个优秀教师必须具备的道德品质。《红烛于漪》中于漪老师提出对教师职业的四种认识，即热情似火、师爱荡漾、功底厚实、开拓创新。简简单单的十六个字高度概括了教师的职业信仰和人格魅力。塑造人格魅力需要"四个不断"——不断认识自我，不断加强学习，不断探索实践，不断超越自己。

从小，我就喜欢教师这一职业。从登上讲台的那天起，我就拥有了一个梦——做

一名出类拔萃的语文教师。从教至今的三十个年头里，为了"圆梦"，寒来暑往，朝朝暮暮，在无数个忙碌而充实的日子里，我总是倾注满腔热忱，全心投入。备课、上课、辅导、批改作业、找学生谈话、组织开展综合性实践活动，为了一个个完美的教育教学环节，我精益求精，呕心沥血——

为了备好课，无数个灯火通明的夜晚，无数个曙光微露的清晨，我伏身桌前，钻研教材，查找资料，精心设计教学方案，推敲每一个汉字，琢磨每一个标点……

为了上好课，我总是激情满怀地走进课堂，用诗一般的语言启迪学生的灵魂，用火一般的激情点燃学生内心求知的火种……

为了心中的梦，我如饥似渴地研读古今中外教育教学理论，积累了数千张读书卡片；为了心中的梦，我听课数千节，默察体味，博采众长而又取舍自如，融合百家又不失自我；为了心中的梦，我常常会因为一个教学难点，就跑遍大大小小的书店……

三十年的工作经历，让我深深懂得，教育就是爱的事业，而这种爱，它高于母爱、大于友爱、胜于情爱。母爱容易过度，友爱需要回报，情爱只能独享。而师爱则是严与爱的结合，是积极主动的爱，是理智科学的爱。这种爱包含了崇高的使命感和责任感，它随风潜入，润物无声。一位哲人说过："教师的爱能使犯了错误的学生重新振作起来，教师的爱是打开学生心灵大门的钥匙。教师的爱是用深情溶化学生心灵上久积而成的'坚冰'。"正是因为有了这种爱，我们在课堂内外的谆谆教诲，一点一滴，久而久之，便会在学生心中生根发芽，直至长成参天大树。

当我们深深地热爱自己的教育事业的时候，我们就会去思考，去研究，我们的发展就会有强大的内驱力。在研究者或是思考者的眼中，每一个孩子都是一个鲜活的生命，都有着独特的个性；每一篇课文都有独到的美丽。当我们带着一种研究的心情去读每一篇课文，带着一种发现的惊喜去上每一堂课，带着一颗关爱的心走近每一个学生时，我们就会感到教师这个职业的无穷魅力。如果是这样，我们的每一天都会在成长、在进步，智慧就会在平时的点点滴滴中积累起来。

二、用心钻教学，厚积薄发——丰富才情

1. 阅读相伴，增强底蕴

古人云："腹有诗书气自华。"这是一种文化底蕴、智慧力量的自然流露。教师必须是博家、杂家，没有上通天文、下晓地理之才，没有丰厚的文化底蕴和浓郁的书卷气息，怎么能成为文化、文明的传播者，心灵的塑造者呢？

于漪老师从小受丰富厚实的文学诗词熏染，扎实的阅读和积累令她拥有丰厚的文

学底蕴。她的求学从师经历让我感受到：读书，使人聪慧；读书，使人明理；读书，使人站得高看得远，使人的见解更加深刻，视野更加开阔。更为重要的是，读书，为我们的教育教学滋养了底气与灵气，让我们在课堂中驾轻就熟，游刃有余。让我们的课堂鲜活律动，充满魅力！

与文化底蕴联系在一起的是才情。大凡有创造性的、有魅力的、受老师和学生喜欢的名师，都有着灵动的才气和丰富的情感。我们关注教师的才情，绝不是刻意追求所谓的情致、才华，也不是矫情和作秀。才情应是文化田野里自然盛开的花朵，是丰富的心智里流淌出来的灵气。当我们用文化铺就了自己厚重的底色时，才情就会成为那底色里跳跃着的、亮丽的色彩。

2. 善于学习，博采众长

作为教师，"善于学习"既意味着要充分发挥自身的优势，同时也意味着要积极去学习别人那些能够为我所用的长处和优点。首先要学会向"内"看，就是要能够看到并利用自己的独特和长处。同时，我们还要学会向"外"看。于漪老师曾在"怎样学做人师"的专题演讲中提道："我有两把尺子，一把尺子是量别人的长处，一把尺子是量自己的不足。"她认真向语文教研组的同事们取经，白天，她站在窗外，看别的教师是怎么上课的；晚上，她对着参考书仔细琢磨，不到深夜一两点钟不睡觉。教研组里共有18位教师，于漪老师把其他17位教师的长处都学来了。

于漪老师的做法生动地告诉我们：作为一个清醒的教师，除了要坚守自己的优势并努力把它发挥到极致之外，还要善于发现自己的缺点和不足，虚心向有经验的教师学习请教，提升自己。我对自己的要求是：处处留心，不放过一切学习的机会，向各个年龄段的老师学习，像蜜蜂采花酿蜜一样，博采众家之长。

3. 笔耕不辍，积累案例

《红烛于漪》中写道："语文教师手中要有一支灵动的笔。写，应该是语文教师必备的基本功，是语文素养中一项极其重要的能力。"一个语文教师在专业发展上的价值应该体现在他的课堂教学上。在众多的教师专业发展路径中，积累自己的课堂教学经典案例，是最有效的、最实际的。我的每本教学设计和听课手记均有目录索引表，红黑双色笔记录、批注、评价、反思。日常注重积累丰富的教学案例，在大量的观课、议课、磨课中研究反思，总结提升，撰写的听课随笔、教学案例、后记反思也陆续发表在国家级刊物和全国中文核心期刊上。

三、潜心做研究，反思超越——锤炼思想

宋代的政治家王安石曾经在《登飞来峰》中用"不畏浮云遮望眼，自缘身在最高层"这两句诗表达了人生只有达到一定的高度，才有可能俯视一切的高远追求和雄伟气魄。其实，教学也是如此，只有用具有一定高度和深度的思想加以引领，教育才能真正发挥它的价值和功能。那么怎样才能使自己的思想得到锤炼，使它们更贴近教育的本质，更有益于学生的发展呢？

于漪老师在她的《让生命与使命结伴同行》一文中说道："我一辈子学做教师有两根支柱：第一根支柱是勤于学习，第二根支柱是勇于实践。两根支柱的聚焦点就是不断地反思。不断地自我否定、自我超越，力求做一名合格的基础教育的教师。"于漪老师的话强调了在我们的教学实践中勤于反思、善于反思的重要性，而教学思想也正是在不断地教学反思和自我超越中逐渐形成。

以笔者从事的一项省级课题研究为例。在教学中我发现当今语文阅读教学面临着诸多困境，究其原因，教辅资料的大量发行与此密切相关。因为学生在上课之前就会通过各种各样的教辅资料预习课文，并且把教辅书上那些现成的解析半懂不懂地批注在书上或者塞进脑子里。而这些信息会让他们产生一种已经读透文本的错觉，也会让他们对老师在课堂上毫无新意的讲解和分析产生排斥心理，久而久之就会严重影响他们阅读文本的兴趣，进而失去深入钻研文本的动力。

要想改变这种现状，让学生的阅读呈现出一种最自然最纯真也最有效的状态，教师的教学创意就显得至关重要。于是，我开始了"通过语文教学创意设计实施有效教学的研究"课题探索。探索在语文教学中如何通过教师富有创造性的教学设计实施有效教学、提高学生有效学习的策略，重点明辨教学创意与有效教学的关系，阐述语文课堂教学创意的内涵与范畴，通过教师的语文课堂教学创意设计，总结出促进学生有效学习的策略，并提出"'教学创意'的利益高于研究'教学设计'，'教学创意'是'教学设计'的先行"等观点。通过语文课程资源的创意开发，将第一课堂和第二课堂，即语文教学和综合实践活动课紧密结合，提高培养学生综合素养的有效性。

课题研究的过程让我静下心来，思考并实践着初中语文阅读教学，进而锤炼自己的教学思想，提出自己的教学主张，在教学研究中"发出自己的声音"。

怎样做一名合格的基础教育教师？综合以上所谈内容，第一方面讲的是"德"，第二方面讲的是"才"，第三方面讲的是"思"。教师既要有"德"，也要有"才"，

更要有"思"。正如于漪老师说，做一名合格的人师，这个"格"不是打分，不是量化，而是国家的期望、人民的嘱托，要做到智慧和泉水一样喷涌，德才兼备，让党和国家放心，让千家万户老百姓放心。

叩问教育初心 探析语文魅力
——读《红烛于漪》有感

上海市建平实验地杰中学 陈潇潇

"苦难的人生道路上，弱者从不羡慕强者的命运，他只相信自己。"这是我读了《老人与海》之后的感受，也是读了《红烛于漪》一书后的感受。在满是荆棘的人生中奋力开出鲜花，这需要多么强大的意志力和多么乐观的精神。而拥有这种精神的人，她的内心世界必定是丰盈的、高尚的，是不被世俗裹挟，不将追名逐利当作人生目标的。她看清了生活的本质，并且对生活抱有热情，就像高尔基笔下的海燕一样冲破暴风雨，尽情飞翔！

一、默默耕耘，肩负使命

我们都崇敬于漪老师，不在于她有着那么多头衔和荣誉，而是无论何时何地什么处境，她绝不放弃自己的专业，依然踏踏实实做班主任、做语文教师，踏踏实实地备课、上课，认认真真地写教学随笔和反思……一个真正的教师，是要把每堂日常课都上成精品课，把每一节课都上得走进学生的心灵，那才是真本事，也是我一生要追寻的榜样。

作为一个非中文师范专业毕业的学生，看了于漪老师入职之初的经历，我深有感触，也有很多共鸣。最初的懵懂和忐忑早在工作的磨砺中慢慢磨掉，但我更佩服的是于老师能将"隔行如隔山"变成"行业天花板"，这其中她坚忍付出、苦心打磨，在一场场与生活、与专业的战斗中留下勋章，她的灵气悟性是命运馈赠给她的礼物，她的大胆创新又是让她站在千百万教师潮头的基石。

"教然后知困，知困然后能自强也。"语文教学的"门"究竟是什么，如何登"堂"又入"室"？这是需要下苦功夫的，于漪老师的艰辛历程告诉了我们其中的奥秘。如何真正让学生受益，就像于漪老师说的潜心研究，钻研课文，下苦功夫，悟大智慧。

身处动乱年代的她依然不忘教育使命与责任。她不断拷问自己：教育是什么？教师是什么？语文教师是什么？我在做什么？目标在哪里？如何跋涉？等等问题。动乱之下时刻保持头脑清醒的背后是一种教育信仰的体现！爱生如命，更是作为一代教育者的终身命题。作为一名教育工作者，应该全面看待学生的发展，不分好坏优劣，一视同仁，正面引导，每一株小草只要耐心施肥，一定会有花开的一天。

二、生命不息，思考不止

生命不息，思考不止。已经成名成家的于漪老师也并没有停止对语文教学的思考，她在教育界勇敢发声，肩负起自己的使命。她重视教材，立足文本，对语文的工具性知识十分重视，却又不拘泥于此，而是始终把"学做人"，给学生以人文滋养作为语文教学的最终目的。她旁征博引，自己不断保持学习，将世界正在发生的事情引入课堂，让学生学到的是活的语文。她大胆跨学科，和数学老师一起讲《哥德巴赫猜想》；她为了培养学生"应当采取什么样的态度"，就把教材中没有的《拿来主义》引入课堂……她的语文课，是真正的德智结合，既教文，又教人。

做教师，尤其是语文教师，应该时刻融入"教人"的智慧，语文的核心并非传统的教授知识与机械，扎实进入每一篇文章，悟透、悟懂、悟人，将文章的内核传递学生心田，不仅要重视在学生心中撒播知识的种子，还要撒播做人的良知，以教师的生命激发学生的生命活力！

于老师是始终本着严谨的态度来教学的，她主张口语教学，却又不让课堂显得随意。她尊重学生的意见，重视每一个学生提出的质疑。她的课堂不是程式化的，不是满堂灌的，不因为自己是"名师"，就在学生面前摆出一副高高在上的样子。她是真正一辈子都在阅读，在思考，在教学的田野上默默耕耘的人民教师。

语文学科是一门综合性很强的学科，知识的承载量与包容性非常辽阔，尤其是"读史学文"更是语文教学过程的重要特征。因此，教师在实际教学中也会经常遇到一些自身知识体量不足的现象，产生各种各样的教学问题。但前提是要有充足的备课和灵活的教育智慧。不断提升自己的知识储备与涵养，反思并总结教学实例。争取散发"教文育人"的学科魅力！

三、写文相伴，用爱育人

选择了语文教育，也便选择了"写文相伴"，"语文教师手中应有一支笔"。这支笔是灵动的、有思想的、生花的笔，每一篇教后记、教学随笔、教育科学研究、笔和纸应成为语文教师课堂教学的延伸。当写作成为一名教师的习惯后,教学中的写作指导也就如鱼得水。阅读完本书后,我也看到并学到了讲评习作的另一个方向:育人。这往往也是学校的老师与辅导机构的老师在讲评作文的根本区别:站在育人的高度,评文育人。以育人的观点指导评文,想得深,想得远,就能洞悉习作中的思想潜流。

写作,是一名语文教师的基本素养。无论是教育随笔、教学论文,还是案例分析、读书心得。一个优秀的语文教师,是有意识把自己每一天教育教学工作中的点点滴滴都记录下来的。于老师就是这样,思考不止,笔耕不辍。作为一个学中文的人,感悟生活,抒发情感,这些都是一个语文人需要用心去感受的。一支笔,一辈子。既然选择了语文,写作就是立身之本!凡事抵不过用心,用心能被看见。教师对学生用心,以身作则,身教大于言传,学生能够深切地感受到。

近七十载的教学生涯中,于漪老师用爱的泉水浇灌学生心田,滋润课堂瞬间,用爱的烛光照亮学生的未来。教师的教育理论来源于日常实践,教师的职业信仰源于对学生真正的关爱与负责。正如书中记录,于漪为了准时给孩子上课,放弃陪伴自己生病孩子的时间,她说:"学生的事就是天大的事,她对上课怀着深深的敬畏",正是这份敬畏与热爱,造就了这位人民教育家,造就了孩子的现在与未来。学生身上寄托着祖国的期望、人民的嘱托,是革命事业的接班人。

教育本身就是一棵树摇动另一棵树,一朵云推动另一朵云,一个灵魂唤醒另一个灵魂。这些都是从爱出发,从她的教学事例中就可以发现,于老师对学生的爱流淌在每一次的教育实践和课堂教学中,滴灌在每一位孩子的心田和意识。结合每一篇课文,语文教师一定要充分调动学生学习的思维活力,在一定的任务驱动下,学生会学得更为投入生动。也正像于漪老师说的:亦师亦友。学生与教师之间跨越隔膜与障碍,成为亦师亦友的合作关系,这也是教育成功的重要一环。有了爱的浇灌,铁树也会开花。教育生涯中定会遇到各种各样的学生情况,如何应对不同时期的学生教育问题,作为教师一定要有一种教育信仰,于漪老师的教育信仰就是"用生命影响生命",生命的互相影响是建立在真心实意和全心全意上的,需要有爱心、耐心、细心,日积月累,下功夫感化每一个幼小的心灵。

作为一名人民教育家,值得钦佩的不仅仅是于漪老师的教学能力与才华,更敬佩她独有的专注与热爱,专注写作、专注教学、专注思考,热爱学生、热爱教育、热爱祖国。这些热爱就如同德国教育家第斯多惠说的:"你要使得你的工作富有勃勃生机,你就一定要找到生命最强烈的刺激——自我教育。"于漪老师始终站在学生的立场考量教育效果,这是一种科学的观察,也是一种热爱学生的体现。从孩子的知识结构再到孩子的身体成长,从班级的管理系统再到孩子的心理健康等方面,她将这样的教育比作"对准音调",也像雕塑工艺师需要了解原材料。基于充分的理解,才能生发出完美的教育人才。

这样的于老师,简单、质朴,不图虚名,只爱语文,只爱学生,只为奉献自己,这是我一生学习的榜样。

教育需要立足真实，关注具体
——读《红烛于漪》有感

上海市建平实验中学　王烨峰

一、前言

苏霍姆林斯基在《给教师的建议》中有这样一句话："请记住：没有也不可能有抽象的学生。"这句话时刻告诫教师，要关注具体的学生，而非抽象的学生。具体的学生是真实存在于生活之中的，而抽象的学生只存在于一些教师的脑海当中。我们可能会因为塑造学生美好的那一面，而忘记了学生实际存在的问题。或者，我们可能会因为想象学生不好的一面，而忘记了学生真实存在的美好。以上两者的偏差都会给教师带来落差感从而影响教学。通过了解于漪老师的教学生涯，我感受到了于漪老师对具体的人和事的关注，她不会去自我塑造一个美好的或者不好的学生，不会去停留在对教育事业美好的想象中，或是一时的成功带来的意义当中，而忘记身边的形形色色的问题。

二、立足真实的事

陶行知曾提出著名的教育主张："生活即教育""社会即学校"。他认为教育的内容是真实的，是源自生活的，是人们需要的。陶行知先生主张的这一份"真"，在于漪老师身上，同样清晰可见。在《红烛于漪》一书中，我们可以多次看到于漪老师"求真"的例子。多年以后，当于漪成为教师，她依然清楚地记得方令孺教授的课堂。当时方教授讲起于漪的作文《老妪李氏》："方教授以此为例，阐述文学创作的要义，包括如何构思情节、描述人物、塑造性格、组织语言，最后聚焦到一个字：真。"这不禁让我反思，教师教给学生的东西，如何才能真正进入学生的内心？如何才能让学生有所感触，进而有所思考？它肯定不是类似于空中楼阁般的东西，它需要有一个支撑点，这个支撑点应该是扎根于生活。就像书中那位音乐教师讲到《苏武牧羊》，他将课本内容与"七七事变"联系了起来,这让每位学生都有一种真实的感受。

"真"字份量重千金。这让我想起那句话:艺术来源于生活,却又高于生活。这恰恰说明,如果没有了生活这个底色,艺术也就成了没有源头的死水。而生活的底色,讲求的最基本的东西,那就是"真"。能够让于漪老师多年后还能记得的,能让读者读来有所触动的,很大程度上也是源于"真"。贴近生活,走进学生内心的教育,才能引起学生的共鸣,激发学生的好奇心和想象力,最终实现学生的主动学习和深入了解。这样的教育,是深刻而让人铭记的。《义务教育历史课程标准(2011年版)》要求,初中历史学科教育需要增强学生对历史与现实之间的联系,获得对历史和社会的全面认识与理解。因此,历史学科教育不能脱离对现代社会的把握,不能让学生对历史产生隔阂。而通过对于漪学习与教学生涯的了解,也让我更能把握住历史的那一份真实感,从而将这份真实感落实到教学中去。

三、关注具体的人

教育需要立足于真实,恰恰是因为教育需要关注现实生活中的每一位学生。于漪老师经常提到语文教育需要"既教文,又教人",人们逐渐将这个提法概括为"教文育人"。其中,"育人"始终是教育事业的制高点。《红烛于漪》这本书分享了于漪老师众多关注学生的例子,不免让人感慨良多。我们经常提到"以学生为主"这个教育理念,但在实操中却遭遇不少困难,最终只是停留在了理念层面。究其原因,"学生"这个群体只是被我们概念化、抽象化了,我们具体关注的却是"课程进度",我们认为内容才是具体的,对"进度"的把握才是最需要的。除了内容,还有各种练习、测验、考试,最终分数成了最为实在的东西,而具体的学生被一个个分数给取代了。于漪老师对此也是痛心疾首,认为教育必须做到"目中有人",当"育分"和"育人"摆在一块儿的时候,后者才是第一位的,前者是可以通过后者而实现的。

由此,于漪老师认为课堂教学的有效性不是如何看热闹,而是衡量学生学到了什么,知识有没有增长,能力有没有锻炼,思想情操方面有没有泛起涟漪。不然课堂教学只会产生"教学泡沫"。而"教学泡沫"的出现,实则是由于教师关注目标的缺失,致使教学目标出现偏离。回顾自己的课堂,有时候课讲得很热闹,自身沉浸在了自己的课中,但学生是否与自己同频?教学有效性又是如何的?这些问题实在值得自己经常反思。但至少有一点是明确的,就是对具体学生的关注。要做到这一点,首先需要在思想层面时刻警醒自己,做到"目中有人",认识到每一位学生都不是抽象存在的,都有各自的优缺点,都需要我从实际层面去了解。其次,关注上课与学生的互动,以及思考互动的有效性，及时给予学生反馈。最后，及时调整教学方法，掌握好教学进度。

四、给予具体的爱

我们只有立足于真实的生活，关注到真实的人，才有可能去给予他们真正的关怀。如果我们只是停留在抽象、虚空之中，无法面对具体的人与事，我们是无法发自内心地去爱他们。就像俄国著名作家陀思妥耶夫斯基说道："爱具体的人，不要爱抽象的人。"这是因为对具体的人的爱，才是真正落实于行动当中。我国古代伟大思想家王阳明，正是因为认识到了这一点，才完成了思想的最终转变，从以儒家为根基，悟出了"知行合一"。我在《红烛于漪》中也看到了大量于漪老师对于学生真切的关爱与呵护。因为学生即将面临高考，于漪老师暂时放下了生病的家人，陪伴高三学生走向高考的考场。对于此事，于漪老师曾说道："我不是医生，不会治病，可我是教师，关键时刻不能离岗。"对于学生的逃学，于漪老师通过日复一日的了解、陪伴、劝说，终于将学生拉回了学校，改变了他的人生。面对写作能力不强，但充满好奇心的学生，于漪老师因材施教，耐心教导，积极鼓励，终于让这个学生发挥了自身的优势，取得了学业上的巨大成功。像以上的例子，在于漪老师的教学生涯中，还有许许多多。

于漪老师曾说过："教育事业是爱的事业。"她正是秉持这样一份对学生的具体而微的爱，实现着教育真正的功能——育人。于漪老师认为教育就是要深入了解学生的知识世界、生活世界、心灵世界。这需要对每一个学生充分了解，从而给予相应的关心与呵护。这样的爱，是具体而深刻的。这也让我反思，从事教育工作的时候，经常会提到对于教育的理想，对于学生的关爱，可真正落实到具体事情上的又打了几折？那些调皮的、成绩不好的学生，有没有被自己排除在了这份关爱之外？当遇到具体细小的问题时，有没有选择忽视或者逃避？真正的爱，不是停留在口头上，停留在脑海中。真正的爱不是抽象的，而是具体的，是要落实到具体而微的事情，关注到每个个体中去的。

五、结语

无论是立足于具体的事情，关注具体的人，给予具体的爱，都需要一些智慧，也需要一些勇气。没有智慧与勇气，不去思考具体的方法，不把方法落实到实践中去，那么，以上所有的理念终究也只是抽象的理念。特别喜欢于漪老师的这句话："智者有勇，勇者前行，行者无畏，行动是自信心的伟大缔造者。"真正有智慧的人，会努力想出解决问题的办法，并且有底气和勇气去将事情付诸实践。所谓智者不惑，勇者不惧。而行动又能够反哺于自身。一次实践，无论成败，都能给自己一次最真实的反馈。成功了，可以积累起个人的自信心，从而对自身的发展形成一个良性循环。失败了，也能够从中发现自身的不足。行然后知不足，知不足然后能进步。理想和爱就在行动中，这份行动要求我们有丰富的知，而在积累知的过程当中，时刻做到知行合一。

从德到爱,做红烛

上海市建平实验中学 何歆敏

做一根为教育生生不息的红烛,就是牢记党员的责任、教育的使命,把问题意识、奉献精神贯彻终生。党员、导师、校长、代表,不管站在哪一个位置,于漪老师都充当着普罗米修斯的角色,播种希望、点燃智慧。

成长——从恩到德

"一辈子做教师,一辈子学做教师"。于漪老师为何能成为一名教师?

"一切为了民族",这是于漪的精神基因。镇江中学,这是给予于漪生命温度、高度的地方,是她"精神的坐标""人生的基点"。学校,时时刻刻都在滋养生命、孕育人才,它是人类精神的宝塔、是文明进化的跳台。前有孔子以"七十二贤"以示天下,有教无类;后有于漪用红烛精神照亮生命,教文育人。于漪,是中华民族千年教育事业的传承人,她的成长,是民族的馈赠。这里有儒学的仁爱之心,爱学生、爱生活、爱世界,将基础教育事业作为自己的梦想,坚信、力行。一切为了民族,是学校给予漪的礼物,是炎黄子孙、华夏人民千年的教育之核、民族之基。

而师恩,则是召唤于漪走向教育、成为教师的重要牵引力。作为于漪的初中语文教师,黄老师的课在语言文字的训练和体会中,引导学生沉浸于文本所创设的情境,进而深切感悟文本所传达的情感。"文字波"即为"语言的建构与运用","情感波"可为"审美的鉴赏与创造""文化的传承与理解"。在情境中播撒知识的种子,在对话中唤醒斑斓的生命,于漪在她的老师身上,袭得了文明的根底,获得了精神的力量。

一身师恩、一句校训,把于漪推向了基础教育的战场,在这儿,有文化的恩泽,是匠人的心血,更是时代的精神。初为人师的于漪,卑谦好学、热心进取。为了满足国家的期待、完成人民的嘱托,于漪钻研知识、废寝忘食。她是"经师",从复旦大学教育系毕业后,于漪将教育、历史、中文三大领域融合,以史学家态度对待语文教学,慎思笃行,钻研求索,教真知识、教好文化。她是"人师",在教学中以德启智、以声传情、以身作则,锤炼人格、打磨品质,以自己的德、才、情感召学生、唤醒生命。在教育的广袤大地上，于漪默默耕耘，她把师德、把求知心写在每一个备课的黑夜中，把仁爱心奉献给每一个懵懂的孩童，把责任心扎在每一件小事上。

成为——从德到爱

从基础教育工作者到教育改革家，于漪在做教育，更爱教育。是对教育的挚爱，让她不断更新教育理念，不断推动教育变革。

爱，要做到"胸中有书，目中有人"。"胸中有书"，就是要吃透书本、打通世界，将中华文化、民族精神的瑰宝融化在课堂之中，浇筑在文字之上，打开一个"绮丽"的文学世界。"目中有人"，尊重每一个生命、尊重每一种成长。教育，要教会人成长，要做好精神建设、道德感召、文化熏陶、人生教育。于漪把每一个孩子都视作自己的孩子。在批评和鼓励这两种教育方法中，她以爱为基，肯定学生、关爱学生、包容学生、保护学生。

爱，是认识到"教文育人"，教文是手段，育人是目的。教师一个肩膀挑着学生的现在，一个肩膀挑着国家的未来。"教文育人"，不是单向的说教，而是双向的师生精神交流和互动的过程，是"和学生的心弦对准音调"。在语文教学中，于漪老师抓住每一个契机，通过对文本的解读分析，让学生走进文本的深处，去感受文字背后的情感碰撞，从而获得认知教育、人格教育和情感教育。

对于漪老师来说，爱不是空洞说教，它是教师的本领，是激发学生的学习动力、唤起学生的求知欲望的能力。课堂教学是趣味横生的，它是一场头脑风暴，是一次思辨训练，是一次文化传承；课后讨论是别开生面的，它是一片纯净的风景，是一场探险的开端，是一种生命的对话。爱不是华丽的名词，而是持久的钻研。自我超越是于漪老师永恒的姿态。于漪老师在教育道路上孜孜求索，经受挫折而不弯折，承受磨难愈发坚毅，积极主动地找寻"路"、踏上"路"、回望"路"，"实践+反思＝成功"的背后是对自我极深切的凝视思考、对学生极真挚的师爱、对课堂教学极负责的承担、对家国情怀极深厚的坚守，这都将成为勃发的生命力量，不断传承，一代又一代。爱不是虚浮的头衔，而是一生的坚守。在基础教育事业中，于漪始终不忘却做好文化的积累、语言的锤炼、艺术的锻造。即便成为校长，她也不忘追求卓越，努力缩短"实"与"名"的距离，为民族育英才，为国家兴教育。于漪的爱，是对教的赤诚心，对国的敬畏心，对人的同理心，这种爱，因为教育所以永恒，因为民族所以世界，因为人本所以燃烧。

怎么样才算一名合格的教师呢？它是上好每一堂课。在语文教学入门阶段，我们

对话：走向德智融合

要自觉地加强自我学习，将语文这堂课当作中华文化的窗口，将文化、历史、哲学、艺术融贯，把自己当作知识、艺术的容器，做到学有所专、教有所长。教材，是教师和学生思想交流的切口，教学不能学术化、不能学究化、不能教材化。如出自己之口，是要拉进教师与教材的距离；如出自己之心，是拉进读者与作者的距离。只有真正研究好教材、理解好教材，一个教师才具备与孩子对话的能力。

教育，是一种心灵的艺术：是一朵云推动另一朵云，是一朵花唤醒另一朵花。于漪老师的成长过程，是知识的丰盈，更是心灵的充实。作为一名教师，要时刻关注孩子们的心灵世界，知道他们喜欢什么、了解他们缺乏什么、摸清楚他们需要什么。立德方能树人，在知识教育之外，要做好人格教育，立人为先。教师是身高为范，要保持一颗学习者的热心、教育者的真心，做共同进步者、做人生引领者。让我们追随于漪老师，由德到爱，做红烛。

一辈子做老师，一辈子学做老师
——读《红烛于漪》有感

上海市建平实验中学　谢佳佳

2020年9月，《红烛于漪》一书由上海交通大学出版社出版，这是一本全面反映于漪为师为学总体面貌的传记文学专著，把于漪的生命成长置于时代沧桑巨变背景下，体现大师家国情怀，为学习、研究于漪提供了翔实的史料和生动的故事。

燃烧自己，高尚的红烛精神

于漪老师从踏上教师的工作岗位后，一直在学习、实践、反思、写作，始终保持进取的态度，几十年精勤不息，几十年守护师魂。在她成长过程中，时代的波澜、校风的激励、师长的引领、家人的支持绘就了她的精神底色，照亮了她的求索之路，也推动她将一生奉献给与国家前途、民族命运紧密相连的教育事业。

培养青年教师是《红烛于漪》一书阐述的重要内容。于漪老师指出，年轻老师要不断总结经验教训：我的课哪些是好的？为什么好？还有哪些不周到？为什么不周到？这样不断总结经验，就能够发现语文教学规律，久而久之就成为专家。一定要树立自信，要有自强不息的精神，不断地超越自己。

师风可学，学风可师。于漪老师怀揣着对教育工作的信仰，积极投身于语文教学之中。打破一言堂、破除教师权威，坚守语文的人文性与工具性。于漪老师的坚守，对于当代的教育工作者而言，是一种馈赠。上海作为教育改革的前沿阵地，始终将学科基础和人才发展、社会需求挂钩，促进学生德智体美劳全面发展。当前，讲师风，就是要提高教师的职业素养，净化教育环境、精炼教师队伍，只有做好教师的基础工作、打好教师的基本功才能给学生立好榜样。学风可师，有助于构建师生良性互动机制，推动学生自主学习、自由发展、自得生活。教学相长，方能教育长虹。

于漪老师还说："我有两把尺子，一把尺子是量别人的长处，一把尺子是量自己的不足。"她认真向教研组的同事们取经，白天，她站在窗外，看别的教师是怎么上课的；晚上，她对着参考书仔细琢磨，不到深夜一两点钟不睡觉。教研组里共有18位教师，于漪老师把其他17位教师的长处都学来了。于漪老师的做法生动地告诉我们：作为一名清醒的教师，除了要坚守自己的优势并努力把它发挥到极致之外，还要善于发现自己的缺点和不足，虚心向有经验的教师学习请教，提升自己。

教师一名肩膀挑着学生的现在，一个肩膀挑着国家的未来。因此，我们不仅要"一辈子做老师"，更要"一辈子学做老师"，即和学生一起发展。作为一名教师，无论年龄多大、教龄多少，学识与品德的追求均永无止境。进德修业是一辈子的事，绝非一蹴而就。对旧知的清空、于老我的颠覆，拓宽视界、提升认知、丰盈心灵，苦心孤诣而无怨无悔。

"德智融合"，无私的奉献精神

于漪用毕生的实践经验与知识储备，努力回答时代教育之问——语文的学科定位是教文育人，教育的目标在于培养有中国心的现代文明人。她指出，教师要见书又见人，而且要把人的因素放在第一位，充分发挥人的作用。

生命不息，思考不止。已经成名成家的于漪老师并没有停止对语文教学的思考，她在教育界勇敢发声，肩负起自己的使命。她重视教材，立足文本，对语文的工具性知识十分重视，却又不拘泥于此，而是始终把"学做人"，给学生以人文滋养作为语文教学的最终目的。她旁征博引，自己不断保持学习，将世界正在发生的事情引入课堂，让学生学到的是活的语文。她大胆跨学科，和数学老师一起讲《哥德巴赫猜想》；她为了培养学生"应当采取什么样的态度"，就把教材中没有的《拿来主义》引入课堂……她的语文课，是真正的德智结合，既教文，又教人。

从"胸中有书，目中有人"到"既教文，又教人"，再到语文教育的"人文说"，在跨越半个多世纪的教学实践中，于漪老师围绕语文的性质与教法展开求索，凝练出以"教文育人"为核心的教育教学思想。从询问语文教学的"门"在哪里，到定义语文学科教育方向，于漪老师提出了自己的人本主义教育思想，影响了21世纪语文教学。她是先驱者，为后人举起前进的明灯。

作为青年教师，在教学过程中，很容易陷入"目中无人"的误区。尽管有时自认为备课很充分，课堂上看似"精彩纷呈"，而学生实际掌握了多少呢？教师不能一味陶醉在"自我表演"中，而忘记教学的起点和终点始终是学生。我们应注意启发教学，最大程度地调动了解学生的主观能动性，了解学生、把握学情。教师只是学生学习的引导者、引路人，不能让教师的"教"代替了学生的"学"。语文教学的"门"

究竟是什么，如何登"堂"又入"室"？于漪老师用她的亲身经历和艰辛摸索给我们指出了答案：在知识之中，在学生身上。青年教师上课过程中就是一种"如临深渊，如履薄冰"的感觉，如何真正让学生受益，就像于漪老师说的："潜心研究，钻研课文，下苦功夫，悟大智慧。"有了自己的深切体会，上课就不会沉迷于空洞的概念或大话、套话，学生就能真正受益。

  语文教师的职责是教文育人，不仅要教给学生知识，更要承担起育人的重任，在教课文时不能仅仅停留在课文层面，更要从课文中发散出去，将语文这堂课当作中华文化的窗口，将文化、历史、哲学、艺术融贯，把自己当作知识、艺术的容器，做到学有所专、教有所长。教材，是教师和学生思想交流的切口，教学不能学术化、不能学究化、不能教材化。如出自己之口，是要拉进教师与教材的距离，如出自己之心，是拉进读者与作者的距离。只有真正研究好教材、理解好教材，一个教师才具备与孩子对话的能力。从而从心灵上启发学生，从精神上触动学生，触及其灵魂深处。这对教师提出了极高的要求，特别是语文教师，不仅仅要从知识层面，更是要从精神层面全力提高自己，"让语文成就生命"。在课堂中，我们要既教文，又育人，寓思想于语言文字教学中，促使学生感悟社会与人生，实现精神的觉醒和灵魂的提升，让每个生命个体绽放出美丽的光彩。

  司马光曾说"经师易遇，人师难求"。"人师"为陶冶学生性格的导师，不但要有高深的学问，而且要有伟大的人格和高尚的修养。人师以自身人格的魅力塑造学生的人格，以自己的德、才、情给学生以潜移默化的、终身受益的影响和感化。这种境界也是教师完善自我、实现自我、超越自我的享受境界。人师是把教师职业作为一种事业追求与精神享受。于漪老师用自己的一生践行了这句话，人师也成为每一位教育工作者终生的奋斗目标。

第二章 课堂经历与教学体会

一扇奔向星辰大海的门扉
——读《于漪教育教学思想概要》札记

上海市五三中学　陆徐韵

距离中考还有 103 天。我坐在堆满历年一模二模中考卷、教参教辅指导书以及未完成的下周必做清单的桌子后，开始重新思考"德智融合"对于当下的我的意义。本应在有读书打卡感悟的基础上，飞快地完成这篇读后感，但其实盯着电脑上空白的文档放空。

发现自己在一条狭窄幽深的道路上走了很久。

初三以来，看到学生卷子上出现的"千里共蝉娟""直挂云帆济苍海""不以已悲"而大发雷霆，批到学生写"后人把儒家学派的思想称为__我不____之道"而啼笑皆非，讲练习时一定要让学生把每道题的考点与答题要点讲清楚，不能遗漏任何一点，每天的空隙时间被重默和盯人重默填满，学生从一开始的哀号不断到后来飞速合上书拿出默写本开始奋笔疾书，整套动作行云流水一气呵成，每天重复训练着课内文言文、课外文言文、说明文、议论文、记叙文、写作文，制定方案、依据计划攻克每一种题型，无休止地运转着。闭眼，重叠着《摩登时代》中查理游走在齿轮间，目之所见均为机器的场景，我的眼中也是"高分"和"得分机器"。以至当我重新翻开《于漪教育教学思想概要》时，其中诸多内容于我都是自我审视、自我探询的契机，不断地追问、反思中，逐渐根植着"德智融合"的意识，也践行着。

融合——在我的想象中，起初是一个泡泡，其与另一个泡泡飘浮在空中，它们各自都是一个完整而梦幻的世界，随后在某一个时间节点相遇，各自的界限和壁垒被打破，再重新连接在一起，成为一个叠加的、混融的新泡泡，飞往更高远阔大的世界，折射出更为炫目璀璨的光芒。黄音老师对于"德智融合"的界定是："通过对'德育''智育'培养目标的整合，统整教学内容和教学过程，以情境人物创设和学生建构反应为主要特征，实现学科知识学习、能力培养与育人本质结合的最优化。"在融合的过程中看似自然而然，但实际上对于育人意识的内建、育人价值的识别、育人方法的探索都有着极高的要求，达到内外贯通的浑融状态，从而唤醒生命自觉的求索与创造。

在上学期期末，我和学生说期末调研18篇课内诗文篇目，当说到《桃花源记》时，他们从"生无可恋"的疲态转而兴奋地窃窃私语，"嘿，你是那个和我搭话的村民""你不也是吗？"这是令我意外的惊喜，《桃花源记》新授课采用了教育戏剧的方式，带着学生们从空间建构与定格画面：集体构建桃林，展现不同的桃树姿态，从桃树的不同方位望出去所看到的景象，为景象取名；到魔法棒，进入桃林后渔人和村里人对话场景，讲故事，在虚与实、语言与叙述、与《桃花源记并诗》的比较中探寻作者寄寓的理想，最后创作自己心中的"世外桃源"，定格画面呈现，理解一种理想生活与文化符号。学生在创设的情境氛围中，以创作者、设计者的身份深研语言，通过对相关人物、场景的还原与再现，理解桃园风貌与社会理想，感受《桃花源记》的文化力量。学生全身心地投入，纵深情感与意义，"把对生命的观照纳入历史文化的视野中，不仅使生命价值的体认和生命态度的形成具有更为丰富的文化内涵，而且赋予生命超越个体局限性的文化意蕴，使之在生命伦理历史传承的文化链条中获得了更为厚重博大的意义空间。"时隔一年都能立刻反映出当时的理解与体悟，于我而言也是一种点醒，有时候我们在功利之下、应试之下会看不到人，但"人是教育的中心，也是教育的根本目的；人是一切教育的出发点，也是所有教育的归宿"。抛却分数，点亮自己心中的灯火，目中有人，绽放学生生命的光芒。

"'成人'比'成才'更为根本。"那独特珍贵的情感体验与灵动深刻的生命关怀以及更为深入的心境提升本就已经令人欢欣鼓舞了，更遑论那种超越时空的深刻和感动，那印刻在记忆中、血脉中，无论时隔多久都依旧涌动着的温情和力量，这是一种奇特的内化。而如何能让学生自主地"内建"，唤醒他们的活力与积极性，从而获得满足感，需要我们不断地反思课堂上教师与学生的关系，教师的新型身份，课堂的综合性、实践性特征，真正把焦点聚焦到学生的需求，多维多边多元的立体化课堂新生态将被构建，编织交响乐，呈现交响乐，看见交响乐。将自己与学生的生命共同融入课堂，"引活水"、融情感、发专业之声，赋能精神成长。去成为气象万千的人。

我校"建德建业，惟实惟新"的核心价值和"脚踏实地育真人，千方百计创未来"的办学理念，形成一种独特的场域，推动着我们前进，历练万千课堂，磨炼进取意志，淬炼育人精魂，在校园文化的引领下，我们不断提升着对自我的要求，不断自觉践行，创造自己为人师的独特价值。端坐在教室中朗朗诵读的学生，阳光下淌下汗水的学生，三楼拨弄科学设备的学生，未来教室里碰撞合作的学生，课间三两成群嬉笑打闹或结伴讨论问题的学生……都自由畅快地栖居在学校这片森林里。"教育，总

对话：走向德智融合

是伴随着生命的成长，育人，育己，育生命的自觉，像极了树的生长"，树木的生长的自由、复杂，它不惟只有被砍伐成为统一的木材一种有用的价值衡量标准，其本身就带有更多的姿态与发展可能，陪伴他们历经的生长过程、赞赏他们在时间流转中所站成的样态。在道的传承中觉醒、思考，承担自己的使命与责任，与生命共同成长。带着理想和胸襟，拓宽无限可能，拓宽生命的厚度，延伸灵魂的深度，看到世界的广度，晕染生命底色。

《于漪教育教学思想概要》一书让我不断地镜照自我，反躬自省，于漪老师极深切的凝视思考、对学生极真挚的师爱、对课堂教学极负责的承担，对家国情怀极深厚的坚守，这都将成为勃发的生命力量，不断传承，一代又一代。"红烛燃烧，照亮夜空，红色是她心头的信仰，燃烧是她生命的姿态。"

于我，于漪老师是榜样，是向往，是探询，是永不止步地追随。

于我，德智融合，是一扇奔向闪耀星辰大海的门扉。

推开门，看见阔大高远，定然坚持走在这条路上。

从"人文性"到"德智融合"
——读《于漪教育教学思想概要》有感

上海市建平实验中学 戴 熙

于漪老师的大名早有耳闻，近来通过各类介绍我也开始堪堪了解于漪老师的教育故事，但真正品读于漪老师的教学思想，走近她的教育内核，还是在读了这本《于漪教育教学思想概要》之后。

自1951年大学毕业后，于漪就一直在教师的工作岗位上，孜孜矻矻，栖栖惶惶，为教育事业奔走半生，带出了一届又一届优秀的毕业生。但于漪老师教育教学的影响力不局限于一个学生、一个班甚至一所学校，如果这样，那就仅止步于一名优秀的教师。她更是一名改革者，一个举起教育改革大旗并且一锤定音之人。相信现今的语文教育工作者都不会对语文学科"工具性与人文性相统一"的学科性质提出质疑，但直到回顾那场世纪末的"语文大讨论"我才知道，我们如今习以为常的"人文性"也曾有过争议，在盖棺定论之前也经过了无数次讨论，而它坚定的支持者正是于漪老师。

"人文性"中最关键的一点就是"人"，于漪老师在教学中看到了"人"的存在，也就看到了学语文的根本价值所在。语文的魅力并不局限在文字的排列组合，而是它对于国人心灵的滋养，这不是靠学生长大以后的顿悟，而是浸润在课堂中，一点一滴的渗透。曾经的语文教学一度忽略了这一点，讲完言语修辞，拿到考试高分便万事大吉，忽略了语文的目的之一是培养有理想道德和文化纪律的时代新人。时代在变，在进步在发展，但语文教学的"育人"目标不应改变，从"为天地立心，为生民立命"到现在的"实现中华民族伟大复兴"的目标，语文教育都是在为国家培养人才。这是每一个语文教师都必须记住，也必须在课堂实践中体现的。

"人文性"的确立也为"德智融合"思想的形成奠定了基础。"德"指的是德育，道德情操，而"智"则说的是智育，是学科知识的丰富，"德智融合"即强调德育与智育并举，共同协作完成语文学科"立德树人"的目标导向。书中对于这一概念的描述用了"滴灌生命之魂"这几个字，"滴灌"这个词尤其值得琢磨。"滴灌"强调的

> 对话：走向德智融合

是一种方法和途径，不同于大水漫灌一蹴而就，滴灌表明了这种教育是精细的，微小却有力量的。早前也有老师提出过语文课堂要强调精神品质和价值观，但对于采用什么方法往往莫衷一是，书本知识加高帽子的简单叠加不在少数。其实这就割裂了"德"与"智"的关系，于漪老师就指出"课要上得立体化，使知识、能力、智力、思想情操陶冶融为一体"，只有真正的交融才有可能使德育落到实处，润物细无声一般流淌到学生心里。这要求教师必须对文本有深入的解读，感受到作者文字间流淌的感情，这才能有选择地进行放大，让学生有所触动。比如我在备课时发现预备年级第二学期的第一单元围绕民俗风情展开，那在备完每一篇课文后我都要回看一遍，自己是否抓住了重点语句，突出了民风民俗的独特价值，让这种对中国传统文化的热爱烙印在孩子的头脑里，也将"文化自信"的种子播撒在孩子的心里。

谈及"人"，于漪老师做得更好的一点是她不仅看到了教育的目的是"育人"，也看到了教育必须以学生为本。每一个学生都是独立的个体，有自己的性格和特长，所以在教学前了解学情是必须的，只有这样才有可能因材施教。课堂教学面对着一个班的学生，有四五十人甚至更多，这就对教师的教学设计提出了考验。这也给我一个警示，在每一次的备课设计问题的时候，都要问一问自己，有没有照顾到三类不同水平的学生——正常水平的，学有余力的，学习困难的？他们是不是在课堂上都能融入其中，有话可说？在课后有没有在自己现有水平上得到提升，让这堂课上得有价值？在课后，教师也可以进行抽样调查，随机选取不同水平的学生，通过学生的主观评价和题目作答情况了解他们的需求，以此改进自己的教学。教师的眼睛要真正看到学生，上完课讲完书不是任务的结束，学生的掌握程度才是评判教学的重要标尺。

实践是思想的真理，于漪老师的语文学科性质观跟她长年累月的观察和思考密不可分。从20世纪70年代的"思想性"到90年代的"人文性"，于漪老师不断在审视自己，突破自己，一次次向内打破桎梏，用实践的经验教训创新自己已有的认知，连于漪老师自己都说"堪称一次历经艰辛的远航"。在这一过程中，她的身份也在不断丰富——语文教师、班主任、校长、市人大代表……哪怕被授予更高的头衔，获得更多的荣誉，她也从未忘记深耕教坛，每一篇文章都源于课堂实践的观察思考，都以多年的教育经验为本，这让她的文章充满草根的清香，又饱含教育的深度，她也笑称自己为"草根教师"。来到新世纪，于漪老师的思想紧跟着时代的步伐，她提出21世纪的语文教育就要有21世纪的时代进取精神，强调高效多能，要面向生活，面对社会。只有站在宏观视角下看待语文教育，我们心里才能对当下有更清晰的认知，才能对未来的奋斗方向有更明确的规划。

作为一名初入职场的语文教师，我从于漪老师身上看到了一名老教师对待工作的兢兢业业，对待专业的探索追求，更看到了教师发展的未来道路。我们已经站在了巨人的肩膀上，"人文性""德智融合""以学生为中心""实践出真知"……这些理念已经不再陌生，但要把它真正落到实处，形成自己的风格，我还要用接下来数十年的教学生涯去实践和完成。

胸怀育人之真，滴灌生命之魂
——《于漪教育教学思想概要》读书心得

上海市建平实验中学　董玉玮

在过去的一个学期里，我有幸加入"德智融合"项目阅读小组，与同仁们共读了于漪老师的几本著作。其中，最打动我的要数《于漪教育教学思想概要》一书。该书从基础教育的责任写起，内容包含了坚持终身学习、追求育人真谛、滴灌生命之魂、提升自我修养等多个板块，全方位、多角度地展示了于漪老师所追求的教育精神和教育理念，带领着我这个初出茅庐的新手教师在不断思考和摸索中感悟教育真谛，更好更快成长。

于漪老师用渊博的知识、深邃的思想和高尚的灵魂，哺育了一批批学生，更滋养了全国各地的一线教师，激励着每个人在不断学习中发挥主观能动性，真正爱上学习、爱上教育。"我做了一辈子教师，但一辈子还在学做教师。"简单朴实的话语道出了于漪老师从教以来的不懈追求，更鞭策着我们每一位教育工作者在不断反思与总结中砥砺前行。

于漪老师勤勤恳恳扎根于一线教学，认真备好每一节课，坚持写逐字稿，细磨每一堂课并认真做好记录。这看似平凡的小事，坚持一天两天容易，但是日复一日、年复一年地坚持下去，却需要坚韧的品质和强大的使命感。作为新手教师，我们更应该努力耕耘，坚持学习，深挖细节。文章写法和内容或许是大体相似的，但教师需要有常读常新的敏锐度，要结合时代特点和学生特性，通过集体交流、观摩学习等形式，在教学相长中明晰课文的写作逻辑，仔细推敲教学内容与学生能力的适配性。我们要不断与时俱进，扩充自己的专业知识，为同学们拓宽视野，为更密切地将书本知识和实际生活联系在一起做准备。教师只有能够用力把准时代脉搏、用心挖掘文化内涵、用情教授学科知识，才能让学生们细细品味语文真味、人生真理，真正将文本内容从课外迁移到生活实践中，让理论指导实践，让知识之花常开不败、长久留香。

在探索"德智融合"实施路径的过程中，于漪老师提出"育人为本，以德为先"，强调教师要有正确的育人观，学生才能成为真正的人。在当前"五育并举"的指导要求下，义务教育有了更明确的方向。我们强调培养德智体美劳全面发展的新时代青少年，在这其中于漪老师倡导德育为先，以美润心。抓德育，就是在抓孩子们的根。孩子是一张白纸，品德是这张白纸的底色。一方面，集体生活中的一点一滴都有可能是品德教育的起点。关注品德，就要密切关注孩子的思想变化、提高孩子的认知高度，把文明礼仪、道德追求、人生理想这些宏大的问题日常化。另一方面，语文教材同样是很好的德育资源。教师要把语文课上的分析与学生的生活实际相联系，寻找课文内容与学生生活的最佳结合点，让学生走进文学世界，培养他们的创新能力和健全人格。在丰富的实践过程中，于漪老师探索出教育的真谛就是育人，是培养出富有中国心的现代文明人，要回归教育本质，将立德树人作为根本任务。

纵观于漪老师的教育生涯，她始终根植于中国的一线课堂，是土生土长的"活的教育学"。她曾提出"基础教育是给中国人打基础的，一定要有中国的根、民族精神的根和爱国主义的魂"。作为一名终生从教的人民教育家，于漪老师始终将自己的工作与国家民族的发展紧紧联系在一起，并多次强调我们的教育就是培养人，培养有中国心的现代文明人。语文教学要走出一条中国道路，就要求教师有民族风骨、家国情怀。语文教学，要从传统文化中汲取营养，读懂文章中的"情"与"礼"，感悟时代中的风云变幻。教材中任何一篇课文都是语言形式和思想内容的统一体，二者不可分割。语文教学，就是要把圣贤之书转化为治世之道、立人之本，将咬文嚼字扩展为文人之思、匠人之心，要读出中国人的性格，悟出中华文化的奥义。教师要加强自身文化修养，教学要活动脑筋、转变模式，在古今交汇中做好融合、力求创新。

书中内容还包含了于漪老师给青年教师的几点建议。于漪老师对青年教师的培养可谓是尽心尽力，如传播火种一般，于漪老师将教育之火真诚地撒布各地，传递教育的能量。其中提到"青年教师要潜下心来解读文本，根据教材的特点和学生的实际确定教学内容，选择教学方法"。诚然，一堂合格的课，内容上肯定是要从教材中来的，教法上是要关注到学生的。如果教师连教材都不熟悉，不仅无法完成日常教学内容，还会让学生对教师的教学能力和态度产生怀疑。所以熟悉教材，既是对课堂基本的责任，更有利于教学效果的提升。此外，坚守内心的纯净亦十分重要。身处纷繁复杂的社会，面对各种因素的干扰，教师能够树立正确的教育理念十分不易，一以贯之则更加难得。身为青年教师的我们，应有更大的格局，要心里装进学生、装进国计民生、装进教育、装进立德树人的使命，引导学生不断求真、求善，提升学习品质和人生境界。

对话：走向德智融合

　　选择了教师，就是选择了奉献。《于漪教育教学思想概要》中饱含着于漪老师的博大胸怀和教育热情，不断鞭策我们成为一名称职的、合格的教师。我相信，读过的书籍永远会潜藏在记忆里、在气质中、在谈吐上。作为一名新进语文教师，我愿追随于漪老师的脚步，胸怀育人之真，滴灌生命之魂，树立远大理想，力求引领学生寻找、感受并内化语文之美，进而全面提升学生的语文素养，让学生的精神世界悄然丰盈，让教育事业的火种不断燃烧。

沟通的小纸条　教育的大魅力
——读《于漪教育教学思想概要》有感

上海市建平实验中学　史　斐

"忠诚人民教育事业，依法履行教师职责……"这段誓言于漪老师已经念了许多遍，但每次念来我们都能感受到她发自内心的真诚与真挚。当然读着于漪老师的书，你也会发现她早已将"为人师表，敬业爱生"这八个字融入了自己的骨血中。

这个假期中有幸拜读了于老师《于漪教育教学思想概要》一书，书中的十二个章节承前启后、紧密连接、环环相扣，将于漪老师始终坚持的教育思想展现得淋漓尽致。读着书中细致的介绍，回味起自己在教育教学中感受深刻的零星片段，依然觉得饶有趣味：这是发生在咨询中我和她的故事……

小小纸条，悠悠我心

我们的对话由不起眼的小纸条开启，

你在那边诉忧愁，

我在这头传温暖。

初相见，缘起小纸条

第一次见到小悦还是在新学期的第一节心理课上，同是作为进入校园的新人，不同的是：我站在讲台而她则坐在桌前。小悦小小的个头、白白的皮肤、闪闪的眼睛，像洋娃娃一样一下就吸引了我。当我介绍起自己，介绍起心理这门课程的时候，她忽闪着大眼睛，双手托着脸颊，微皱着眉头若有所思的样子，随后便拿起笔在一张小纸条上写着什么……

"呐，老师，这个给你。"小悦低着头小声说着，又顺势将一张小纸条塞进了我手中。

"哦，这是？"

"老师，回办公室再打开看。"说话间，小悦害羞地跑开了。

好奇心驱使着我快步走回办公室，刚坐下，就立刻打开了小悦塞给我的纸条。上面用铅笔端正地写着她的纷纷思绪——陌生的环境、陌生的同学、陌生的自己……这些都是最困扰小悦的难题，同时这也意味着小悦也将成为我的第一个来访者（且是用书信的方式）。

再相遇，"悦"新小纸条

休整之后，我便开始计划着给小悦回一张小纸条。回复些什么呢？在接下来的几天里我都很苦恼。小悦明显是对初中生活有些许不适应，再加上中学学业要求高了，她也对未来存有担忧。作为新手教师，怎样才能帮助小悦快速解决她所面临的问题呢？我头脑里一直在搜索着各种指导建议和方法。例如：主动调整心态、尽快找到一个好朋友、多参加班级及学校的活动、重点关注当下……总之在这一张回复的小纸条中我尽可能多地写了调整适应的方法。

再次到小悦班级上课的时候，我把这张回复纸条递到了小悦的手上。正在座位上认真写着作业的小悦，看到我递过的纸条，迅速攥入手中。然后在书本的掩饰下慢慢摊开，看着纸条里面的内容。只是当她抬起头的时候，透过她的眼神，我并没有感受到这些内容对她有很大的帮助，她依然是挺困惑的。于是我发现这张回信的内容大概不是她想要的。

果不其然，下课之后，小悦的小纸条又出现在我的手上。

"老师，谢谢你还记得回我的小纸条，但我依然还是有些不知所措。"

"好的，我们不着急。我看完你的困惑会再给你回信，好吗？"收起小悦的纸条，我往办公室走去。

"为什么这些方法对小悦的帮助不大？"这个困惑一直萦绕在我的心头，我不断反问自己，回忆着自己学生生涯中我的老师们在我遇到困难的时候跟我说些什么我会最受用。没错，就是真诚地感同身受。于是我拿出新的纸张，跟小悦分享了一个我进入高中如何适应新环境、交到新朋友的亲身经历并且非常恳切地告诉小悦：我拿自己的经历跟你分享，希望你能从中获得启发与灵感，但有些事情还是得自己去尝试、去经历、去总结。在这个过程中也许会遇到挑战和挫折，但是不要忘记我也会一直在你身边……

这一次小纸条交到小悦的手上时，她看了良久，然后认真地将它折好，细心地插进了她的心理书中。她抬起头，我们彼此相视一笑。我想我已经走进了小悦的心中。

从此以后，小悦的小纸条时不时就会出现在我的讲台上，我也会很默契地接过来，然后在下一次上课的时候给她递上我的回复。虽然有些时候我也只是一个倾听者的角色，但我们仿佛都习惯了这样的方式。

常相思，牵挂"小纸条"

"以前车马很慢，书信很远……"如今在这个快节奏的生活中，我们总是忙忙碌碌缺少着慢下来的思考。我很感谢小悦愿意相信我、依靠我，用这样古老而又浪漫的方式带给了我全新的咨询体验，也让我在和她的小纸条中看到了我们共同的成长。这大概就是心理咨询所具有的助人自助的原则吧。未来，我将陪伴更多的"小悦"，笑看云卷云舒，成为彼此人生中最美丽的风景。

这是在我教育旅途中一件温柔而浪漫的事。其实每每想到这里都无比庆幸自己选择成为教师并顺利走上了这条职业道路。作为教师，我们的职业是光荣的，我们的事业是"栋梁"和"未来"，这激励着我们每一个教育人以于漪老师为榜样，兢兢业业，上下求索，在教育中去实践"胸中有书，眼中有人"的教育理念和为人的理念，把学生培养成国家的人才。

《于漪教育教学思想概要》一书中也写道："追求育人真谛，寻找育人准星，深入学生世界，勘探成长奥秘……"这一切的一切都提醒我们要抓住每一次教育契机，同样这也将成为教师们拉近与学生的距离、更好地读懂学生的有效策略。当然，我和学生们的教育故事还在持续更新中，期待教育的互相感染，促成相互成长。

尖锐的宽厚，冷峻的温暖
——读《于漪教育教学思想概要》有感

上海市建平实验地杰中学　李　黎

去年初秋时分，学校组织老师们启动阅读打卡计划，工作之余共读《红烛于漪》和《穿行于基础教育森林》这两本有关于漪老师的著作。不知不觉间一个月过去了，老师们如约完成打卡任务。由于涉及三个校区，共读群里大半的老师虽天天以打卡形式相见，却还只是素未谋面的笔友。失落之余在共读计划发起人孙伟菁老师的提议下，大家纷纷表示愿意接力打卡下一本书——《于漪教育教学思想概要》。故事并未落幕，大家读完《概要》又读《燃灯》，难忘每天放学后乐此不疲地独享大大的办公室吮吸着书中精华，如今忆起那读书的画面还是历历在目。

在这些优秀著作中，《于漪教育教学思想概要》当属最吸引我的一本。它汇聚了于漪老师教育教学思想的精粹，分十二讲展开叙述。每一讲先以"思想要旨"的方式提炼于漪老师的核心观点和关键表述，继而通过"简明解读"这一板块梳理其思想的形成和发展过程，并对其思想观点展开探讨，揭示其在当下教育改革时代大潮中的现实意义与未来启示。读书的过程，既是学习于漪老师的过程，亦是精神接受洗礼的过程。于漪老师有一句自谦的名言"一辈子做教师，一辈子学做教师"，事实上，我们一致认为于漪老师无论在实践方面还是在理论方面，都是新时代中国特色基础教育领域堪称完美的教育艺术范例。

实践方面，于漪老师个人的传奇经历便是涌动在基础教育领域的教师们心头的一部教育大书。她毕业于复旦大学教育系，参加工作的头几年被分配去教历史课；没过多久，学校缺语文老师，党支部书记的一句"工作需要"，于漪老师从此与语文结下不解之缘。在此期间，于漪老师还长期担任落后班级的班主任和全校秩序最差年级的年级组长，做过教研组长、教导主任、校长等。作为一位长期从事基础教育工作的一线教师，于漪老师凭借她长期的教学实践和管理经验，形成了一套真正接地气的来源于实践的教育哲学，进而再将自己的理念彻底地贯彻到她所从事的教育工作中去，并在此过程中努力影响着周围的每一位同事。由此，也不难理解于漪老师为何会被党和国家授予"人民教育家"的称号了。

今年春天的疫情再次改变了我们的工作日常，同欣然接受工作岗位调动的于漪老师相较，我们化身线上主播不过是变更了工作地点而已。为人父母、为人子女，居家办公难免还要想办法照顾家人的生活起居，可一想到学校所在的北蔡镇要比自家所在的三林镇疫情严重得多，就实在如坐针毡、寝食难安。为了给孩子们的居家生活增添些滋味，我们利用早读时间提出"1+1随心配"——每天趣味抽查一个背诵任务，督促孩子不忘晨读习惯；每天快乐分享一篇有趣文章，开启大家一天的好心情。往往早读结束，孩子们还是迟迟不愿离开直播间，就像我们平时在校的下课时间一样，铃声一响孩子们便会簇拥到老师身旁，叽叽喳喳地说个不停，那么索性就敞开聊一聊吧！毕竟成年人和同伴们面对困难的态度会对孩子产生一定影响，聊聊近期遇到的伤感苦闷的柳子厚，再聊聊上学期学过的乐观旷达的东坡居士……孩子们吵闹着雀跃着，在直播间留下了自己的心声："我在家的自律略逊于学校啊"，"我要少吃点零食，不为减肥，只为零食太难买"，"'封'火连三月，家'蔬'抵万金"，"实在不知道该怎么安慰我抢不到菜的亲爱的妈妈啦"，"城市'病'了，愿早日康复"，"我很坚强，不需要安慰哈"……是啊，春天不可以没有笑容！只要我们教师在云端日复一日地重复着爱、责任与坚韧，引领陪伴孩子们走进诗文的意境，跟随文字感知作者的喜怒哀乐，懂得身处逆境如何克服孤独、如何拂去失意、如何与自己和解，最终教会他们从悲观中升华出达观，拥有更广阔的生活天地。记得于漪老师曾在书中讲道：初中文言文中蕴含的生存智慧、审美理想、道德情操足以跨越古今，对指导社会、人生具有重要的现实意义。

理论方面，于漪老师的教育教学思想基于语文学科又超越语文学科，形成了适用于所有学科的教育观。其中本书涉及的教育理念主要有：基础教育责任大于天；牢固树立以学生为本的核心理念；追求育人真谛；深入学生世界，勘探成长奥秘；课堂质量决定学生的质量；德智融合，滴灌生命之魂；学科性质的时代篇章；内外贯通，拥抱生活天地；办学的战略意识与战役本领；自我修为，学做人师；薪火相传，让青春闪放光辉；人文精神铸就思想风骨等。这些朴实无华的教育理念蕴含着于老的大胸怀大智慧，句句经典，引人深思。

在于漪老师看来，基础教育从事的是人的基本建设，给人的思想道德、行为习惯、科学文化打基础，为其终身发展奠基。为此，就要时刻把"人"放在第一位，牢固树立"全面育人观"，聚焦在学生的全面发展和终身发展上。其实自"双减"政策实施

> 对话：走向德智融合

以来，基础教育受到了前所未有的关注，也经受着来自各方的考验。基础教育中的义务教育阶段有九年时间，放在人生长河中不过是一阵子的光景，但这段美好的时光特别是初中短短的四年，往往会影响一个人一生的走向。万丈高楼平地起，以语文学科为例，在此阶段若是学会说话、学好写字、养好习惯，学生将会一生受用不尽。而且，学生在学校的时间绝大部分是在课堂上度过，我们语文学科作为一门多功能的育人学科，更要在以智育为核心的同时渗透德育和美育内容，将民族精神、真善美的价值观、道德良知和社会责任融合到日常教学中去，最终在"德智融合"中滴灌学生的生命之魂。于漪老师在潮起潮落之间帮助我们明辨教育的本真，解决改革难题，化解时代困惑。我们认为，这些教育理念不仅对基础教育领域的工作者们有指导价值，对其他不同阶段的教育教学工作亦有重大意义。

"苟日新，日日新，又日新"，在此冒昧将这本《于漪教育教学思想概要》真诚推荐给您！居家间隙，在读懂于漪老师这位当代人民教育家文章气脉的同时，若能把于老"尖锐的宽厚，冷峻的温暖"春风化雨隔空播撒在学生心间，相信孩子们以及他们背后的小家庭定能感受到我们的坚持与温度，或许这正是我们教师群体在共同抗疫时光中的意义所在吧！

第三章 立德责任与育人体验

教育：生机盎然的图景
——读《穿行于基础教育森林：教育实践沉思对话录》有感

上海市建平实验中学 弓新丹

2021年9月，本校"德智融合"项目开展了关于于漪老师四本著作的共读打卡活动，其中令我感触最深的是《穿行于基础教育森林：教育实践沉思对话录》。"十年树木，百年树人。"在基础教育这片繁茂的森林中，教育是不断扎根的事业，演绎着生命的对话、精神的涌动、使命的传承。这本书记录了于漪老师与孙女黄音两代教师关于时代发展、学生发展、课堂教学、教育质量、师爱师风等诸多教育问题的对话，给了我很大的启发和思考。

有人说，教育是一片神秘的黑森林，包裹着生命中的湖泊、密林与山川，回响着各种奇妙的生长之声。在复杂、多变的教育教学中，我们时常要考量许多问题：我们为什么而教？我们的根本任务是什么？我们当下所传授的知识如何去影响他们的未来？无论是从教初衷，还是方法指引，当我们进入教育、进入教学、进入教室时，这些"为什么"帮助我们反思过去，触发未来，进而成为自己的发现者、学科的成长者、学生的共情者、同侪的互助者。

一、教育：立德树人、教文育人的事业

教文育人，以文化人。教书和育人要有机结合，不能见术不见道，更不能见术不见人。在多年的教育教学实践中，于漪老师始终坚持"立德树人"的教育理念，强调教书和育人的有机结合，在丰富知识储备、提升能力素养的同时，培育道德情操、完善精神建设，以优秀的中华文化和民族精神滋养学生的心灵，使其明读书之理、明做人之理、明报效国家之理，从而培养出有中国心的现代文明人。

作为一位特级校长，于漪老师特别重视校园文化和校园风气的建设。她认为，精神文化层面的力量是无形且巨大的，它们根源于师生的内心认同，关系到主导的价值取向，关切到教育的本质呼唤。她还指出，学校的队伍建设要把教师培养放在十分重

要的位置，有怎样的教师队伍就有怎样的教育质量。《论语·子路》有言："其身正，不令而行；其身不正，虽令不从。"于漪老师将第二师范的办学追求定位为"一身正气，为人师表"，由内而外地推进学校的全方位建设，激发师生成长的内生动力和发展潜能，从而创办出一所有品质、有活力的优质学校。

"德智融合"思想的提出，是于漪老师在21世纪对"立德树人""教文育人"思想的发展和贯彻，也是她对这些理念在语文学科如何落地生根的探索和回答。于漪老师提出，教师要充分挖掘学科内在的育人价值，将其与知识传授能力的培养相融合，立体化施教，全方位育人，才能真正将"立德树人"落实到学科主渠道、课堂主阵地。学科德育工作需要在价值理念的引领下坚守学科本原，在学科中践行"德智融合"的前提是对学科智育内容的全面把握和德智融合点的准确定位。那么，如何做到全面把握，准确定位？这就要求教师在对学科的价值内核和知识体系的深入研究和反复实践中，努力探寻知识传授、能力培养、情感熏陶、德行浸润的关键连接点。

二、教育：躬身力行、常教常新的事业

从教七十载，于漪老师经历了多次教改，既俯首耕耘，也仰望星空，始终跟着时代的步伐创造、前行。她坚信实践是检验真理的唯一标准，课堂是检验和实践教育理论、改革理论的重要阵地，是教育理论落到实处、返璞归真的场所。

语文教育作为民族文化之根，兼具工具性与人文性，包罗万象，大有可为。于漪老师作为一位语文教师，始终坚定不移地引导学生热爱母语、热爱祖国语言文字、热爱语文，她也在自己的教育教学中结合文本学习和能力训练，不断培养、激发学生的这份热爱之情。在课堂中，会闪现灵感的光芒，会迸发思想的火花，或是在辨析中夹带理趣，或是在感受中无限徜徉，这些都离不开思维的支撑。于漪老师在语文教学中注重语言和思维的融合发展，在教学实践设法打开学生的思维之门，引导他们爱思、会思、多思、深思。学源于思，思源于疑。教师在教学过程中要培养学生发现问题的习惯，也要启发学生积极思维的能力，帮助他们拓展思维的空间，让学与思从浅表化走向深入化、从碎片化走向链条化，以实现思维能力的可持续发展。

于漪老师还认为，兴趣和求知欲是推动学生学习的主要动力，我们的课堂教学要在吸引力、感染力上下功夫。无论是什么学科，教师都要下功夫去创设一套具有形象性、情感性、独创性的教学方法和技能技巧，一课一格，常教常新，让学生不断产生新鲜感和好奇心，促进他们的自主学习，激发他们的求知精神，使其置身其中、饶有兴趣、意犹未尽。而要让学生保持旺盛的求知欲，教师自己非得下决心改变自身知识

浅薄、孤陋寡闻的状态。教师从教，善于学、坚持学、锲而不舍，是第一要义。作为一名教师，课堂是我们学习、研究，为之终生奋斗的主阵地。教师的专业能力和核心竞争力在这个过程中不断打磨、积淀、升华，学生在优质的课堂文化氛围中学习、感知、浸润、思考，持续发展。课堂教学是一门学问，需要不断探索、反复研究，才能把握规律，取得良好的效果。课堂教学也是一门艺术，需要用心设计、精心准备，才能激发师生的情感、涌动生命的力量。

三、教育：演绎生命与生命对话的事业

作为一项教人成人的实践活动，教育时刻演绎着生命与生命间的对话，师生在这个过程中求真、求善、求美，成己修为，共建生机盎然的美好图景。而眼中有人、心中有人，是教育"以人为本"最直接的表达。怀特海说："学生是有血有肉的人，教育的目的是为了激发和引导他们的自我发展之路。"在现实的教育世界中，我们时常会在追逐考试、分数、能力、纪律、规范的过程中忘记这一点，无法调整自己的情绪，无法打开自己的心结。于漪老师在著作中引用了古今中外许多教育净言，"万物有灵""教人成人""洞穴中的囚徒"都是在树立"人"的观念。在教育工作中，教师要见"书"又见"人"，而且要把人的因素放在第一位，充分发挥人的作用。在从事教育事业的过程中，我们要抓住共性、尊重差异，眼中有光、目中有人，正视五彩斑斓的学生世界。

成长是一辈子的事。教育不是一个结果，而是生命徐徐绽开的过程，它永远面向未来。"一辈子做老师，一辈子学做老师。"于漪老师从踏上教师的工作岗位后，一直在学习、实践、反思、写作，始终保持进取的态度，几十年精勤不怠，几十年守护师魂。"理想就在岗位上，信仰就在行动中。"于漪老师用毕生的价值追求和辛勤耕耘向我们诠释了为师者的风范和境界。教育是细水长流的事业，是声名不彰的事业，更是需要坚守和追求的事业。作为青年教师，我们也要做一盏不灭的灯，做源源不断的长流水，做面向未来的教育工作者，在不断追求中成长，在不断突破中创新，在不断反思中前进，在涌动的时代潮流中保持一颗恒定的心！

以德育人，使生命之树常青
——读《穿行于基础教育森林：教育实践沉思对话录》有感

上海市建平实验中学　蒋卓汝

森林，一片苍郁挺拔的生命景象，吸收着阳光雨露日月精华，向着天空茁壮成长。不过森林同样是神秘莫测的，在树林内部时而是阴暗寂静的，要小心提防林间的沼泽瘴气。《穿行于基础教育森林：教育实践沉思对话录》一书，于漪老师将基础教育和森林意象联系，贴切类比带来的丰富内涵给读者带来无限遐想。教师可以作为护林员的身份穿行其中，感叹于百年树人的不易和成就，同样也对近十年来基础教育的乱象感到困惑和迷茫。于漪老师对话青年教师黄音，两代人的对话，回答着教育实践过程中的忧思，更重要的是传达了为破解难题而奋斗不息的精神力量，以及最终经受住时间检验洗淘后留下来的教育哲思。

书中于漪老师如亲切的长辈将自己在教育理念、学生发展、课堂教学、学科能力培养、校园建设、教师成长等多方面的感悟向读者娓娓道来，全书都体现出立德树人这一教育的根本任务。"太上有立德，其次有立功，其次有立言，虽久不废，此之谓不朽"，"立德"为我国古代的"三不朽"之一，由古至今向我们强调人生最高的境界是立德有德、实现道德理想。能以一名语文教师的身份站上教学讲台是幸运的，语文学科天生承载着立德树人的任务。《穿行于基础教育森林》中提道："语文教师肩挑的是立德树人的刚性责任，肩挑的是传承与弘扬中华优秀传统文化的神圣，在当前价值多元、文化多样的复杂情况下，对学科的性质、功能、育人价值更要有的清醒的认识、精辟的理解，自主判断的能力。因而这支队伍的培养须在中国立场、世界视野、业务精湛、仁爱之心等方面着力。"现在的新课改注重核心素养的形成，但素养的形成不是立竿见影的，是一个循序渐进、不断深化的过程，"语言文字工具始终负载着人文内涵，教学中将思想情感的教育融入能力培养的过程，将知识、能力的教育与立人教育融为一体，这是当下语文课程建设的价值取向"。我希望学生在读完课文诗词后不仅学会其生动传神的文字表达、别出心裁的艺术构思，还能感知到作者要传达的观念情感。比如由点面描写的谋篇布局感知狼牙山五壮士的牺牲奉献精神和爱国情怀，通过围绕中心选取适当的材料的写法体会夏天万物的勃勃生机和人要抓住时机迅速成长的道理，在小说细腻的人物描写和环境渲染中了解穷人生活的艰辛和其高尚的品质……课文的教授要能激发起学生心中的一把火，拉近他们与文本的距离，培养孩子的思维力、想象力、创造力、审美和品德，真正落实素质育人。

  读着于老师一段段鞭辟入里的阐述，不禁联想到自己的教学实践。刚成为班主任半年的时间，进入五彩斑斓的学生世界，面对一个个鲜活的孩子面孔，我仿佛有了无尽的教育动力，那是生命按捺不住的涌动给我的震撼。灰色的理论有了载体，生活之树是常青的！如果教师能带给学生正确的引导，那该多么幸福！我脑海中浮现出了小乐的身影。小乐同学，一个开朗爱笑的女生，性格方面招人喜欢，而且成绩也十分优异，上课积极发言下课认真完成作业，在班上有了小小的影响力。尤其在语文学习方面，她的作文总能让我眼前一亮，独特的选题和观察点、生动流畅的语言加上一手娟秀的楷体字，马上俘虏了语文老师的心。不过人无完人，慢慢地我发现活泼爱玩的她不太遵守集体规则，总以自己的欢乐玩闹为先，午休自习时跟周围同学大声喧哗或私语不断，班干部提醒她甚至还会顶嘴争辩"别人都在讲话，你为什么管我！"在记录行规的册子上，小乐名字出现的次数也名列前茅。这个孩子学习和行规上的割裂让我难以用简单的好学生和坏学生来界定她，或许现在在更为复杂的时代环境下成长的孩子都有着更多面的表现值得教师去探索。教育问题，首先是一个价值问题。马克斯·韦伯把理性分为两种——价值理性与工具理性。于漪老师指出："从教育学上说，工具理性是指知识、数据、逻辑，指人之外的物理、业理、原理等；价值理性则是指'人'本身的真、善、美的主体价值。两种理性都重要，但价值理性是第一位的。从事认知能力与专业技能培养训练时须融合优秀人格的塑造与生命质量的提升。"要让小乐认识到学生不仅仅只是看成绩的，班级学校也不仅仅是写作业考试的地方。

  几次提醒和惩罚不起作用，刚好还缺一名语文课代表，我主动向小乐抛出了橄榄枝，试图拉近我们的距离，增加彼此沟通的机会。让她多一份担当责任，少一份自由散漫，体验班干部为班级和同学服务的奉献精神，逐渐改正自己行规上的问题。一个人人都自觉维护纪律、人人都自觉为集体尽力的班级才能走得更远。本以为对她这是一次难得的机会，没想到提议被小乐回绝了，理由如下：初中课业压力比小学大，时间要更多花在学习上（只是预备班的孩子）；小学时当过英语课代表感觉太累，当班干部有许多额外的工作，她不想牺牲自己的玩耍时间。我被她坦然直接的回复震惊得合不上嘴巴，时代真的变了吗？带着些失望，我告诉她课代表的工作并不繁重，但不会勉强她做选择。同时找了平常和她玩得比较多的小花当课代表，希望她从同伴身上得到启发。接下去的几天，小花按时来我办公室搬送语文作业，在讲台上收发作业，小乐经常一起跟着，有时忍不住凑上去一起帮小花整理清点。一天中午小乐突然出现在我办公室，神情局促支支吾吾地问我："老师，我想通了，现在还能申请当语文课代表吗？"我看时机成熟，打趣道："你上次拒绝了我，怎么现在又答应了？"她没说话。"那就先当副课代表，要认真完成工作哦。""好的，谢谢老师！"小乐松了口气开心应道。对她更长久的磨炼开始了。

事后我还没机会找她细聊，而小乐在期末的作文《这感觉真好》中先记叙了这件事，她意识到了自己的散漫——"每天和同学聊聊天、玩一玩，虽然循规蹈矩，倒也挺悠闲的"，观察到了老师的失望——"老师不好强迫我，放我走了"，看着其他班委课代表忙碌地跑上跑下——"我的心里空空的、闷闷的，说不出的失落"，搬作业时"看到班主任笑得异常灿烂，我的心里涌起一股自豪之感"，最后结尾她写到"帮助老师，服务同学，这感觉真好！"这篇作文给我带来了巨大的触动，它让我看到学生身上的灵性和德育的力量，以及德智融合在语文学科中的完美呈现。这是一篇真人真事真情的优秀作文，于老师在书中提到"写作要义首先是激发写作的好奇心，助推写作冲动感"，小乐由自身的经历体验累积素材，她感受、观察、思考，与内心对话，进而输出展示，真正做到了写作文写生活。同时"意犹帅也"，文章的主题需要提炼，要锻炼学生的思维力，区分正误，分辨美丑，"文章正确、新颖、深刻的'意'的确立，实际是认识能力、感受能力、思维能力及语言能力的发展与提升。"小乐的文章主题是"责任和奉献"，这就是我想要对她进行的德育，学生在成长。这一刻我深切感受到了语文德智融合的魅力。

《穿行于基础教育森林》最后一章提到"成长是人一辈子的事，教育不是一个结果，而是生命绽开的过程，它永远面向未来"。教育成长不分角色，师生都是其中一员。在现今浮躁的社会中，教师不应该忘记教育的本质，比起传授知识，优秀人格的塑造和生命质量的提升更应该是教师应该承担的使命。用真情向学生浇灌，点燃学生的理想之灯，勇担立德树人责任，使生命之树长青。

穿行中成长　滴灌下铸魂
——读于漪、黄音《穿行于基础教育森林：教育实践沉思对话录》

上海市建平实验地杰中学　夏　英

得益于建平实验中学"德智融合"项目的推进，"共读一本书"活动让我更深入解读了于漪老师的教育思想精髓，从"人物传记"到"教育对话"再到"思想研究"的阅读进阶，最终回归到课堂教学的实践。每一段对话都是一次点拨，每一篇文章都是一种触动。

"教育的本质意味着：一棵树摇动另一棵树，一朵云推动另一朵云，一个灵魂唤醒另一个灵魂。"德国教育家雅斯贝尔斯的这句话广为流传，更发人深思。作为一名基础教育青年教师，手中捧着的是一颗颗稚嫩而火热的心，身上背负的是一个个崇高而沉重的责任。在教育这片广袤的森林中，艰难穿行，寻求方向，奔向光明。

一、对话两代教师，接力矢志不渝

《穿行于基础教育森林：教育实践沉思对话录》是两代教师的深刻对话，是青年教师黄音成长的求教之路，是教育家于漪理念的传承之路，也是两代教育者矢志不渝的精神接力。在翻开此书之前，我都不确定成为教师是迫于生计还是真的热爱。这么多年的教职生涯，我依旧迷惘于为何而来、往何方去。那些相同的困惑，那种路在何方的迷惘，就在一段段看似不经意的讲述中，最终拨云见日，为我渐趋单调乏味的职业生涯，注入一丝新的活力和希望。

兜兜转转，再回原点。教育究竟是什么？它是一项具有理想的事业，是"人之完成"的事业，因此于漪老师始终坚持在办学中要增强人的精神力量，引领人的灵魂达到真善美的境地。回想自己的求学之路，岂不正如于漪老师所说，大部分的知识与解题技巧已消失，如果不是从事了教师这项职业，这种技能会消失得更彻底。那教育留给我的还剩什么呢？是学习的方法，是教师对学生的精神引领，是助推精神成长的价值追求。教师需要站在教育理念的高处，需要持有高尚的教育情怀，才能在学生的成

> 对话：走向德智融合

长之路上登高望远，化为指路明灯。

"脚踏实地育真人，千方百计创未来""用父母心办教育"，李百艳校长的话深深烙在我的脑海里。曾经的我或许并不明白什么是"真"人、什么叫"父母心"，而今当我在基础教育的森林兜兜转转多年，终于领悟到于漪老师的教育精髓后，才恍然大悟：教学不是公开课的表演，是脚踏实地上好每一节课，真情投入；关爱学生不仅体现在言语上，更要付出极大心力，以心触动。于漪老师说，"蒙学生是最不明理、最愚蠢的了"，那一双双澄澈明亮的眼睛，是我前行的无穷动力。学着对学生少些责备多些谅解，少看缺点发掘长处，试着用心中大爱真诚关怀。

观两代教师对话，接教育精神传承。

二、提高自身修养，激发课堂活力

如果某天的语文课堂学生很兴奋，能积极参与发言，探索出不同但又都有各自思维的道路，一双双发亮的眼睛满是收获的神情，那么这一天都能给我带来活力和愉悦。如果某天的语文课堂学生兴趣索然，回答问题只是例行公事，只能用不停地记笔记让自己不要显得无所事事，那么这一天都将让我备受打击。教师"教"得成功与否都显现在学生"学"的收获与否，怎样让课堂产生持久的魅力，一直是我困惑并持续反思的一个问题。而今天，我站在了于漪老师的肩膀上，看到了她对于这个问题的解答。

（一）倾注全身心血，打造趣味课堂

学生不喜欢套路化的、千篇一律的、无趣的课堂，教师的"教"必须倾注自己对生活的执着追求和对教材的深入解读，要有新鲜感、趣味性、难度和深度、时代的活水。深入解读教材，决不能照本宣科，必须融入自己的品析。课堂是教师的主阵地，如何上出一堂精彩的课，在于背后投入的备课。虽然我们呈现的只有40分钟，但是备课的过程却是无数个40分钟的组合，甚至伴随终生的学习积淀。这是每一个教师从教的深切体会。而备课过程中，问题链的设计往往又是最为关键的一环：课堂的重点难点在哪里？用何种方式展开？如何由浅入深把学生引入思考点？……只有在备课和反思的过程中钻研下苦功，教师的专业能力和核心竞争力才能不断打磨、不断积累、不断升华，真正做到"文字都站立起来和你对话"。

（二）大胆筛选内容，创意设计活动

课堂教学中要大胆筛选教的内容，去掉学生已知的，深入思考未知的；创意设计学生活动，让学生参与其中，深得其味；教师只有真正地投入情感才能作为引领者触

动学生的心灵。最近上到作文讲评课，我尝试把自己放到学生的位置，去思考自己的生活有多少可以写的素材，然后翻阅手机相册，找出了我的生活点滴，给学生讲讲我的生活故事；甚至我会从我儿子的角度去思考，有什么是作为学生的他可以写的。在一段段生动的故事中，我告诉他们我的生活体验和感悟，看到他们似有所悟的眼神，真是比什么都开心。

（三）培养独立思考，提升思维品质

当课堂内容仅仅是简单的记忆复习和刷题训练时，学生总是埋着头，偶尔抬起的眼神是黯淡而无神的。心里都清楚面对考试这些重复训练的必要性，但这都不是我们想要的。当课堂充满新鲜的知识和能动的思维过程时，学生随着课堂环节而兴奋着、思考着，整堂课闪着晶晶亮的眼神，甚至下课还要围着老师讨论自己的见解，这个过程谁能说比不过考试呢？培养学生独立思考的能力是教学孜孜以求的根本原则，得到思维能力的训练也是学生渴望着的课堂方式。如同苏霍姆林斯基说的："人的心灵深处都有一个根深蒂固的需要，这就是希望感到自己是一个发现者、研究者、探索者。"因此，认真设计每一堂课，去掉学生已知的，着重引导他们未知的，还原作者写作情境，深入探索语言背后的文化内涵，延伸至当代学生的精神世界，是每一个优秀教师所共同探索的道路。

（四）造就灵动之笔，生动表达自己

我们经常批评学生：一怕周树人，二怕文言文，三怕写作文。可是怕写作文的，又何尝只有学生呢？我们在作文讲评课上分析得头头是道，这里要注意那里结构怎么搭建，这篇文笔好那篇审题有问题，可是我们自己有去尝试写作吗？任何没有实践的指导最终都只能是空谈。回忆自己从学校毕业后，似乎就再没有能够用笔好好审视自己的行为了。是太忙了，是没有素材，更是因为没有写作来提高自我的意识。于漪老师给了最实在的指导：语文教师必须有一支灵动的笔。去与学生同写一篇作文，去书写感悟，去反思实践，去把自己获得的经验上升为教育规律的理论……"人生的价值在于觉醒和思考的能力，而不只在于生存"，就让那支灵动的笔，去实现教师的觉醒和思考。

三、领悟教育精髓，坚定迈向明天

于漪老师荣获"人民教育家"称号，受到国家主席表彰，我由衷地为她所获得的荣誉而感到兴奋，为她所经历的坎坷而平添悲伤。但一切都在于漪老师平淡的表情和

即使年高也要依旧奉献于基础教育的坚定信念之下,不管坎坷还是荣誉都烟消云散,只剩下那股红烛般火热燃烧的情怀,激荡着同样作为教师的我。

一辈子做教师,一辈子学做教师,不再为自己的成就只能在学生身上体现而不平,因为那就是我工作的使命和意义所在。从今往后,追随着那个坚定的身影,怀着博大的爱、永不停步的学习精神,让生命与使命结伴同行!"做一名合格的人师",是她们的志向,也当成为吾辈标杆。

在穿行中成长,在滴灌下铸魂!

探索于漪的思想宇宙
——读《穿行于基础教育森林：教育实践沉思对话录》有感

上海市建平实验地杰中学　张　雪

对话，让思想的溪流汇入江海。通过对话，于漪先生的教育思想被一点点挖掘，最终建构起于漪的思想宇宙。宇宙森罗万象，正如于漪先生的思想宽广深邃。

在这本书中，我读到了一个好的教师应该如何自我成长、如何对待学生。我看到了一位智者以博大的胸怀和温润的情志，不断拓宽教育思想的边界。她在创生自我精神宇宙的基础上，引导一个个孩子用碎片拼起完整的精神世界。

一、创生自我的宇宙

李政涛先生提出要"重建教师的精神宇宙"。这启示我们，教师除了要关注学生，还要不断内观、自省和锤炼，生成自我的浩瀚宇宙。

于漪思想宇宙的核心就是教书育人的人生理想。对话过程中，她不断回顾自己的教育初心，明晰教师的时代责任。

于漪先生是从动荡的时代走过来的，理想遭受过现实的打击。但可贵的是，明珠的光辉并未被铺天盖地的黄沙所掩盖。她的心中永远竖立着一块教育理想的丰碑，扎扎实实育人、勤勤恳恳教书，才能在今天被大家认为是教育界的"传奇"。"教育更要花力气抓，要把人教出个'人'的样子，弘扬人性，驱散兽性，要有道德有良知。"这是于漪先生朴实而真挚的教育箴言，也是她奉行一生的教育理想。作为年轻教师，我们也要有理想、有担当，激发教育热情，承担育人责任，将立德树人作为自己的终身使命。

不过，空有一腔热情绝非教师的生存之道。于漪先生将育人理想深深扎根于一线课堂，在潜移默化中带给学生积极的价值观导向，这是她的宇宙运行法则。

于漪老师从教一生，用丰富的教学经验解答了"语文学科如何育人的问题"。她一直坚持语文教学的工具性与人文性的统一，着力发挥语文学科的育人功能，将中华优秀价值观植入课堂,让学生在阅读文本的过程中看到人性的真善美。

"诗,言志也",文学作品本身来源于生活,反映的是人的思想、人的意志,所以说"文学就是人学"。语言文字承载着一个民族的思想和文化。学生应该从课文中读到的,不仅是日常交流中的表达方式,还有中国人遣词造句的根本思维,其中蕴含着的是中国人的思想观念和文化意识。比如,教师在小说文本的教学过程中,可以通过不断发问带领学生一起深入挖掘课文所传递的价值观,如:从人物行为中你感受到了什么?作者塑造这一人物想告诉我们什么?这样可以在发问中引发学生思考,让学生自由穿梭在文本当中,体会感情、感受人生,陶醉于文本创造的世界,从而在爱上语文的过程中爱上祖国的文化。语文课堂教学中带领学生一起解读文学作品的过程,也是教师和学生一起完成人性探索的过程。在此过程中,师生完成人性的探讨与对话,这也是语文教学的育人价值所在。

要想育人先得修己,学生能力的进步有赖于教师知识的增长。对于年轻教师来说,了解教育规律、发展专业技能、积累教育经验,不是一朝一夕可以完成的事情。于漪先生在对话录中分享了很多自己的教育案例,为我们年轻教师形成自己的教育思路提供了有效参考。

二、创生孩子的宇宙

俗话说,"十年树木,百年树人",从中可见"树人"的艰难。于漪先生说,"学生是万物之灵"。确实,每个学生都是一个宏大的世界,只是他们尚未找到打开自己宇宙的钥匙。我们要将学生看成是富有潜能的个体,而非致力于将其塑造为考试流水线上的听话工人。我们要开发出学生的潜能和灵气,而非一味以成绩论成败。

打开"人"内心的宇宙,钥匙仍然是"人"。准确地说,是一位仁爱的教师,这就是"以生命影响生命"。教师将自己的所学传授给学生,引导学生自我学习、自我拓展,找到自己感兴趣的研究方向,甚至是人生目标,这也是教师工作的意义。不同个体的思维方式和成长路径是不一样的,教师所要做的是尊重每个学生,以爱与温暖引导个体自然成长。于漪老师一辈子学做教师,甘作"人梯",以自身学识和人性光辉帮助众多学生在认识世界的基础上打磨心灵、实现人格成长,不得不说是一项壮举。

帮助孩子打开自己的世界,需要爱心的浇灌。我的班上有这么一个孩子,先天的身体原因成了他学习的阻碍,一度受到外界的嘲讽和打击。但父母在悲观消沉之后,用五年的时间另辟蹊径,做了万般尝试,最终发现他的某项运动天赋。对于这个孩子来说,获得了父母赐予的第二次生命。父母之爱用五年时间帮助孩子找到个人价值,帮助他建构有意义的精神世界。充满爱心的教师也应当用父母心做教育，才能获得学生的尊重、家长的认可。

人们把教师比作园丁，是因为教师的工作是以人的整体生命的成长和发展为实践对象。像浇灌花朵一样，教师需要用知识与爱心浇灌学生的成长。这个浇灌的过程也是不断发掘学生潜能的过程，只有浇灌得法，才能找到种子的正确生长方式。发掘学生的潜能是一件难而可贵的事情，教师需要因材施教，才可能看到学生身上的闪光点，再通过爱心与耐心的浇灌，方能将种子培养成参天大树。

于漪先生做教育：于己，令之严也；于生，爱之深也。她用将近一生的教育实践告诉我们，只有广阔丰富的思想、渊博深厚的知识和温厚博爱的人格，才能让一位教师坚实地屹立于三尺讲台，受人尊重、熠熠生光。教师只有完成自我宇宙的创生，才有力量去创生和呵护孩子的宇宙。此刻，我们站在巨人的肩膀上，更要学会用生命呼唤生命，用自我修炼引导孩子成长。

两代教育人的对话，是伟大教育思想的开拓和前进。我们是见证者，也将是于漪思想宇宙的捍卫者和拓荒人。

每个人都是有故事的人
——用爱理解五彩斑斓的学生世界

上海市建平实验张江中学　闫晶晶

在于漪老师、黄音老师所著《穿行于基础教育森林：教育实践沉思对话录》一书的阅读中，让我感触最深的，是于漪老师提到的"爱是学生成长的基本需要""教育事业是爱的事业，没有爱就没有教育"。该书提到学生的世界是五彩斑斓的、差异是常态，提到做教师要"化作春泥更护花"，提到"办学，追求理想的教育境界"。我想，这里面都不能少了一个"爱"字。

书中提道：世界上没有两片相同的叶子，更何况是人？每个学生都有他自己独特的世界，有他自己独特的所思、所想、所做、所行。

回想我带班当中，有一位妈妈在开学之初就给我打电话，告诉我孩子的爸爸常年在外跑车，而她又在工厂白班夜班来回倒，所以照顾不到孩子，麻烦我关照。有感于这位家长主动和教师沟通，我特别关注了这个孩子，确实是一个习惯不好的男生，大大的眼睛，宽宽的双眼皮，但是略胖，整个人感觉肉肉的，不精神。开学第二天，班里要交餐费，只有他一个人没交，说是忘了，我叮嘱他：明天一定要带来。第二天，他一早就主动交给我，我知道表扬的力量，在全班同学面前表扬了他，听后，他的眼里闪烁着光芒。于是我安排他做班级的饮水管理员。诚如预期，开学不到两个月，这位男生成为班里的传奇人物之一。

在学校里，他没有一天不在课堂上睡觉，睡功之深以至于能够只闭眼睛不动其余。如果你不去关注他那双黑框眼镜背后的眼睛，就会误以为他正端端正正地坐着听课。无奈之下，我把他的座位从第五排调到了第一排，然而，情况没有丝毫改变，哦，不，是睡功愈加深厚了。哪怕在我这位班主任的课堂上也是照睡不误，我叫醒他，不到一分钟，眼皮又会慢慢合上，再叫醒，再合上，如是再三。国庆过后，有一天，他早上没来上课，八点多我打电话给他的妈妈，这位妈妈刚下夜班，说他起晚了，正在家收拾东西准备上学。等吧，左等右等，等到快中午还没来校。再联系，他的妈妈吃了一惊，告诉我他早就离开家了。于是妈妈去小区调监控找儿子。原来是躲到全家便利店里睡觉去了。第二天他来了，我抑制住内心的愤怒，心想，不去理他吧，这种学生怎么管，说不成，心也累。第三天，早操时间，我走到他身边轻描淡写地问他前天去哪儿了，他如实回答。再告诉他，不能再这样，他点头。到这一周，周一，迟到；周二，第一节又没来上课。我打电话联系他刚下夜班的妈妈，妈妈在夜班时，打了一早上的电话，儿子就是不起床，于是请她和儿子一起来学校。妈妈在学校跟我谈儿子的情况，一句话一行泪；儿子呢，轻声软语问话，不回答，不反应。走来班里另一位同学，是他的朋友兼小学同学，在学习表现上可谓是难兄难弟，两人相视而笑，一边的母亲还在流泪。

这位母亲告诉我，她有时候下班回家发现儿子晚上到一点钟都还在玩手机。鉴于他们家离学校很近，我提议，今天放学这位学生不要走，请妈妈把晚饭送到学校来，我看着他写，并且会保护好他，不让其他同学知道。他的妈妈同意了。

放学后，他留在学校，我先问他："你看到今天妈妈在流泪吗？"答曰："没有。"我说了一句自己都不知道在他听来有力抑或无力的话，因为他的脸上依旧那么毫无表情，我说："我看到你的妈妈在流泪，可是我没告诉你，因为我想你妈妈不想让你看见她流泪。"至此，我和他依然没有建立有效沟通。5：45，妈妈将晚饭送来，他在办公室吃，趁着他出去的空档，我又得知这个男生小学一到三年级没有出现迟到睡觉不写作业的情况，从四年级开始，新换的班主任老师常批评他，从不表扬他，常说外地人不好，于是他明确告诉妈妈不喜欢老师，不想完成老师布置的任务，从那时开始逐渐养成了拖拉、不完成作业等不良习惯。

这位妈妈走后，他已吃好饭，开始写作业。先要求写数学，写了没一会儿，问我："老师，有题目不会写怎么办？"面对基础薄弱的学生，我想不应使其失了兴趣，于是告诉他先空着，做会做的，再回头去思考不会的，如果还是不会，明天早上来问老师，听懂了再写上去。问他："你敢问数学老师吗？"他摇摇头，脸上有了笑容。我说："那明早告诉我，我带你去问。"说完，我看到了犹豫的或者说略带惊恐的双眼。假装没看到。就这样写了一会儿，除了语文以外，其他所有科目的作业均在七点整通通做好，交给我检查。数学还是空了三道题，允许他明早来好再写。

"好了，你喝掉妈妈买的牛奶，休息休息，然后开始背诵默写语文吧。我先去吃个饭，你在这儿背。"他点头答应。我匆匆走到校门口最近的饭店，要了一份饺子。本想抓紧吃完回去，不料等了一会儿却被告知他们店的饺子都是现包的，好嘛，等吧，八点吃完饺子，回到办公室，他依然在背。八点半，顺利完成所有任务。我表扬他很

对话：走向德智融合

厉害，背得很好，今天完成得很迅速。"走吧，我送你回家吧。"

也许是这一晚他感觉到了我的善意，也许是这一晚他听到了久违的表扬的话语，一路上，他向我打开了话匣子：提到原来很瘦，结果一个暑假光吃不动胖了二十斤，我说你要减肥啊，又大又双的眼睛却在肉肉的脸上，以前一定很帅吧。他笑了，说要减肥，以前真的很瘦。"那晚上就不能熬夜，熬夜要吃夜宵，不会瘦，好吗？"他开心地点点头。又说："我的爸爸在广东开车，隔一段时间回来一次，可是我不喜欢他。""爸爸也是出于无奈啊，也是为了养家。""爸爸赚的钱都自己花了。""那爸爸如果不在外地工作，还不会有自己花的钱呢。""爸爸总是喝酒，我从小就说他不要喝酒。""下次爸爸回来，你试着对爸爸好一点儿，看看爸爸会不会有所改变。""老师，我是在贵州生的，在那长到三岁的时候……"在我面前，他第一次这么健谈，可惜，他的家到了，今晚的谈话就此结束。我叮嘱他，"回家玩一会儿，最迟十点就睡觉好吗？明天早上老师要打电话叫你起床的。""好的！"他这次回答很爽快，面带笑意。

我想每个人最开始都是追求上进，渴望优秀的，但每个人又都是有故事的，一个个故事伴随他们走到今天，不同的故事造就了不同的人。默默告诉自己，这位老师，请你不要着急，也不要用自己的眼光、自己的故事看待学生，请先走进他，了解他的故事，帮他谱写更美的故事。

我也想这个"他"大概不会因为这一晚就有突飞猛进的进步，希望，这，至少，是一个美的故事的开始。

我也想：他感受到了我的爱，我也就感受到了他的信任与理解。

我更想：教师就是渡人又渡己，在五彩斑斓的学生世界里用爱去擦亮自己的心。

第四章 教学研究与专业发展

以学习促研究,以实践促发展
——读《燃灯——于漪"德智融合"语文教育思想与新教材实施》

上海市建平实验中学　吴　非

2021年末,在我校德智融合项目共读群中,我与同事们一同阅读了《燃灯——于漪"德智融合"语文教育思想与新教材实施》(以下简称《燃灯》)一书,该书以探讨研究于漪老师的"德智融合"思想为核心,分为小学卷、初中卷和高中卷。与其他介绍于漪老师教书育人的事迹等书不同的是,《燃灯》立足于新教材实施背景下的中小学语文教学课例实践,详细地向读者展示了众多优秀的一线教师们将"德智融合"思想贯彻落实到语文课堂之中的课例实践和相关教学研究。如何真正地走向"德智融合"的实践是这本书的阅读重心,这本书也可谓是引领语文教师专业成长的必读书目。

作为一名青年教师,从入职之初便为于漪老师高尚的教育思想、精湛的教学水平、独特的人格魅力深深打动。对于这样一位语文教育界的老前辈,于漪老师身上有太多的内容值得我们学习。但闻道容易悟道难,随着自身在教学岗位上的不断摸索,我也愈发感觉到日复一日的教学并不能让自身的水平获得更大的飞跃,反而容易陷入原地踏步的重复劳动之中。于漪老师提出的"德智融合""教文育人"的教学思想正当其时,这几个字浓缩着教师应践行的责任义务——不仅仅是教授学生理论知识,更需要促进学生人格的健全,肩负起传承与复兴中华文化的重任,引领学生凝聚爱国心,与时代同频共振。站在从"器"至"道"的价值引领上,语文教师的专业发展之路也就豁然开朗了,一名新时代的语文教师是能够带领学生在文本中领略美丽多姿的世界的教师,是让"德智融合"的思想在脑海中植根,在课堂中实践的教师。

因此,我认为语文教师的专业成长应"以学习促研究,以实践促发展"。

首先,青年语文教师要广泛学习并提高教学水平。只有具备精深的专业知识、宽阔的专业理论、厚实的文学功底、开阔的文化视野和宽厚的人文情怀,方可对文本进行高屋建瓴式的鸟瞰,方能从较高的立足点对文本进行较深层次的解读。而这就需要教师博采广纳，系统了解语文教育教学理论，广泛涉猎文学名著，引入时代活水，不断丰富自己的知识，丰厚自己的学养，建立自觉的文化视野，形成多元的思维方式。唯有这样，语文教师在面对文本时，方能既立足于文本，围绕文本思考问题，又能跳出文本，从更高的层次来审视文本并在此基础上进行较有深度和厚度的教学设计。除此之外，一些课堂教学中的细节问题也需不断学习并打磨。例如，教师教学的语言要有鲜明的感情色彩。在一定的艺术性课堂语言条件下，教师可以进入角色，感情充盈地使用一些词汇和语调，感染学生情绪，进而引起他们的共鸣。同时，结合教师整洁大方的服饰、丰富的面部表情、优雅的手势、会说话的眼睛等弥补口语表达的不足，使有声的语言与无声的语言有机结合，促进师生之间的情感交流，激发学生自我意识的蒙发，启发学生积极思考，加深学生对知识的理解，这些"非语言行为"也可以起到"无声胜有声"的艺术效果。

其次，青年语文教师要勇于实践并提高研究能力。语文教材中的文章都抒发了作者丰富的内心情感，表达了积极健康的世界观、人生观和价值观，寄托了丰富的道德内涵。对这些课程资源，我们要充分利用并引导学生深刻理解，以此培养学生良好的道德情操。例如，在一些文言文或诗歌的教学过程中，虽然文字简约，篇幅简短，但字里行间蕴含着丰富的内容，意义深远。对这些内容的教学，单靠教师的讲解，将字面的文学知识灌输给学生，只会达到语文课程知识的教学效果，却不能实现高质量的道德教育。因此，教师应当精心组织课堂学习任务，设计若干针对性较强的研讨活动，引导学生们开展积极的讨论。同时，阅读是学生的个性化行为，在教学中要重视学生与文本的深入对话，应紧紧依靠语言文字的土壤，引导孩子透过语言文字与作者进行心灵对话，领悟语言文字表情达意之精妙。教师应设计研究阶梯式的问题群推动学生的思维发展，对文章的语言反复理解、体味和推敲，对语言意蕴进行深入的探究，透过语言文字窥见其思想，从而加深学生对语言文字的深刻理解，提高学生的学科素养。另外，想分析好文章，张扬学生的想象力，还需要把语文课上的分析与学生的生活实际相联系，寻找课文内容与学生生活的最佳结合点，让学生走进文学的形象里，进而与作者的心灵发生共鸣。在学中让课堂与社会生活相链接，把来源于生活的文章再放回到生活中去欣赏。更重要的是使学生在生活中学会运用语文，培养他们的创新能力和健全人格。

最后，青年语文教师要不遗余力地寻求专业发展。"德智融合"的思想为成为新时代的"大先生"提供了方向，青年教师当以此为专业发展的目标。学科教育不能"失魂落魄"，而是要"德智融合"。课堂是多维立体的、多功能的，要以学生的生命发展为本，除了传递知识，教师也要有意识地涵养学生的情感、态度、价值观。从事学科德育绝不是跟学生讲些"大道理"，而应将德育就蕴含在学科"智育"之中，以"器"载"道"，融"道"于"器"，而这些融合方法需要我们在日常教学中不断琢磨、不断创新。力求长足的专业发展意味着教师应在教学中不断尝试改变方法，关注每一个孩子，让每个生命之花尽情绽放。只要教师的课堂活动设计得当，以学生为主体出发，激发学生的自主性和创造性，学生们的回答往往会出乎我们的意料，产生更加鲜活、更富见地的回答。正如我校所倡导的"对话"课堂一样，这是动态的、多样的课堂教学模式。师生共同在课堂品味母语的优美，体悟民族文化的精髓。教师激情昂扬，学生精神饱满，在这样的课堂上我们没有一刻不在对话，在对话中完成学习，这样的课堂活泼又充满生机。这就要教师不仅要关注学生学习的结果，更要注重过程，在教学中要体现新课程理念，做好课前预设，不断营造互动的课堂氛围，让课堂更具活力。教师的专业精进在丰厚学生的文化底蕴，坚定学生的文化自信中实现。

总之，作为语文教师应持续更新教学理念，充分利用教材文本，并挖掘其人文底蕴，在注重生命个体，尊重个性差异的同时，应相机引导学生树立正确的世界观、人生观。当教师们在研究中学习，在学习中实践，以学习促研究，以实践促发展时，便能更科学地观察课堂，更专业地改进教学，更自觉地关注学生，实现语文教师的职业突破和终身发展。

探索教学路径　锤炼育人本领　擦亮学科底色
——读《燃灯——于漪"德智融合"语文教育思想与新教材实施》

上海市建平实验中学　黄佳磊

《燃灯——于漪"德智融合"语文教育思想与新教材实施》一书以人民教育家于漪老师所提出的语文课程"德智融合"教育思想和"立体化·多功能"语文教学观为指引，聚焦语文新教材实施过程中各学段的突出问题和现实瓶颈，从小学、初中、高中三个学段确定攻关课题，从理论学习、实践探索、研究提炼等方面开展研究，探索语文教学如何在核心素养时代下充分彰显学科育人价值的实践智慧与方法路径。

如何真正地走向德智融合的实践是本书的阅读重心，收录于其中的十四位来自各学段教育一线学者的实践课例与论文研究都指向了探索语文学科实现"德智融合"的教学路径，也为青年语文教师锤炼育人本领提供了不少的新思考。

"德智融合"是指通过对"德育""智育"培养目标的整合，统整教学内容和教学过程，以情境任务创设与学生建构反应为主要特征，实现学科知识学习、能力培养与育人本质结合的最优化。语文学科"德智融合"的内涵就是以教材内容为载体，以课堂教学为主渠道，以立体多维的教学方法为手段，有效地对学生进行爱国主义、集体主义及社会主义核心价值观的教育，在提升学生语文素养的同时，培养具有正确审美情趣和健康人格的一代新人。结合本书的阅读体验，笔者认为，实现语文学科"德智融合"的教学路径，主要体现在以下三个方面：扣准"立德树人"的核心要求，挖掘语文学科中的育人元素；抓牢教材载体，在语文教学过程中弘扬传统文化知识，传播民族文化特性，树立文化自信；深耕课堂教学阵地，优化学生思维品质。

一、扣准"立德树人"核心，挖掘育人元素

立德树人是我国新时代教育的根本任务，它揭示出德育与智育在发展素质教育中的辩证关系。于漪老师提出的"德智融合"教学观，旨在为当下教育如何实现立德树人、培养学生的核心素养提供思路。于职初教师而言，四十分钟的一堂课往往需要花

费几倍,甚至几十倍的时间进行打磨与思考,禁锢于内容与知识层面的探索与解读,往往割裂了德育与智育的融合教学思考,归根到底是缺乏立德树人的核心教育理念。《燃灯》一书中指出,"德智融合"的本质是立德树人,故而在初中语文学科要实施"德智融合",就需要对初中统编版语文教材进行深入分析。

语文学科之所以成为立德树人的责任学科,核心在于语文学科立足于"语言",而这背后指向的是"人"的全面成长。"教文育人"是于漪老师的语文教学目的观,因而于漪老师的每一堂课都会从语言训练和人文教育两条线进行建构,熔知识传授、能力训练、智力发展、道德熏陶于一炉。从于漪老师的备课过程可以看出,她经常要在语言文字到思想内容之间走几个来回,追根寻源,从不同角度思考,肯定、否定,再肯定、再否定,力求把握文本的精髓。为了备好一堂课,动辄耗费10个、20个小时,乃至更多的时间。她独立钻研,庖丁解牛,逐渐形成了对文本的解读、对语言文字运用把握的穿透力与判断力。对于一篇文章的文本解读与思考,正是在于不断地钻研与探索,不断地深入挖掘文本背后的含义。作为教师需要像于漪老师那样勤于思考,善于思考,反思文本,反思教学。

因此,"德智融合"更注重学科育德的过程,这不是"穿靴戴帽",也不是靠"大声疾呼",开展学科德育一定不是在教学中附加德育的环节,而是将德育融入学科教学的细节上,融入学科教学的文本解读上。例如《狼牙山五壮士》《开国大典》《七律·长征》等这类课文的教学中,更应该结合德育开展教学设计,令这一篇篇经典的爱国主义教育文章扎根在学生的心田,为学生打下民族自豪与责任感的扎实根基,尊重文本价值,擦亮"传统"的时代性与使命感。

二、抓牢"教材文本"载体,树立文化自信

于漪老师认为,教师钻研并掌握教材,好像导演处理剧本,需要一个艰苦的再创造过程,达到懂、透、化的要求。在《"德智融合"为初中文言文教学开辟新路径》一文中,作者梳理了统编版教材中初中语文(7至9年级)共包含124篇古诗文,占全部课文的40%以上。这意味着统编版教材非常重视对中华优秀传统文化的传承与发展。

如此看来,古诗文阅读是开展语文学科"德智融合"教学路径的最优路线也是必经之路。但现实情况是古诗文的教学往往拘泥于逐字逐句的仔细分析和翻译,不仅降低了学生学习古诗文的兴趣,还弱化了学生的古诗文阅读能力。教师经常会在学生的字词掌握与默写上铆足劲,造成"德"与"智"的割裂。

○ 对话：走向德智融合

初中文言文教学达到"德智融合"的前提，是教师对智育点、德育点的全面把握和德智融合点的准确定位。教师需要认真钻研教材，发掘出每篇文言文潜藏在字里行间的文本个性，从中精心筛选契合学情的育人点，再引导学生去读出它们"一望可知"背后的"一无所知"。这样就打通了时空的阻隔，让文言文焕发活力，更让文言文教学生机盎然。因此教师应该想方设法利用教材插图、同类作品等，设计形式多样的朗读和背诵活动，让学生在兴趣盎然中记忆古诗的知识，培养理解古诗的能力。于漪老师说："应培养一个具有中国心的孩子。"这个"中国心"背后的内涵就是中国传统文化的浸润与学习，从小积累古诗文有助于学生根深蒂固地被中华传统文化的独特魅力所吸引。

正如《诫子书》一文中，借由诸葛亮告诫诸葛瞻的家书，向学生传递"宁静致远"的为人与求学的品质，告诫学习之路应秉承专心致志的优良作风。而这一道理早在三国时期就已经成为家庭教育的重心与使命，这也正是古诗文教学中独有的"德智融合"板块，作为中国传统文化的结晶，也是中国传统文化的文字载体，这其中的价值不言而喻，也搭建了一座沟通现今与过去的文化对话桥梁。

以教材文本为载体的学科德育路径探索案例数不胜数，几乎每一篇都能为教师所用，每一位教师都应认真汲取中华传统文化的思想精髓和文字魅力，使其渐渐渗入所有学生的血脉，润泽每个孩子的心灵，从而提升语文素养，增强文化自信，凝聚爱国情感，形成引导师生共同成长的精神力量，是新时代语文教师的光荣使命。

三、深耕"课堂教学"阵地，优化思维品质

课堂教学阵地应包括教学目标的设定、教学内容的选取、教学过程的设计与教学评价的考核四个重要环节。"课堂本身就是学生成长的神圣殿堂，长知识，长智慧，长精神。"传承文化就是要做到情感共鸣、心智交融、语言传达。在课堂中要善于通过提问引发学生学习的积极兴趣，而这些问题必然是引导学生积极思考的"真问题"和"真思考"，不是浅尝辄止，也不是与课本内容南辕北辙的问题。教学必然是经过深思熟虑后提出的疑问与思考，顺着核心问题，再追问下位问题，不停引导学生在思考中提升思维，在思考中提升语言能力。

"德智融合"理念下的课堂教学更应强化以学生为主体。于漪老师强调："课堂，不是教师一个人的生命活动，而是以教师的生命激发学生的生命活力，让学生一起动起来。春风化雨，生意盎然。"我被"生命涌动的课堂"这一总结所感动，"生命涌动"实则即于漪老师经常说的"教育就是用生命影响生命的过程"。如是，教育的魅

力正在于教师的生命涌动，而这一过程体现在课堂教学组织形式，于漪老师认为关键是课堂教学结构要网络化，我们现在的课堂教学应该面向每一位学生，教师的教要作用于每一位学生、每一位学生的状况要反馈给教师。学生之间也要互相切磋，互相作用。将课堂真正还给学生，让学生生发思维的火花，让学生领悟文本的蕴意，让学生成为课堂的主体。这才能真正做到德智融合。

语文教学实践中如何更好地融入"德智融合"元素，就是在于一堂课的教学设计中，在每一个教学环节的铺垫与进行中都要有意识地融入一些概念与元素的设计，设计不同形式的实践活动，让学生在活动中自然而然地学习知识，接受文化熏陶。但应避免过于强调德育或文本的时代文化铺垫。在教学内容的选取上，一方面要贴合全班学生的学习水平与学习需求，另一方面须注重差异，重视个性化教学，提升教学内容的灵活度。

在职初能阅读于漪教育思想的巨作是作为教师的一种锤炼与锻造，但阅读与品味内化是两回事，一定在于结合大量的教学实践后提炼升华，而并非一朝一夕便能达到极致。尤其是应注意教师要做到"胸中有书，目中有人"，课堂不是教师的一言堂，也不是锻炼教师本人语言思维表达的舞台，一定要以学生为本，用心用情备课，让文本上的每一个字都能够立在学生面前，真正走进文本阅读。这也为自己的教学与备课提供了路径，学生真正不懂的才是我们的教学重点，学生已知的就不应再着重强调。

"教师肩负的千钧重担须聚焦在对学生滴灌生命之魂。德行与智性是生命之魂。教其德行，懂得做人的道理、报效国家之理；教其智性，掌握扎实的科学文化知识，有生存、发展、为人民服务的本领。这是人的素质培养。"可以看到，于漪老师的德智融合观念贯穿始终，贯穿培养一个人的方方面面。在日常课堂的具体实践中，我们要做到培养有眼光、会辨别、有智慧、会阐释的人。

对话文本，激趣课堂
——读《燃灯——于漪"德智融合"语文教育思想与新教材实施》有感

上海市建平实验地杰中学　李晓璇

《燃灯——于漪"德智融合"语文教育思想与新教材实施》以于漪老师提出的"德智融合"语文教育思想和"打造立体化、多功能的课堂"的语文教学观为主题，分别收录了来自小学、初中、高中三个不同学段的教师在新教材实施背景下，从理论学习、实践探索、研究提炼等方面开展的研究。在阅读该书的过程中，我结合自身教学实践，紧密关注当下语文教学核心素养要求，积极思考将语文学科的德育价值与智育价值自然融合的方法路径，书中许多理论探索与教学实录给了我极大的启发。

在阅读的过程中，我注意到许多一线教师无论是在理论性文章还是教学实录中，都提及文本解读对于语文学科教学的重要性。在《新教材实施背景下中小学语文教学"德智融合"》一文中，黄音老师反复强调把握教材的重要性，提出"'德智融合'对教师的文本解读能力提出了很高的要求"，认为教师应从不同角度深挖文本，抓住不同文本的特色，引导学生深入体会作者的写作意图和构思匠心。同样，倪瑾谊老师在《打造生命涌动的课堂——于漪"德智融合"教育思想学习体会》一文中讨论如何打造"德智融合"课堂时，仍然是围绕"与文本对话"展开。而于漪老师本人更是强调："一篇好的课文必然是作者情动于中而言溢于表的产物。我们赞其妙处，不外乎言其思想深邃、见解精辟，言其感情真挚、掷地有声，言其绘景状物记人惟妙惟肖、巧夺天工。凡此种种，皆离不开遣词造句、谋篇布局的功力。"因此，抛却各式各样的学术名词，如何重新回归到最根本、最质朴的文本解读上，引领学生穿行语言文字的森林中来一场奇妙冒险，是我在读该书时最关注的一个问题，亦是感触最深的一个话题。

重视文本解读并非新问题，在区别于"德智融合"课堂的传统课堂中同样也有文本解读，那么基于"德智融合"教育思想的文本解读应该是怎样的，我将从以下几个方面结合阅读感悟谈一谈我的看法。

首先，作为一名中学语文教师应该如何解读文本？吴子静老师在《不进园林，怎知春色如许》一文中谈到在过去的教学中没有抓住不同文本的不同特点，忽视了语言文字的特有灵性，采取贴标签式的教学，学生未能真正感知到语言文字之美，思维能力也并未得到锻炼。而德智融合的课堂则是基于对文本自身所有的特点进行深入钻研打造的。在文中，她以统编版六上第二单元课文为例进行说明，如《七律·长征》一诗中，抓住"难"字，通过指导朗读、观看影视片段，让学生真正走入诗中的"远征难"，用心感受作者的"大无畏"精神。我在自己的教学实践中围绕这一理念也进行了相应尝试。在设计《盼》这一篇课文的教案时，抓住女孩心理变化这一情感线索，同时仔细赏读这篇文章富有天真童趣的语言特点，通过分角色朗读、对比阅读、关注语序等方式，带领学生走入小女孩眼中那个晶莹剔透的雨后世界。此外，我们在文本解读的过程中，还需要切实关注学生真正的学习需求，这里包括学习的难点以及学习的兴趣点。在结合学情分析的基础上，可以引入美学理论，指导学生对文本进行开放式解读，不拘束文本解读的空间，感受"咬文嚼字"的乐趣。

在解读文本之后，教师如何指导学生与文本进行对话同样是一个至关重要的问题。书中许多文章都提及了于漪老师所提出的"语言训练"与"思维训练"的关系。语文学科的学习不仅仅是语言学习，同时也是思维训练，学会发现问题并提出问题是一项非常重要的思维能力。在《于细微处精研——文本解读中的"主旨"挖掘深浅》一文中，教师在教授《我的叔叔于勒》一文时，通过布置预习任务"阅读文本，提出有关文本的问题"这一方式，引导学生发现了在以往的教学中未曾发现的问题："于勒有没有认出菲利普？"这一问题让师生对文章的主题都有了更为深刻的解读。而我自己在教学实践中，尝试相应的教学方法也收获了较好的反应。比如在教授《桥》这一课时，有同学提出"作者为何要设计老汉将小伙子从队伍中拉出这一情节"，激发了学生们的热烈讨论，学生通过辩论自主感受到老汉这一形象的大公无私、恪尽职守、忠于党和国家的特点。不是通过老师给人物贴标签，而是让学生自己与作者心灵交汇，走入文本情境当中。

除了培养学生的质疑精神和思辨能力，对于语文这门特殊的学科而言，有时候文字之美是无声无形的，需要通过反复诵读帮助学生进入文字所构建的美妙世界之中。在《"劝"中显真意——〈孙权劝学〉（七下）"德智融合"教学案例》一文中，教师强调通过对《孙权劝学》这一文本多种形式的朗读来引领学生感悟文本。这篇教学设计中给我启发最大的就是分角色朗读这一教学设计，让学生"穿越时空"，扮演历史人物，重回历史现场进行演绎。这样既能激发学生的学习兴趣，又能帮助学生更好地

对话：走向德智融合

进入文本情境，理解文意。在我自己的教学实践中也尝试了分角色朗读的方法。在《盼》这篇课文的教学中，我通过让学生分角色扮演妈妈和蕾蕾的方法，让学生在演绎中代入人物心理，切实感知人物的心理变化，从而引起情感共鸣，自发体悟语言之美。不过在教学实践的过程中，我也发现，无论是什么形式的朗读，或者其他课堂活动设计，都要紧紧扣住对文本准确、深入的研读，才能为学生们带来一堂真正有益的德智融合的课堂。

抓住文本特点，结合具体学情，引入专业理论，激荡师生情感，在回归文本解读的道路上，不断思索德智融合之径，方能在未来的语文教学之路上越走越远。

论语言与情感在"德智融合"中的作用

上海市建平实验地杰中学　邱新颖

众所周知，教育在于教书育人，实现立德树人的目标。立德树人这个目标有些大了，"德智融合"则从教学思想上落实了该目标。"德智融合"是以学科智育为核心，融合态度、情感、价值观的教育思想。那么如何落实"德智融合"呢？《燃灯——于漪"德智融合"语文教育思想与新教材实施》一书以小初高的语文课程为例，探讨了语文学科如何实现"德智融合"。纵观书中的论文，可见"德智融合"的实现路径不只一条，而是或依据文体、或依据题材，根据学生学情来加以选择、研究和确定。

尽管如此，笔者认为，在"德智融合"的体系之中，语言与情感是不可或缺的两个部分。早在三维教学目标中就有提示。知识与技能、过程与方法这两个目标与语言不可切分，情感态度与价值观则是关乎情感。语言是达到智育层面的一个工具，而情感是在领悟课文并获取知识之后，能够进一步通往德育层面的途径。因此，语文教学紧扣语言与情感，必定能够实现"德智融合"。

情感借助于语言来表达，是语言的内蕴，语言是情感的外现。白居易在《与元九书》中就写道："感人心者，莫先乎情，莫始乎言，莫切乎声，莫深乎义。"大意是打动人心的东西，没有能够超越情感的，没有不是切合语言的，没有能比道理更加深刻的。"诗言志"亦指《诗经》中诗歌传达出的是情感与志向，"志"更多的时候翻译为情感，言为心声。情感是语言的核心，语言是情感的寄托，语言与情感二者相辅相成。

教学的第一步是文本解读。就文本解读而言，必定要抓住文章的语言与情感。以统编版六年级语文上册《夏天里的成长》为例，这篇独立抒情小散文从生物与非生物的角度书写了夏日万物迅速生长的状态。尤其是第2段描写动植物的生长样态，甚为活泼生动，语言风格也很清新有趣。其一，从用词来看，表示迅速生长的词语有形容词，比如"飞快的""跳跃的""活生生的""看得见的"，时间名词有"一天""一夜""昨天""今天""明天""几天""个把月"，时间副词"一天一天地"，数量词"几寸""半节""一半大"，动词有"长出""多出""变成""长满了""填满"。其二,从节奏来看,第2段读之朗朗上口,甚至富有跃动感。其三,从感官的角度来看,这段话中猫狗鸡鸭、苞蕾鲜花果实等都是视觉所及,"叭叭"的声响又从听觉上可见竹子和高粱生长亦是十分迅速。视听结合,给文章增光添彩不少,尤其让人生动感受到夏天旺盛的生命力。读者读之亦会感受到作者笔端之下的活力夏日,内心生起无限的希望与动力。反观作者为何能够写出如此朝气蓬勃、充满力量的文字?此时也能感受到作者在写作时流露出夏日一般的热情。再比如《盼》中最值得关注的是"我"内心对于盼穿雨衣的渴望,描述心理的语言及与妈妈的对话值得推敲。由语言到情感,再由情感反观语言的魅力,细细品味其中美感,何尝不是一种美的滋养、德的培育呢?

"德智融合"的推进不仅需要教师备课时对文本的解读,更需要教师对文本的演绎,也就是教学。而教师的教学更需要语言与情感。教师对文本的解读无异于二度创作,而教师再在讲台上将自己的理解表达出来,又是三度创作。因此,教师的语言很重要。讲解课文的时候,无论是轻快的语言、清新的语言、优美的语言,还是忧伤的语言、儒雅的语言,都能传递出自己对于课文的情感理解。教育是以一个生命撼动另一个生命,教师将自己的情感感染学生,引导学生加以品味和感受。比如讲解史铁生《秋天的怀念》时言及"黄色的花淡雅,白色的花高洁,紫红色的花热烈而深沉,泼泼洒洒,秋风中正开得烂漫。"秋天的菊花开放之灿烂,而母亲却不在自己身边,那种孤独寂寞、失去至亲的难言之痛一定是蕴含在这些文字之中。教师如何将那种含有希望的悲情传达出来,考验教师的文本解读能力和语言表达能力。

语文学科的学习本就离不开语言和情感,"德智融合"的实现更是离不开语言与情感。语言的美感、情感的感悟乃至道德的熏陶、人文情怀的滋养,都能够达到"培养一颗有中国心的现代文明人"的培育目标。

从作文和古诗文来看"德智融合"的实践与研究
——《燃灯——于漪"德智融合"语文教育思想与新教材实施》读后感

上海市建平实验张江中学　江婧婧

一、德智融合的背景和现状

2021年1月至4月，教育部相继颁布了关于加强中小学生作业、睡眠、手机、读物、体质等"五项管理"文件，以"小切口"推动大改革。2021年7月，中共中央办公厅、国务院办公厅印发《关于进一步减轻义务教育阶段学生作业负担和校外培训负担的意见》，正式启动"双减"工作。"双减"的核心就是切实减轻学生不合理的学业负担，促进提升课堂教学质量，增强新时代教育全面育人整体效能。面对急剧深化和彻底的教育改革，处于一线的教师如何贯彻党的教育方针，落实立德树人的任务，培养高素质的、德智体美劳全面发展的人才？

新颁布的"双减"政策，目的是取缔"目中有分"却"目中无人"的培训方式，用强硬的手段将教育主阵地稳定在学校。学校是立德树人的根本阵地，学校教育不能仅仅着眼于升学率，更应该注重学生的综合素质，应该关注培养出能够适应未来的、身心健全的人。

语文学科是工具性和人文性的统一，语文教学不仅仅是知识的传授，更要注重培养学生的能力，发展智力，塑造良好的道德品质。于漪老师的语文教育思想的核心内容是教文育人，语文学习是"形式学习"和"心灵成长"的统一。根据黄音老师的报告，德智融合是"通过对德育和智育培养目标的整合，统整教学内容和教学过程，以情境任务创设和学生建构反应为主要特征，实现学科知识学习、能力培养与育人本质结合的最优化"。

中小学语文教学"德智融合"所面临的问题较多，目前本人在一学期的教学中也认同此调查结果，即课时安排紧张，没有时间进行"德智融合"，且"德智融合"的技术和方法以及如何在课堂中实践还没有定论，新教师对教学目标和教学重难点以及德育的占比，难以在德育和智育中达到平衡。

二、"德智融合"目的和基本策略

本书中"德智融合"的基本策略初步解答了教学过程中如何实践的问题，提到语文教学要延伸其广度和深度，要谨慎选择知识点加以延伸拓展，把课上得丰满，还要深入挖掘教材，将有价值的内容传递给学生。注重美育，让学生感受到自然美、人文美和语言美。注重语言训练和思维训练，培养学生敢于质疑、深入独立思考的能力。上课要声情并茂，灵活处理。

语文即文化和语言的综合，文化承载着国家和民族深厚的积淀，语言是促进思维的重要手段，人要运用语言来进行思考，又要通过语言来表达。语言中的"智"就是不同写作风格和手法，其"德"就是在对这些语言不断进行涵泳深入体会的内容，语文中"德"和"智"不能分离，语文教学中"德智融合"也是水到渠成的。

三、"德智融合"的实践与研究

"德智融合"的课堂是什么样子的？一线教师如何将"德智融合"落地？

该书给出了从小学到高中可借鉴的范例，各位老师们认真学习"德智融合"的思想，将该思想融入课堂中，再提炼出自己的研究成果，将德智融合深耕于语文教学的土壤中，这对新手教师从实践和研究角度了解"德智融合"思想起到了巨大的作用。

作文教学向来是语文教学中的重点难点，学生一提到写作文就唉声叹气。沈正亭老师紧扣"德智相融"，强调写作的过程中"感受要源于活动"，教师要"启发思考、促其感悟"。沈老师借助"走进中华老品牌"主题式跨学科学习，以贴近生活的活动激发学生的表达欲望，用文字记录下心中的真实感受。该写作课形式新颖，能够激发学生的好奇心和求知欲，学生会有新的感受，因而产生交流倾诉的欲望。

此课程前期要引导学生发现家中的老品牌，孩子们去采访爷爷奶奶，了解老品牌的故事，去网上查资料了解老品牌的变迁历程和发展现状。在课上抓住学生思维的"热点"来对话，鼓励学生发现老品牌不同的发展情况。然后引导学生回顾活动中印象深刻的活动片段作为写作素材，教师从师生对话和生生对话引导学生用准确的语言生动地讲述自己的经历，并且努力使用各种写作方法让文字更加具有真实情感。此任务基于真实情境，解决真实问题，让学生根据自身探索过程写出自己的感受，体会写作的乐趣，同时可以让学生打开视野，关心身边的变化，激发学生的民族自信心和自豪感。

此案例独树一帜地从最难教的写作教学入手，做到了激发学生表达欲，提升写作兴趣，提高写作水平，还让他们在了解社会变迁中明白创新的重要性，激发学生的民族自豪感，树立建设祖国的责任感和担当意识，是具有创造性和切实意义的德智融合的优秀案例。但是对于一线教师来说，这堂写作教学的课程内容较多，用时也比较长，实行起来难度较大。课程的前期准备教师需要选择合适的主题，该主题要贴合小学高年级的认知水平，不能太幼稚也不能太复杂，同时要贴近社会，符合实际。然后设计能够激发学生表达欲的研讨问题，同时要与教学大纲同步，设置相关的作文主题，再围绕着写作主题进行讨论。课堂实施前，学生要去查阅资料，采访相关人员，将收集到的资料进行整理并在课堂上进行讨论，随后由教师进行写作指导。此过程的每一个环节如搜集整理资料、讨论、辩论、分享观点和看法是非常有意义，对学生的语文水平提高和思想道德水平的培养都能产生很大的作用。但是由此推算下来，光是写作前的指导需要耗费三到四个课时，再加上写作和写后点评，至少要耗费一个星期的时间。这对教学进度恐怕会有所影响，因此在实施的过程中也会产生较大的压力，此类作文课的实施次数难以保证，不具备其普遍性。

这也体现了语文教学中作文的尴尬地位，作文教和学的难度都比较高，本应该要有更多的课时去实践。就六年级的教材来说，一个学期要写四到六篇作文，在日常教学中，教师一般至多花费三个课时去讲解一篇作文，写前指导一般是一个课时左右，在这短短的时间内，难以启发学生在原有的知识世界中调动相关的经验，因此学生绞尽脑汁也不知道写什么。

本案例是与项目化学习相结合，截取学生在项目化学习过程中印象深刻的片段进行写作教学，沈老师作文教学的理念非常有借鉴意义。即作文一定要贴近实际，为学生提供脚手架，给出相关话题，激发学生的表达欲、写作动力和兴趣，在提高学生的写作水平的同时，培养正确的审美情趣和健康的人格，实现"德智融合"，达到"写文育人"的目的。同时尽量不要让作文与应试捆绑在一起，让学生对作文身怀恐惧又无可奈何，小心翼翼地呵护学生最纯真的表达欲望和兴趣。

初中的古诗文教学也是一大难点，古诗文教学要让学生在古代作品思想的熏陶下，提高人文内涵，发扬与时俱进的新思想，奠定坚实的文化思想基础。但是文言文教学往往会出现如范晓峰老师所说的重智轻德、重德轻智和德智分离等问题。该书的初中卷中，范晓峰、刘蕙和满晓晗三位老师从"德智融合"的角度切入古诗文教学，挖掘古诗文的教学价值，发挥其育人作用。在对文本进行诵读、翻译和理解之后，三位老师都从纵向横向挖掘了文章中人物或作者的语言，揣摩其情感，并体会课文对学习、生活、人生的启示意义。在教学时，老师们注重还原历史背景，尽量让学生身临其境，感同身受，将经典作品深入学生的内心。比如范晓峰老师在教授《孙权劝学》时，就依据《资治通鉴》编年史的特点，还原课文的历史背景，"让学生从国家生死存亡的角度、名将的德才学识的角度，理解劝学的原因，以及孙权的无奈和良苦用心。"刘蕙老师在教授《湖心亭看雪》时，补充了张岱的年表资料，让学生发现本文是回忆十五年前之作，且在写作时明朝已亡，作者却仍用"崇祯"这一年号。引导学生设身处地地去感受坐这儿的孤寂和悲壮，感知"痴"的深层内涵。满晓晗老师在教授《陈太丘与友期》时，强调不能漫无目标、脱离文本地拓展学习资源，他结合了同一课《咏雪》梳理出古代重视家庭教育和家风传承的传统，关注语言的分析，拓展了学生的知识，加深了对文本的理解。

学习古诗文可以通过了解传统文化，激发学生的认可和热爱，建立其文化自信。古诗文是一座丰富的文化宝库，凝结着历史长河中最闪耀的明星们的智慧，我们应该怀着珍惜和感动采撷，并对此充满自信。教师应当引导学生大量阅读经典古诗文作品，在经典中寻觅传统文化的价值，其"育人价值"应是非常丰富的，古诗文"德智融合"的途径也是非常值得教师们去探索的。

四、总结

于漪老师是当代卓越的教育家，陈军老师提到，她长期的探索指向的都是语文教学的本质，其语文教学的实践和理论都代表了当代中国语文教学的最高水平。作为新一代的教师，如何学习并传承于漪老师的理念与思想，如何将"德智融合"的理念与新教材结合，实施并落地是我要一直思考探究的问题。该书从小、初、高各个学段确定了攻关课题，示范了优秀教师们的理论学习、实践探索和研究提炼，给了新教师很好的指导，这是一种理论上的支持，更是心灵上的鼓舞。希望我能够持续不断地学习，大胆地实践，探索核心素养时代语文教学的育人价值，实现"德智融合"，为中国的教育事业燃起属于自己的一盏，哪怕是极其微弱的灯。